Congling Kaishi XUE KAIDIAN

开店人的必读品,最受店主青睐的"**镇店之宝**"

从零开始学开店

一本书从开店新手到管店高手

林望道◎编著

> 揭秘皇冠级大卖家的销售技巧
> 带给你几十万甚至几百万的利润

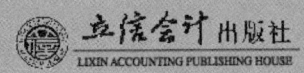

图书在版编目（CIP）数据

从零开始学开店 / 林望道编著. —上海：立信会计出版社，2014.6
（去梯言）
ISBN 978-7-5429-4219-7

Ⅰ.①从… Ⅱ.①林… Ⅲ.①电子商务–通俗读物
Ⅳ.①F713.36-49

中国版本图书馆CIP数据核字（2014）第068336号

策划编辑　蔡伟莉
责任编辑　陈　旻
封面设计　久品轩

从零开始学开店

出版发行	立信会计出版社
地　　址	上海市中山西路2230号　　邮政编码　200235
电　　话	（021）64411389　　传　　真　（021）64411325
网　　址	www.lixinaph.com　　电子邮箱　lxaph@sh163.net
网上书店	www.shlx.net　　电　　话　（021）64411071
经　　销	各地新华书店
印　　刷	固安县保利达印务有限公司
开　　本	720毫米×1000毫米　　1/16
印　　张	20　　插　页　1
字　　数	275千字
版　　次	2014年6月第1版
印　　次	2018年11月第8次
书　　号	ISBN 978-7-5429-4219-7/F
定　　价	36.00元

如有印订差错，请与本社联系调换

前言

在人才竞争日益激烈、市场竞争日益残酷的今天，市场经济，潮起潮落，各种赚钱的行业可谓层出不穷。21世纪是造就老板的世纪，很多有志人士都有自行创业的梦想，为了实现梦想他们不断寻找机会。创业，对于每个人来说都有机会，能不能捕捉到机遇对创业者而言，至关重要。

因开店创业有着成本少、收益快、市场广阔、成功率高等优点，所以开店做生意已成为许多人自谋职业的最佳选择。但是你能开什么店？店怎么开？如何才能开一家赚钱的旺店？可不是一念之间就能搞定的，这需要一定的技巧，其中大有学问。

开店创业虽不难，但是要想开设一家财源茂盛、赢利滚滚的旺铺，却并不是件容易的事情。从开店必须具备的基本条件、风险的避免、前期的市场调研、项目的选择、店址的选取、店面的装修、良好的店面销售环境的营造、高效的商品管理技能的掌握、店面商品的促销、店面人员的招聘、使用和管理、店面财务管理与评估、店面异常情况的处理、店面的发展与扩张到连锁加盟、网上开店，哪个环节都马虎不得。投资起步要经过种种考验，开店创业过程中会充满多种风险，所以，我们有必要从开店的点点滴滴说起，对开店的每个细节都要经过认真思考和准备。有句话说得好：思路决定出路，思路决定财路。

或许你为了发展自己的事业，已经开了一家店铺。但是顾客越来越少，利润越来越薄，对于一个刚刚开张的店铺来说，怎样才能在自己经营的利润空间里分到一块蛋糕，生存下去并且发展，这才是开店的根本所在。

商业投资虽然风险大，但只要经营有道，懂得管理，成功的先例真是不胜枚举。闪亮眼镜为什么能够越做越大？麦当劳的黄金双拱门为什么几十年来一直深入人心？老舍茶馆为什么能让传统变为一个传奇……这些成功的经营案例无不与开店有关。世界上的富翁们，几乎全都是靠着投资和经营赚取了数不清的金钱。他们是令人敬仰的，他们历经艰辛奋斗而最终美梦成真，给了人们无穷的启迪。他们的创业启示或许在此刻就会将你激情和智慧的大门打开。

要想在激烈竞争的市场中打造出自己店铺的招牌，创出自己店铺的特色，在消费疲软的时候生意兴隆，通过商业投资来实现赚钱致富的梦想，那就从本书开始吧。

本书集中了开店创业生财之道，广泛地总结了一些中外成功的开店绝招，多层次多角度地揭示了店铺兴隆的秘诀和艺术。并根据开店的经营流程和运作程序，分别介绍了上述开店需要注意的一系列问题，目的是为那些开店创业者出谋划策、指点迷津的。

希望读完这本书的你就像是"站在了巨人的肩膀上"，将创富英雄们曾经失败过的教训、成功的经验一览无余。相信读者们也都能由此书找到开店的成功之门，我们相信本书能给你开店带来实实在在的帮助。你不必急着把店铺做大，而是应该先好好运用这些开店必赚的秘诀，把店铺做好、做精，然后在更广阔的天地发挥自如。这本书是开店创业者的行动指南，是攫取财富的导航图。拥有本书将是你最好的选择，想不赚都难，而且还要赚得精彩。

目 录

第一篇 开店三件事——资源、行业、观念

第1章 审视自己的资源

你喜欢什么 /2

你想卖什么商品 /3

店铺要设计成什么样 /4

如何赢得家人和朋友的支持 /4

你有多少资金 /5

你有什么专长 /6

你的性格适合开店吗 /7

第2章 选个好行业是成功的一半

究竟要开哪种店 /9

在选择经营业务时要考虑哪些因素 /10

如何对经营业务进行自我评估 /12

确定开店定位的三大因素是什么 /14

你看到产业结构调整的机遇了吗 /15

热门行业有什么特征 /16

如何掌握市场信息 /17

如何密切注意市场变化 /17

如何发现市场需求 /18

如何瞄准"嘴巴"开店 /19

如何瞄准女人开店 /21

如何瞄准家居开店 /21

第3章 开店应有的经营观念

为什么说态度决定一切 /23
为什么说诚信为本 /24
经营者应当有什么样的人才观 /25
为什么要广交善缘 /27
为什么有些大生意总是出自"冷门" /28
为什么要天罗地网地捕捉信息 /29
经营者为什么要有准确的判断力和创新精神 /30
经营者为什么要敢于面对挫折 /30
经营者为什么要敢于挑战和冒险 /31
经营者为什么要敢于"自吹自擂" /32
经营者为什么要见多识广 /33
经营者为什么要高瞻远瞩 /34
经营者为什么要专注于本行 /35
为什么要凭良心生财 /36
为什么不能贪财，也不能浪费财 /36
经营者的用财之道是什么 /37
经营者为什么要勤俭"持家" /38

第二篇 开店三部曲——筹资、选址、装潢

第4章 筹资

开店需要哪些投资 /42
如何确定融资规模 /43
如果估算固定设备投资 /44
如何估算管理费用 /45
如何进行损益分析 /47
如何减少开业初期的投资 /48
银行贷款有哪些形式 /49
如何与银行建立良好关系 /50

如何申请银行贷款 / 51
什么是融资租赁 / 52
融资租赁业务有几种形式 / 53
如何通过融资租赁融资 / 54
如何利用自有资金 / 55
如何利用合伙经营 / 56
怎样让你的创业计划书打动投资者 / 56

第5章 选址

选址为什么很重要 / 58
选择店址应考虑哪些因素 / 59
优秀店址具有哪些特征 / 61
若开店资金有限如何选择店址 / 62
什么是商圈和商圈分析 / 63
如何根据顾客划分商圈范围 / 64
如何分析商圈内的购买力 / 65
初次开店,如何设定商圈 / 67
初次开店,如何估计商圈范围 / 68
设店区位有哪些类型 / 69
什么是规划和非规划的零售群区 / 69
设店区位该如何选择 / 70

第6章 装潢

如何掌握"进出方便"的原则 / 72
店内设计有哪些表达要素 / 74
如何进行卖场规划 / 75
店内照明的基本原则是什么 / 76
照明设备的位置该如何安排 / 76
什么才是成功的灯光设计 / 77
如何合理地运用色彩 / 77
如何利用墙面 / 79

如何从顾客的角度检查店内环境 /79

店铺门面为什么很重要 /81

店面设计有哪些要素 /81

哪些因素影响店面外观 /82

店面外观有哪些类型 /83

如何装潢自己的店铺 /84

店铺招牌有什么用 /85

招牌如何命名 /86

店铺橱窗有什么作用和类型 /88

如何设立橱窗 /89

如何陈列橱窗 /90

怎样让橱窗更富艺术气息 /91

第7章 开门大吉

如何准备开业盛典 /93

如何布置办公室和展示区 /94

如何进行最后的专业检查 /95

第三篇 管店六堂课——摆、采、销、人、财、物

第8章 商品陈列与布局

一般货架陈列有哪些要点 /98

货架卡有什么用途 /99

用商品配置表设计货架陈列有什么功能 /100

商品陈列有哪些原则 /102

商品陈列有哪些方法 /103

商品陈列有哪些注意事项 /105

如何让你的商品陈列更有效 /105

如何进行表演性陈列 /107

如何进行易买性陈列 /108

如何选择适合的商品陈列用具　/ 109

第9章　采购和订货

采购人员有哪些职责　/ 110

采购有哪些要领　/ 111

如何控制采购成本　/ 112

怎样确定原料订货的数量　/ 114

原料订货有哪些方法　/ 116

采购的验收目标和职责是什么　/ 116

采购验收有什么程序　/ 117

验收的一般做法是什么　/ 118

在验收中会遇到哪些问题　/ 119

第10章　商品定价

价格与需求有什么关系　/ 121

定价要考虑哪些环境因素　/ 122

什么是需求价格弹性　/ 123

价格决定的基本立场是什么　/ 124

如何选择定价方式　/ 125

如何巧妙调价　/ 126

第11章　创意促销

促销有哪些方式　/ 128

什么是"派送"　/ 130

如何选择派送时机　/ 132

如何选择派送渠道　/ 133

什么是顾客档案法　/ 134

什么是特定顾客法　/ 135

什么是名人效应法　/ 135

什么是返璞归真法　/ 136

什么是随购赠礼法　/ 137

什么是绿色食品法 / 138

什么是情侣商品法 / 139

什么是商品保险法 / 140

什么是改进包装法 / 140

什么是以旧换新法 / 141

什么是名牌效应法 / 142

第12章 搞出特色才有市场

在对店铺进行设想时该考虑哪些问题 / 143

怎样为店面选择代表色 / 144

如何营造店铺的气氛 / 145

如何客观地进行自我评价 / 146

怎样跳出"本位主义"的陷阱 / 146

可以盲目追求流行吗 / 147

怎样经营快餐店 / 148

如何经营特色小吃店 / 148

如何经营甜食店 / 149

如何经营特色面包店 / 150

如何经营美容美发店 / 150

如何经营家电店 / 152

如何经营食品店 / 152

如何经营渔具店 / 153

如何经营玩具店 / 154

如何经营首饰店 / 155

如何经营时装店 / 156

如何经营礼品店 / 157

如何经营图书店 / 158

如何经营音像店 / 159

如何经营鲜花店 / 160

如何经营乐器店 / 161

如何经营典当店　/162

第13章　选人、用人、管人

如何选择销售人员　/163

如何科学招聘员工　/164

如何启动员工招聘程序　/165

如何与他人竞争招聘员工　/166

如何组织员工培训　/167

培训的内容有哪些　/169

员工培训应该从哪里开始　/170

为什么说道德品质是教育的基础　/171

如何提高员工的沟通能力　/172

如何培养员工的自我学习能力　/173

如何提供员工的学习兴趣　/174

如何活用教育训练的时机　/174

培训为什么要反复实行　/175

如何配备和安排店铺员工　/176

如何安排销售人员工作时间　/177

团队精神对店铺经营有什么作用　/178

如何培育团队精神　/179

如何建立员工绩效考核制度　/180

如何建立按劳取酬的薪资制度　/180

如何建立利益共享的福利制度　/182

第14章　财务管理

如何掌握敏锐的金钱感觉　/183

怎样合理使用启动资金　/185

怎样合理使用有限资金　/186

如何制定资金运用计划　/186

怎样计算损益平衡点　/188

如何估算回收期　/189

如何做现金流量预估表 / 190

如何预估营业额 / 190

营销费用包括哪些项目 / 191

应该具有什么样的成本意识 / 192

如何看待有关成本的各项数字 / 193

如何向商品购买者预收货款 / 195

如何采用赊购方式购进商品 / 196

如何控制成本 / 197

第15章 安全管理和异常情况处理

如何进行打烊的安全管理 / 198

如何防止外部人员偷窃 / 198

如何防止内部人员偷窃 / 200

顾客的哪些行为需要注意 / 200

餐饮业如何防止食物中毒 / 201

发现小偷时该如何处理 / 202

自助式超级商店发现小偷如何处理 / 202

面对面销售时发现小偷如何处理 / 203

遇抢该如何应变 / 204

遇抢时员工有哪些注意事项 / 205

如何注意防抢讯号 / 205

被抢善后处理有哪些原则 / 207

一般性意外事故该如何处理 / 207

其他意外事故如何处理 / 208

临时停电停水该如何处理 / 210

如何防暴 / 211

第16章 加盟店——借力打力成功更快

投入加盟店要注意哪些问题 / 212

开加盟店为什么要慎重 / 213

如何为加盟店选址 / 214

加盟店如何进行前期宣传 / 215

怎样选择餐饮业连锁店 / 215

开饰品店该不该加盟 / 217

开女装加盟店要注意什么 / 219

怎样开好洗衣店加盟店 / 221

第四篇　王牌店铺王牌店员——导购就该这样做

第17章　如何欢迎顾客

当顾客说随便看看之时，店员该怎么说 / 224

当顾客犹豫不决的时候，店员该怎么说 / 227

当顾客不情愿感受产品，店员该怎么说 / 230

当顾客所带同伴不喜欢，店员该怎么说 / 233

当顾客要等家人来决定，店员该怎么说 / 235

当闲逛的客人顺口插话，店员该怎么说 / 237

当顾客怕买与人重复的，店员该怎么说 / 239

顾客想请人来帮参谋时，店员该怎么说 / 240

当顾客说东西少没买的，店员该怎么说 / 243

当顾客听完介绍后就走，店员该怎么说 / 244

第18章　做好产品介绍

顾客认为商品为贴牌之时，你要怎么做好介绍 / 247

顾客认为是去年的旧货时，你要怎么做好介绍 / 249

顾客对商品做工不满意时，你要怎么做好介绍 / 251

顾客质疑商品不是新的时，你要怎样做好介绍 / 253

顾客觉得品牌不太有名时，你要怎么做好介绍 / 255

顾客怕商品使用期限短时，你要怎样做好介绍 / 257

顾客觉得别的牌子更便宜，你要怎么做好介绍 / 259

顾客和别的品牌比较质量，你要怎么做好介绍 / 261

顾客认为商品质量不好时，你要怎么做好介绍 / 262

顾客拿不准到底哪家的好，你要怎么做好介绍 / 264
顾客认为特价商品有问题，你要怎么做好介绍 / 266

第19章 发现销售时机

顾客说，质量看起来不是很好啊，你要这样说 / 268
顾客说，用（穿）这个我更胖了，你要这样说 / 270
顾客说，这个颜色不太适合我，你要这样说 / 272
顾客说，我觉得这个款式太……，你要这样说 / 274
顾客说，我觉得大小好像不合适，你要这样说 / 276
顾客说，感觉用（穿）着怪怪的，你要这样说 / 278
顾客说，这种质量有没有其他款，你要这样说 / 279
顾客说，卖的肯定都说自己的好，你要这样说 / 281
当顾客什么也不说就想离开时，你要这样说 / 283

第20章 成交才是根本

顾客再回店中，抓住交易时机 / 285
顾客犹豫不决，给顾客出个好建议 / 287
循序渐进追问，促成成功交易 / 288
施加心理压力，让顾客顺利买单 / 289
用冷淡的方式，对付自大的顾客 / 291
用声东击西法，从顾客的同伴下手 / 292
进行暗示意引，朝着有利的方向引领 / 294
抓住顾客的话，步步诱导成交 / 296
自称手头紧，多是一个借口 / 298
给足顾客面子，顺利完成交易 / 300
有耐心有策略，抱定不放完成交易 / 302
鼓励顾客做主，促成现场交易 / 304

第一篇
开店三件事——资源、行业、观念

第1章　审视自己的资源

你喜欢什么

准备开店时,最重要的一件事,就是从你喜欢的商品和服务种类着手。

经营一家商店,并不是只在进货、与顾客周旋,或是商品陈列这些乍看之下轻松愉快的工作,其实接下来还有更多麻烦的事等着你。比方说收货(当然也包含纸箱的处理)、点货、商品标价、库存管理、打扫乃至于资金的运筹,等等,都是开店的必要工作。

就拿必须与顾客接触的销售活动来说,本来应该每天都保持愉悦的心情,但并非每位顾客都很讲理,于是难缠的客人就成了烦恼的根源。商品的陈列也是一样,好像不管怎么摆放,都觉得不太对劲,甚至感到失望。

不过,如果做的是自己喜欢的事,则又另当别论,即使是努力钻研也不会厌倦,工作上的辛劳也成了小事一桩,很容易撑过去。

相反的,明明不想做,却因为别人的劝诱,或捡现成便宜贸然开店,最后往往会走上失败的路途。这种人当初之所以会开店,不是出自本身强烈的意愿,所以当经营稍有不顺,便会立刻产生厌烦的心理。

以前,有个从事杂货批发的人曾告诉朋友这么一则故事,他说:"我知道有家店,它的地点差,面积又小,经营得很吃力,于是我常劝那家店的老板趁早把店收起来,至少可以留点老本。可是那个老板每次都很认真地回答:'我也知道，但我就是喜欢这样的工作！'最后没有办法，只好改提一些他能接受的建议。"

就像这个例子中的老板，可以凭着一股由衷的热诚，说服对其前途有疑的批发商，拉拢他转而支持自己。

你想卖什么商品

找到自己喜欢的行业之后，就要考虑你想要卖什么商品？你要替它营造出什么气氛？开什么店？

花店？面包店？还是运动器材店？室内装潢用品店？

不管是哪一种，只要下定决心，就必须对下列业界共通的经营资源有通盘的了解。

（1）有关批发商等商品流通的信息。

（2）消费者对店家的需求（分为商品、服务两方面）。

（3）地点与商店的规模以及合适的店内摆设。

（4）资金（店面设计费用、初期进货成本等创业所需资金，也包括周转金）。

（5）员工人数及素质。

（6）专业知识与技术（商品知识、陈列技术等）。

（7）基础的会计概念。

然后，你必须冷静地想想，这些经营资源你已经掌握了多少。

当然，就算掌握再多资源，也不保证生意一定会兴隆。可是如果一开始就漫无计划，那么将来经营想上轨道，就难上加难了。

经过一番谨慎的评估之后，也许你会发现竟然没有一项合格，有的只是"意愿"和"干劲"。没关系，先别懊恼。

怎么说呢？因为只要发现经营资源的不足，很容易找到解决之道。接着，稍微延后开业日期，等经营资源储备够了再正式上路吧！

店铺要设计成什么样

根据一些厂商和批发商、进出货业者的说法，有很多店当初是在未经过深思熟虑的情况下开张的。

曾经有些人以几家名店为例，野心勃勃地宣称"要开一家类似的店"。但是，当他们把自己的想法告诉厂商时，却往往被泼冷水："光说要像哪一家名店，也不知道别人到底有什么长处，根本是一头热，漫无计划！"

到底该怎么办才好？

有个好办法，就是上街逛逛。一切就从参观别人的店铺开始吧！

当你遇到喜欢的店，不妨稍作停留，想想你中意这家店的什么地方，是销售的商品？店内的陈设？还是店面的整体设计？

然后，把所有中意的店列出一张清单，抽空多跑几趟，想办法吸取别人开店的经验。

从观摩学习中，渐渐地你会发现那些店"和自己的理想有些差距"，进而确定自己的目标和店铺经营的方向。

但是请注意，光用眼睛"看"是不够的。随便逛逛，东挑西拣之后，如果什么都不买，即使看穿了眼睛，东西也不会变成自己的。除非实际花钱购买，否则不会知道"商品的价格是否合理"。更何况，光看不买很可能会遭店员白眼。

态度积极些，如果常去某家店并且消费，久而久之，也许可以和店员建立友好关系，获得宝贵的资讯。

坐而言不如起而行，现在就立即行动吧！

如何赢得家人和朋友的支持

对于开店这件事，身边的人，如配偶、孩子、父母、朋友，他们持何种态度？是无怨无悔全力支持？还是拼了命反对到底？

第一篇　开店三件事——资源、行业、观念

尤其是每天跟你一起生活的家人，他们的生活一定会因为开店而受到影响。

举个例子来说吧。一旦辞掉原先的工作，家中马上会失去一份固定收入，开店以后家事不是做得马虎草率，就是别人休息时你却必须顾店，不能陪伴小孩。

而家人一旦反对开店，这将直接对你造成压力。

况且，理想与现实通常有段距离。并不是说心里想着要成功，就一定能够成功。除此之外，不管是开哪种店，打从开张就持续热卖的例子更是少之又少。

在旁人眼中，也许经营已经步上轨道，但实际的收益却不如预期，而且要回头已是难上加难。这种名实不符的现象，据说每三年会出现一次。

遇到这样的低潮时，如果最亲近的家人不是雪上加霜地说："当初叫你别做，你就是不听！"而是适时给你鼓励："再苦也是自己选择的，再试试看吧！"我想任何人都会愿意再拼一次的。

世界上只有亲人和好朋友能在你获得成功时给予衷心祝福，却不夸张称赞。

所以，当你决定开店时，首先必须和家人及朋友彻底沟通，取得大家的谅解和支持，让自己没有后顾之忧。

你有多少资金

或许卖的商品会影响资金足够与否的认定，但一般来说，除了开店资金，最起码需准备3个月，甚至半年的周转金，才足以应付各种包括进货成本的支出。

有一次我去采访一家服饰连锁店总公司，当时我曾提出一个问题："请问贵公司对加盟店老板有什么要求和条件？"结果对方毫不犹豫地回答："他必须对我们的产品了如指掌，并且耐性强，拥有充裕的资金。"

当时我认为前两个条件是理所当然，只是不明白为什么"资金"那么重要。对方的说法是：开店花钱是不可避免的事，你必须找到一个绝佳的地点，而且不可能单打独斗，一定要聘请人员帮忙。

为了营造店内气氛，耗材和装饰品这些商品外的开销也绝对少不了。

又譬如商品展示会，与其由店主独自采购，倒不如休息一天，全体员工一块儿去，借此凝聚大家的智慧，共同找出具有卖点的东西。如此一来，既可避免因错误判断造成商品滞销，同时也能激励员工的士气。

所以，资金愈多就愈有生存的空间。在商场上，各方面能力如果相当，接下来就比谁手中的钱多，谁钱愈多谁成功的机会就愈大。

原来如此！事隔多时，现在我也同意他的看法。

想自行创业的朋友，千万不要只是一时兴趣勉强开张！比较稳健的做法是累积足够的金钱，确实研究过开店和商品的知识，当资金与心理都充分准备之后再上路。

你有什么专长

你所经营的店需要特殊技能或资格吗？如果要，你在该领域通过了多少资格考试呢？

即使你要开设的店根本不需要任何技能和资格，我们建议你尽可能去取得证明，取得消费者的信赖（此处所指限国家举办的资格考试，或为一般大众认定的考试）。

有些资格的名称听起来也许和你的店没有直接关联，但它们对你只有好处，没有坏处。另外，各位不妨重拾书本，去学学如何设计布置和插花。

通过资格考试、上专科学校或技艺班，可以向外显示你"为了开店付出了不少心血"。

比方开服饰店，单凭"喜欢"、"对自己的流行嗅觉充满信心"这两个动机，不见得能受到顾客青睐，或许还会听见一声讪笑，被嫌不够专业。

如果你曾在服饰业工作过好几年，也学过服装设计，拿到设计师资格，又懂得色彩搭配，那情况就另当别论了，顾客对你的评价和信赖一定很高。

"不愧是人，点子新，又有品位。"

"每次去都能找到适合我穿的衣服！"

不管是房屋租赁业者或银行，在选择往来对象时，都很现实，有保障的人绝对比没有的人吃香。

总而言之，多一张资格证照，等于多一份保障，帮助你迈向成功之路。

你的性格适合开店吗

不管是厂商、批发商或加盟连锁店主管，每当有人提出"哪一种人开店比较容易成功"的问题时，得到的回答几乎都一致："活泼、虚心又奋斗不懈的人。"

这种人就算是初次踏入商界，你也可以大胆说他"必定成功"。环顾整个环境，自己创业并闯出一番天地的人，绝大部分都具备了上述的特质。

"怎么那么简单啊？"

或许你会以为做起来轻而易举，然而要满足这些要件并不容易。

首先，让我们来看看"活泼"这一项。

人可以分成两种，一种人"安静，没办法和初次见面的人热情交谈"；另一种人却"与任何人都能像老朋友般沟通，毫无障碍"。换句话说，人可以分成"忧郁"和"活泼"两种个性。

然而，大家似乎都忘了一件事，那就是沉默并不代表忧郁，而侃侃而谈也不代表活泼。"活泼"有两种，一种会"使人振奋"，另外一种则正好相反，会"使人疲惫"。

后者乍看之下似乎明朗快乐，但仔细思量，你会发现他谈话的内容老是围绕着自己打转，欠缺对他人的关怀。

另外，认为"自己个性忧郁"的人，其实只要不忘服务顾客的精神，我想总不会有人一整天都愁眉苦脸的吧？

所以，所谓"活泼"的人，应该是指"具备服务于他人的精神"的人。

接下来我们来谈第二项"虚心"。

它是倾听别人意见、持有"肯定"他人气度的人。

不只在商场上，相信在一般生活中，我们都会接到朋友给的忠告和建议，这时有的人会闹情绪,"我这样就好,不要你管!"有些人却能采纳不同的意见。不同的态度会产生不同的结果。

当然,我们并不鼓励大家对别人的意见照单全收,只是相信不管是什么意见,都一定有它值得听取、学习的地方。

你必须自己整理消化这些建议,然后选择对自己有利的内容。

有些人到生意兴旺的店铺参观见习时,总会怀着"酸葡萄"的心理说:"我们的店和别人的店在规模和地点上根本不能相比,怎么能期待达到和他人相同的业绩。"这是为自己的"不能"找借口。

真正虚心的人,会先把条件差异摆在一旁,观察别人用心之处,再加以效仿,沿用到自己店里。换句话说,虚心的人从他的所见所闻中寻找契机,并且加以消化,让自己不断成长。

这些不仅是开店的必需条件,同时也适用于各种行业。

很遗憾,天生"活泼、虚心又奋斗不懈"的人凤毛麟角,大多数的人都必须靠后天培养这些特质。

但各位也别气馁,从现在开始努力做一个"活泼、虚心又奋斗不懈"的人,成功依然指日可待!

第2章　选个好行业是成功的一半

究竟要开哪种店

　　你适合或准备开哪种店？这是一个大而空洞的问题，谁也难以回答。具体开什么店，根据店主自身的情况、店铺所在地大环境、所在街区小环境等特殊情况不同而不同。

　　开店前应进行充分地调查，没有调查就没有发言权。在选择开某种店之前，你必须对目标顾客（开店后可能到店里买东西的消费者）进行预测和调查。调查店铺所在地人口分布情况，附近聚集的单位性质、工作性质，本区域消费能力、习惯，有无同类店铺，若有，其生意好坏、今后如何竞争。你越深入了解目标客户，在店铺定位时便愈能投其所好，准确定位。

　　想开店有两种情况：一种情况是事先已确定开某种店，再分析店铺将定下的地段是否可做这样的生意；另一种情况是对某位置所在区域有充分了解后再确定开设某种店。后一种情况往往是事先没有准备开店，而灵光一现，预测开某种店会赚钱后才抓住机会开店。但两种情况道理是相通的：要调查、分析市场需求。没有调查就没有发言权。

　　有的人一看见某某店铺转让，觉得其位置不错，价格也不贵，便贸然接手下来，殊不知开店之后才发现目标市场太小，甚至造成"无人上门"的窘境，但为时已晚。若你平时细心观察，有时便会发现某店铺门面上经常都写着"转租"二字,老板换了一拨又一拨,说明都没赚到钱。还有一种情况,同一店铺经常变换着形式,一会儿是蛋糕店,一会儿又成书店、服装店或者小吃店,这说明这些店都没有成功。而相反的情况是:有的店铺几年来一直没有改变,这说明该店有生意可做,有钱可赚,其选择是正确的。

具体开店时,还应与自身情况相结合。自己对将要从事的行业是否熟悉,或自身的素质是否能胜任等等,均要适当考虑到,特别是初开小店者,往往采供销一人全兼,什么事都得自己做。

在选择经营业务时要考虑哪些因素

我们在选择经营业务时,要考虑的客观因素很多,但是归纳起来不外乎如下几点。希望这些能够对考虑创业的朋友有帮助。

1. 季节性制约因素

经营的业务是否有季节性的特点,这关系到多元化经营的必要性。是否需要正式员工加临时员工的组合。淡季进行储备工作所需要的资源。

2. 宏观经济形势

当前国际国内经济所处的周期状况,对自己即将经营的领域是利好,还是利空;当前经济状况会持续多长的时间,并且还要估计对自己的业务会产生多大的冲击。

3. 产业管制

所从事的领域有没有产业管制情况,这些问题只有主动和上级主管部门沟通才能更加详细地了解经营领域的相关政策。

4. 行业门槛

a 资本

· 用于购买工厂和设备的资金;

· 用于营运资本的大小;

· 开办费的额度;

· 后续资金能否准时到位。

b 专有权
· 技术上的；
· 营销上的；
· 管理上的。

c 法律事项
· 许可证；
· 专卖证；
· 排他性合同；
· 版权。

d 地理位置因素
· 战略位置；
· 竞争对手经营位置；
· 可形成市场的"人气"经营位置。

e 营销
· 品牌名称；
· 有效沟通手段；
· 已有的消费者基础；
· 分销渠道。

f 对上游关键性原料的控制。

g 低成本生产方法的掌握。

5. 发展远景

以战略发展为导向，对经营业务今后远景发展的可能性和有效途径及可能遇到的问题的思考。最好有份详尽的计划书。

6. 经营环境

以竞争为导向，对即将展开的经营环境，尤其是竞争对手的情况，有详细的了解。

如何对经营业务进行自我评估

创业经营业务自我评估体系分别从11个方面对所经营的业务提出疑问，以这些问题为标准来考核所经营的业务，不失为对自己经营情况全盘考虑的有效之路。

1. 经营行当是否有季节性

是否依赖于临时环境？

在某一季度是否没有盈利？

2. 该行当是否对经济周期很敏感

销售数量在经济衰退年份中是否出现下降？

销售额在经济衰退年份中是否出现了下降？

3. 该行当是否受到了过度的管制

列出对企业进行监督的各种管制机构。

列出所需的各种许可证。

列出必须交纳的各种税费。

4. 战略性要素的供给和价格的确定性如何

公司是否依赖于那些现阶段无法弄到的原材料？

战略性材料的价格变动如何？

那些难以储存的战略性原材料是否有可靠供应？

公司经营是否过度依赖于某个员工？

5. 扩张前景如何

所在行业是否在扩张？

公司能否增加其市场份额？

公司的产品和服务是否存在新的潜在市场？

该市场是否存在着新的产品和服务？

6. 该行当的盈利性如何

该行当的盈利性如何？即公司投资回报率是否高于社会平均水平？

为保持一定的利润，必要时公司能否提价？

该行业的盈利能力能否足以为企业扩张提供资金支持？

7. 产业变动方向

人口变动趋势能否对该行业产生影响？

公司主导产品在市场上是否已趋于饱和？

价格变动使市场潜力增大还是减少？

8. 将要对行业产生影响的技术变革是什么

正在发生的变革是否降低成本？

正在发生的变革是否使你的产品代替竞争产品？

是否存在会导致你的产品过时的技术变革？

9. 企业能否置身于竞争之外

列出企业相对于竞争对手的优势。

列出企业相对于竞争对手的劣势。

10. 该行业对你个人是否有吸引力

列出你被吸引到这一行当的非金钱理由。

列出该行当你不喜欢的因素。

11. 你选择的行业是否易于进入

列出要进入该行业有"高门槛"现象的各种因素。

客观分析"高门槛"对自己和竞争对手的利弊得失。

上面所提到的这些评判标准，都是用最浅显的语言描述，各位读者朋友当然可以用更多的投资工具作理论分析。

这里只是说出了一些主要要考虑的问题，起到一个抛砖引玉的作用。当然，如果需要更为详细地掌握经营业务，进行周密准确的市场调研、完成一份详尽的商业计划书是少不了的。这也是经营大块业务的必经之路。

确定开店定位的三大因素是什么

1. 所处位置是否有吸引力

所处位置包括店铺环境好坏、交通条件是否方便、周围设施对店铺是否有利、服务区域的人口情况、目标顾客收入水准、消费意识及品位等。

店铺地理环境的好坏有两种含义：一种含义是指店铺周围的卫生状况。比如有的饮食店开在公共厕所旁或附近，不远处便是垃圾堆、臭水沟或店门外灰尘飞扬，或邻居是怪味溢发的化工厂等，这便是恶劣的开店环境。另一种含义指店铺所处位置的繁华程度。一般讲，店铺若处在车站附近、商业区或人口密度高的地区或同行业集中的街上，这类开店环境应该具有比较大的优势。

交通条件是否方便：顾客到店后，停车是否方便；货物运输是否方便；从其他地段到店里来乘车是否方便等。交通条件方便与否对店铺的销售有很大影响。

周围设施对店铺是否有利：有的店铺虽然开在城区干道旁，但干道两边的栅栏，却使生意大受影响。因此在选择临街铺面时，要充分注意这点。如何选择呢？典型的街道有两种：一种是只有车道和人行道，车辆在道路上行驶，开车人的视线很自然地能扫到街两边的铺面；行人在街边行走，很自然地进入店铺，这种街道开店比较好。但街道宽度若超过30米，则位置又将打折扣。街道太宽敞有时反而不聚人气。据调查研究，街道为25米宽，最易形成人气和顾客潮。另一种典型街道是车道、自行车和人行道分别被隔开，其实这是一种封闭的交通，选择这种位置开店不太好。

服务区域人口情况：一般情况开店位置附近人口越多、越密集越好。目前大中城市都相对集中形成了各种区域，如商业区、旅游区、高校区等，在不同区域开店应注意分析这种情况。

目标顾客收入水准：在富人聚集的地段开设首饰店、高档时装店便是瞅准了目标顾客高收入这一特点。城市周边建设的各种商业别墅群或有档次的小区，都是富人聚集的地方之一。

有三岔路口、拐角的位置一般为好位置，坡路上、偏僻角落、楼屋高的地方位置较次。

影响开店位置的因素很多，因素也千差万别：为什么有的偏僻小巷的店铺生意年年兴隆，而有的繁华地段的店铺却经营艰难？所以，还应"具体情况具体分析"。位置的好坏是相对的而非绝对的。生意的好坏不仅仅取决于店铺位置，与店铺经营内容、经营方式、服务、形象均有密切关系。

2. 店铺本身是否有吸引力

店铺种类或商品组合、包装、搭配、摆设、价位等是否有吸引力。

3. 店铺卖场是否有吸引力

店铺卖场面积、广告需求及顾客服务都会影响店铺生意。

以上三方面是相互联系的，在开店定位时要充分考虑以上要素，并尽可能把问题想出来。

你看到产业结构调整的机遇了吗

中国目前正在进行的产业结构大调整，无疑给不少人带来了麻烦，但同时也给更多的人带来了机遇。

而且，随着产业结构调整步伐加快、范围加宽、力度加大，它所带来的机遇也会越来越多。

为什么这么说呢？

其一，中国进行产业结构调整的目的，是为了深化经济体制改革，最终建立社会主义市场经济体制。而市场经济必然会放松对人才的管制和约束，使真正有能力的人获得发挥自己才能的多种机会。

其二，中国进行产业结构调整的结果，是加大第三产业在创造国民生产总值中所占的比重。然而，第三产业的特点主要是，使更多的人有机会创业，也使更多的人获得一份工作。因为，第三产业主要是指商业、服务业、交通运输业等一般人很容易起步的行业，不像工业那样需要大量的资金、技术等；而且，第三产业要求的人数十分多，这就使更多的人获得了工作的机会和创业的机会。

由此可见，伴随着产业结构的调整，机遇比稳定时期相对提高了，确实是有增无减。

当然机遇的比率虽然提高了，但这次结构调整对中国人来说毕竟是一场考验。之所以这样说，是因为在未来的时间里，优胜劣汰、适者生存将越来越成为我们的游戏规则。

但是，我们不能因此忽视了机遇，更不能无视机遇的存在。

一定要记住：随着手工业结构调整而呈现出来的新兴热门行业，都隐藏着大量的机遇。产业结构调整是机遇的缔造者。

热门行业有什么特征

"热门行业"是一个模糊的概念，即使有关专家也不能下一个精确的定义，但从总体来说，热门行业都具有以下特征：

（1）热门行业都是新兴的朝阳产业，具有夕阳产业无法比拟的巨大的生产力，发展迅猛，机会多多。

（2）热门行业是顺应市场经济发展潮流而诞生的，符合市场的要求，可以满足市场的需求。

（3）热门行业竞争激烈，人才济济，从事热门行业的人既可以锻炼自己的实力，也可以借此实现自身的价值。

（4）热门行业的收入水平高。每一种职业都会给从业者带来一定的职业收入，但各种职业收入的水平千差万别，最高最低之间可能相差几百倍，甚至更多，那些高收入的行业自然会成为人们争相谋取的热门行业。

通常，高收入往往与高风险和高投入相对应，做个私营企业主必须在从业过程中有成功与失败两种思想准备。

（5）热门行业的工作环境优越。良好的工作环境的内涵主要有：精良的工作手段，如电脑、办公自动化设备、先进的仪器仪表；舒适的工作氛围，如整洁、明亮、安逸的场所和岗位；优越的福利措施，如薪水外的实物分配、保险

第一篇　开店三件事——资源、行业、观念

提供、旅游机会、进修可能等；以及融洽的人事关系。

不过，工作环境与职业收入间存在着一定关联，一般而言，具有良好工作环境的行业往往也有不菲的收入。

（6）热门行业具有良好的发展前景。通常，这种行业是新兴行业或在发展中有新的突破，呈现出诱人的前途。例如，计算机业、房地产业、生物工程业等。

如何掌握市场信息

对任何商家而言，细致认真的市场分析都是少不了的，因此，开店者创办新店的第一步就是搞好市场分析，以充分利用中国市场经济迅猛发展20多年带来的市场大分割为契机，在自己的细分市场上大显身手。

首先要识别和了解自己和其他同业者通常会遇到的共同情况，即有关销售项目的总体市场性质和特征，然后就要深入地对照总体市场情况，找出自身独有的特殊情况。利用好市场信息可以有助于自己合理开发和扩大做生意的门路及合理确定目标顾客或调整经营项目。

假如你是一个店的老板，究竟是要吸引那些有兴趣买廉价货的顾客，还是吸引那些寻找高级商品享受的顾客？这时你必须依据自身的资金实力而定。如果你的店规模不大，资金实力并不雄厚，那就难以兼营两者，应从中择一为宜。确切地了解到类似这些特殊情况之后，也就可以根据这些目标顾客的需要，合理组织销售活动。

如何密切注意市场变化

政治、经济、文化的因素，往往可影响市场变化，由此而引发市场上对某种产品的需求。对某产品的需求，有时候，一夜之间会急剧增加；有时候，会一下子烟消云散。例如，肯尼迪爱坐旋转椅，他当美国总统时，旋转椅市场就曾一度被看好。到了里根入主白宫之后，因他爱吃豆胶软糖，顿时激发市场上各种牌子的豆胶软糖的销售。类似这样的市场变化趋势，有时候真令经营者难以预测和捉摸，只能靠平日经常细心观察和分析。

事实表明，若能及时敏捷地最先感受和把握到这种趋势，并能立即采取应变措施，使顾客由此而引发的需要得到满足，就会获益良多，并在短期内收到立竿见影的效果。反之，如果市场上对某种产品需求的趋势已经出现衰退或正在迅速衰退，而自己对此毫无察觉，则难免就会首当其冲蒙受巨大损失。

如何发现市场需求

随着社会经济的发展，社会的分工也越来越细。人们已越来越乐于与自给自足的小农经济分道扬镳，从这个意义上讲，人们越来越懒于在一些方面自我服务。城里的女人已多年没纳鞋底，男人们也不愿自己打家具、刷墙壁，甚至汽车清洗、乔迁新居也都请人代劳了。于是，一些赚"懒人"钱的行业，如洗车、洗衣、物业清洗、搬家、居室装修等便应运而生，大赚其钱。

随着物质生活的丰富提高，生活富裕的人群逐渐增多。他们对生活和服务产品也越来越提出新的需求，于是，一些为"富人"服务的行业逐渐发展起来，并大赚其钱，如歌舞厅、精品屋、鲜花店、预约上门美容服务、宠物养殖业和宠物护理业等。

市场是个宝，全靠自己找。市场上的各类需要无奇不有，无所不包。

有的人为四处寻觅却找不到合适的礼品而发愁；

有的人为自己的特殊爱好难以满足而烦恼；

有的人为买到一本好书而欢欣；

有的人为听到一首最新流行的歌而雀跃。

开店赚钱，就在于你能不能发现这些潜在的需求，并将满意和愉悦及时奉送给他们。找出盲点，找出盲点中的盲点，需要敏锐的眼光和创意的灵感。找出热点，找出热点中的热点，财富就会离你不远。开一家什么样的店能赚钱？

三百六十店，店店能赚钱。关键在你会不会赚。

第一篇 开店三件事——资源、行业、观念

一位商业经济研究专家说：在日益发展的当代社会，不断被开发和引诱出来的顾客需求又总是不断地被提供这种需求的店铺所满足。而且，这种需求一经创造出来又立即被细分。

差别化，正是时代的特征，也是个性的张扬。

至今，没有人能完全统计出世界上到底有多少种类型的店铺。每个店铺存在的理由就是，它总能满足一部分人的需要，总有一些人愿意花钱到店中去消费。顾客越多，店铺存在的理由也就越充分。顾客寥若晨星，其理由也就如烟逝去。

因此，不管你开的是哪种店，要赚钱，抓住顾客也就是你的全部主题。从顾客的需求入手，你可能会做出开家什么样的店的决定。

如何瞄准"嘴巴"开店

自从人类产生以来，吃饱肚子乃是生存第一要素。俗话说："民以食为天"；中国古代的圣哲孟子也曾说过："食色，性也"，把吃饭这件事看成了人类本性之一；也有人说，衣、食、住、行乃是人们生存于世的第一要素，更有人甚至把人生的全部内容都归结为"吃、喝、玩、乐"这四个字。

这些毋庸置疑地表明，吃对于人们来说是第一位的头等大事。

而且，随着时代的发展和社会的进步，人们对于吃的期望和要求也日益增长和提高，已经逐渐从单纯的生理需要演变为更多地追求心理上的满足。这一变化，使得瞄准嘴巴的赚钱法更加大行其道。

瞄准嘴巴赚钱，你可以投资于餐饮业。餐饮业，有着广阔而美好的前景。

1. 你可以开家小吃店

小吃店相比于其他餐饮店来讲，具有投资少、操作简单、见效快的特点。小吃店一般请一两个人便可，能放下七八张小桌的空间就行，店铺适当装修，尽量给人以明亮整洁的感觉。小吃店的位置可设在车站、闹市区、居民区、商业中心、公园、学校附近，现在全国各地到处都在兴建小吃一条街或小吃城，这都是极好的开店机会。

因为小吃一条街或小吃城一般很快就会名声在外，是聚客的最佳经营场所。开小吃店切忌把各种风味小吃都聚在一起，应当重点推出1~2种风味小吃，你的小吃店特色便突出了，顾客也会越来越多，你的招牌也会越来越响。

2. 你可以开家面食店

作为一种普通、经济实惠的食品，面食在我国各地都很普及，仅风味特色各不相同而已。经营面食的主要优点：一是投资不大。二是操作简单，不需要特别的技术，几乎人人会做。三是面食价格比其他饭菜便宜，味道多样，适合不同口味的普通大众就餐，一般每天都能达到一定营业额。但经营面食，一定要让顾客的周转速度快，尽量不要让顾客占用太多的时间，关键之一就是不要让顾客在餐桌前空等，为此，开面馆一定要多准备几个大锅和几个小锅，以便面条能尽快上桌。

3. 你可以开家咖啡店

随着经济的不断发展，咖啡已摆脱奢侈品的形象，成为大众化的饮料，喝咖啡的风尚已为我国大众所接受，特别深受年轻人青睐。过去宽敞华丽、标价昂贵的咖啡厅逐渐被讲究个性与情调的小咖啡店所代替。咖啡店的位置最好选在大学区、商业区、宾馆及城市比较繁华的地带。咖啡店最讲究情调，因此营造最具特色的情调是经营咖啡店特别重要的环节。而情调的营造又往往通过装饰来反映。不同风格不同追求的装饰就会营造出不同情调，或浪漫，或温馨，或素雅，或幽远。装饰上可采取明朗活泼的色彩，也可采取柔和多变的色彩；或采取引人遐思的烛光烘托。在咖啡店四周墙壁上可贴一些世界名画或诸如海滩、日出等风光照。也可在店内摆放几盆盆景，使店内显得生动活泼而又不失静感。还可播放一些舒缓轻柔的音乐。咖啡店除了卖咖啡之外，还应有茶、可乐、果汁、冰淇淋等饮料，并可适当准备一些三明治、汉堡包及水果。

你可以开家啤酒屋：啤酒已逐渐成为一种普及饮料，特别是越来越多的年轻人喜欢喝啤酒。虽然很多餐馆都在经营啤酒，但只不过是为下菜而喝。目前市场上专门经营啤酒的店不多。因此，开一家啤酒屋很容易赚钱。特别是炎热的夏季一到，啤酒生意更是火爆。开办啤酒屋，需要找一个好的营业地点。店铺一般可设在大学附近，或闹市区，或娱乐场所附近。只要是年轻人容易聚集的地段均可。啤酒屋的装修要格调高雅，最好能营造出一种有独特个性的氛

第一篇　开店三件事——资源、行业、观念

围,啤酒屋的取名也很关键,一定要雅而特别。啤酒的种类很多,主要有散装啤酒、瓶装啤酒和筒装啤酒。一般人讲的扎啤就是散装啤酒,这种啤酒市场潜力更大。另外在经营啤酒的同时,还需经营一些饮料及三明治、玉米花、汉堡包等食品。

瞄准嘴巴开店,你还可以开家水饺店、烤肉店、食品店(保健食品、速冻食品、儿童食品等)、茶餐厅、火锅店、豆腐饭庄等。

如何瞄准女人开店

在商场上流行一句话:女人的钱最好赚。

的确,女人天生有许多区别于男人之处。女人天生爱美,往往不惜代价来打扮自己,或把钱花在美容美发上,或花在服装上,或花在饰品上。莫泊桑的小说《项链》中的女主人公尽管家境窘迫,然而爱美之心不减,在宴会上总想方设法把自己装扮得最美丽动人。

女人也爱吃,吃一些小零食。到商场走一走,围绕着女人开发的食品让人眼花缭乱,话梅、陈皮、海苔等等,真要使杨贵妃感叹生不逢时!

不论天涯海角,女人总是市场的宠儿。

因此如果你准备开店大干一番,那么,把思路对准女人这一消费层次,必定大有收获。

瞄准女人开店赚钱,你可以开一家时装店、时装再生店、女性内衣店、手提包店铺、装饰品店、珠宝首饰店、巧克力店铺、甜食店等。

如何瞄准家居开店

家庭是社会构成的基本细胞,这个细胞的形成需要一定的物质基础。在很多电影里都有这样的镜头:姑娘和小伙恋得火热之时,英俊的小伙提出结婚,而姑娘却不紧不慢地反问:"婚礼准备好了吗?住房宽敞吗?家具时髦吗?"

正是为了构筑舒适的家庭世界，许多人在家居设置上不遗余力，有的甚至像许多小型的宾馆或花园，让工作劳累一天的自己回家后立刻感受到环境的雅致与气氛的和谐，困顿一扫而光，而当自己最喜欢的音乐在高级音响里倾泻而出时，更是让人心旷神怡，清爽无比。

随着社会经济的发展，小农经济将逐渐向现代高度发达的工商经济告别，家庭成员都外出工作，家庭劳务社会化的趋势越来越明显。家庭主妇大量的烦恼必将由更先进方便的设备和更热情周到的服务所分担。

家庭虽小，其容乃大。因此只要瞄准家居设置与服务，细至柴、米、油、盐、酱、醋、茶，大至电器、家具和搬家，只要你开店有方，必可任意驰骋其间，既方便、美化了家庭，又能利润不断，何乐而不为？

瞄准居家开店赚钱，你可以开一家电器店、家用电器修理店、煤气液化气炉具修理店、家具店、室内装饰店、厨具店铺、搬家公司、洗衣店、清洁店、杂货店、小五金店、塑料用品店、寝室用品店等。

第3章 开店应有的经营观念

为什么说态度决定一切

为什么有些人就是比其他的人更成功，赚更多的钱，拥有不错的工作、良好的人际关系、健康的身体，整天快快乐乐地过着高品质的生活？而许多人忙忙碌碌地劳作却只能维持生计？其实，人与人之间并没有多大的区别。但为什么有许多人能够获得成功，能够克服困难去建功立业，有些人却不行？不少心理学专家发现，这个秘密就是人的"心态"。一位哲人说："你的心态就是你真正的主人。"一位伟人说："要么你去驾驭生命，要么是生命驾驭你。你的心态决定谁是坐骑，谁是骑师。"

大概是40年前，在福建某贫穷的乡村里，住着兄弟两人。他们为摆脱穷困的生活，便决定离开家乡，到海外去谋发展。大哥好像幸运些，去了富庶的旧金山，而弟弟却去了菲律宾。40年后，兄弟俩又幸运地聚在一起。今日的他们，已今非昔比了。做哥哥的，当了旧金山的侨领，拥有两家餐馆、两家洗衣店和一家杂货铺，而且子孙满堂，他们有的承继衣钵，有的成为杰出的工程师或电脑等方面的科技专业人才。弟弟呢！居然成了一位享誉世界的银行家，拥有东南亚相当规模的山林、橡胶园和银行。经过几十年的努力，他们都成功了。但为什么兄弟两人在事业上的成就，却有如此的差别呢？

兄弟聚首，不免谈谈分别以后的经历。哥哥说，我们中国人到白人的社会，既然没有什么特别的才干，唯有用一双手煮饭给白人吃，为他们洗衣服。总之，白人不肯做的工作，我们华人统统顶上了，生活是没有问题的，但事业却不敢奢望了。像我的子孙，书虽然读得不少，也不敢妄想，唯有安安分分地去担当一些中层的技术性工作来谋生。至于要进入上层的白人社会，却很难办到。看到弟弟这般成功，做哥哥的，不免羡慕弟弟的幸运。弟弟却说，幸运是没有的。初到菲律宾的时候，从事些"低贱"的工作，由于当地的人比较懒惰，于是便顶下他们放弃的事业，慢慢地不断收购和扩张，生意便逐渐做大了。

以上是真实的故事，反映了海外华人的奋斗历史。它告诉我们：影响我们人生的绝不仅仅是环境，心态控制了个人的行动和思想。同时，心态也决定了自己的视野、事业和成就。

一个人能否成功，就看他的态度了。成功人士与失败者之间的差别是：成功人士始终用最积极的思考、最乐观的精神和最辉煌的经验支配和控制自己的人生；失败者则刚好相反，他们的人生是受过去的种种失败与疑虑所引导和支配的。

有些人总喜欢说，他们现在的境况是别人造成的。但事实是，我们的境况不全是周围环境造成的。说到底，如何看待人生、把握人生由我们自己决定。

为什么说诚信为本

"偷"、"骗"、"挖"、"诱"均是不道德，甚至是不合法的行为。特别是很多技术性强的产品或某种新开发的、市场潜力极大的产品，最易深受其害。

某药厂经过十多年的时间研究出一种防治心脏病的新药，研究员把报告送给厂长，厂长随手将报告放在桌上出去办别的事了。恰在这时，另一药厂的业务员来到厂长办公室，便趁人不备偷走了该报告并先生产出该药，使该药厂蒙受了巨大损失。

第一篇 开店三件事——资源、行业、观念

有的企业采取高薪招聘或以丰厚待遇为诱饵,去挖竞争对手的关键人员,从而获得技术秘密并抢先占领市场;有的打着"合作"的名义,以要求对方提供新技术、新产品的方式"骗"取秘密;有的采用"美人计"去"公关"某些特殊人物,甚至以设陷阱等方式威逼出他人的商业秘密。这些都不是获取商业秘密的正当的方式。

经营者应当有什么样的人才观

日本松下电器公司创建于1918年,以微薄的资金起家,现已发展成为享誉世界的名牌企业集团,在全球家用电器市场占据重要地位。松下集团创始人松下幸之助在日本享有盛名,被誉为"经营之神",他的照片上过美国《时代》周刊的封面。美国斯坦福大学教授帕斯卡尔和哈佛商学院教授阿索斯在他们合著的《日本的管理艺术》一书中,赞誉松下幸之助是世界级的企业管理天才。如今,全球各地的企业家、经理人都在学习松下幸之助的经营管理观念。

有一次,松下电器举办了一期人事干部研讨会,与会者都是各部门的"人事主任"、"人事课长"。松下幸之助莅会讲话,他单刀直入地发问:"在拜访客户的时候,如果客户问你们,松下电器到底是制造什么产品的公司,你们怎么回答?"

业务部的"人事课长"A君恭恭敬敬地回答道:"那我就回答对方,松下电器是制造电器产品的。"

"像你这样回答是不行的!你们这些人脑子里装的是什么呀?"松下幸之助的训斥突然响彻整个会场。

这难道错了吗?难道公司不是制造电器产品的吗?与会者大多数莫名其妙,遭到训斥的A君更是丈二和尚摸不着头脑。松下幸之助拍打着桌子怒气冲冲地说道:"你们这些人不都是在人事部门任职的吗?如果有人问你们松下电器是制造什么的,你们要是不回答松下电器是培育人才的公司,并且兼做电器产品的话,就表示你们对人才的培育一点都不关心,就是严重渎职!"

"造人先于造物",就是松下幸之助人才观的直接反映。他认为,企业是由人组成的,必须强调发挥人的作用。松下指出:"公司要发挥全体职工的勤奋精神,必须使各自的生活和工作两方面都是安定的。因此,'高效率、高工资'是我们公司的理想,虽然不能立即达到,但要尽一切努力促其实现。"

　　松下注重维系人心,采取精神与物质结合的激励办法,使职工紧密聚集在公司之内并拼命工作,以保证其高效率和高利润。看似寻常的发动职工提建议的制度,在松下公司却有它的独到之处,实施的效果非常好,极大地发挥了广大员工的潜能,也有助于发现、选拔各种可造之才。

　　松下公司善于争取众人之心,巧妙地使员工们对公司产生亲切感,造成了一种命运与共的氛围,因而员工们都积极参加提合理化建议的活动。

　　由职工选出的委员会去推动提案工作,就使得该项工作在职工中号召力更大,提案率也就更高。比如,松下公司的技术部本厂有职工1 000多名,提案总数却达7.5万个,平均每人50多个。松下集团有职工6万名,提案超过66万个,其中被采纳的就有6万多个,约占总提案数的10%。

　　"着眼于鼓励"是松下公司的一条重要经验。即使某些职工提出的提案被认为是他们分内的事,但只要是有价值的,仍给予奖励。不管提案是否采用,只要是严肃认真动脑思考出来的,都发给可在福利社兑换肉品的兑换券作为鼓励,并通过公司出版的旬刊和公布栏对获奖者进行宣传表彰,这就使得员工的提案积极性永不减退。

　　讲求实效,提倡集思广益。松下员工个人的提案可以在班组内开展讨论,共同研究改进之处。对提案注意实用价值,可以利用公司的设备制造自己的新产品,但事先要对这项革新发明的实际应用价值进行论证。

　　及时、认真、全面、公正地对员工提案作出评审,也很好地激发了员工的提案热情。由各部门经理组织提案评审委员会负责评审工作,及时和认真是提案评审的基本要求,即及时在1个月内作出评审并公布结果,以取信于民;认真进行严肃审慎的研究,拿出具体方案。凡提案被采用者,提出实施的时间,并评定授奖等级;提案未被采用者,提案发还本人,说明未被采用的原因;凡认为尚欠成熟,但有深入研究价值者,则鼓励其作进一步的研究,公司会提供方便。

第一篇　开店三件事——资源、行业、观念

松下幸之助总结的培育人才的目的有四条：灌输经营基本方针；提高专门业务能力；培养经营管理能力；扩大经营视野。那么，企业应该培育什么样的人才呢？松下认为主要是下述10类人：不忘初衷而虚心好学之人；不墨守成规而经常有新观念之人；热爱公司并与公司融为一体之人；不自私而能为团体着想之人；能作出正确价值判断之人；有自主经营能力之人；随时随地都保持热忱之人；能得体支持上司之人；能自觉恪尽职守之人；有担任公司经营负责者气魄之人。

松下公司重视人才、科研和智力开发。当有人问，松下公司最强的实力是什么？松下幸之助回答，是经营力，即经营者的能力。他指出："掌握了经营关键的人是企业的无价之宝。"所以，松下强调，在出产品前出人才，在制造产品前先培养人才。在这样的人才观指导下，松下幸之助提出了育才7把钥匙：强烈感到培育人才的重要性；要有尊重人类的基本精神；明确教诲经营理念和使命感；彻底教育员工企业必须获利；致力于改善劳动条件及员工福利；让员工拥有梦想；以正确的人生观为基础。

松下幸之助不但创立了松下公司，而且还为它建立了一整套行之有效的管理和经营制度，始终把"做一个端端正正的商人，个人应该勤勉礼让，安分守己，屈己厚人"作为人生准则。把"经商、事业、为人、报国"融为一体，形成松下公司优良的传统和作风。"松下七大精神"就是很好的体现，即：产业报国精神、光明正大精神、友好一致精神、力争向上精神、顺应同化精神、感谢报恩精神和礼貌谦让精神。松下依据他的育才理念以及人才培育规划，创造性地培育出了一批又一批的经理、主管、业务骨干以及基层管理人才。松下集团的分公司及工厂遍及全世界，松下的育才理念已经在世界各地生根、开花、结果。

为什么要广交善缘

俗话说"在家靠父母，出门靠朋友"。多一个朋友，多一条路，这"路"指的便是信息，是机会。广结善缘并不难，关键看你有无主动意识。如果你能够从你身边的亲戚、朋友、同事、老乡等关系上不断加以"联系"，形成"网

络",能够在不同场合不断结交新的朋友、同行,你的事业一定会顺利。

交朋友,切忌实用主义。有些关系,今天也许没用,明天就很可能少不了它。不要临时抱佛脚,要不时地播种友谊,巧架桥梁。

广交各路朋友,结成强大的关系网,即使一时买卖不成,人情仍在。留下友好的关系,也为今后的交往和成功创造了必不可少的条件。

为什么有些大生意总是出自"冷门"

生意场上竞争激烈,人人绞尽脑汁,各显神通,寻求发财致富的门路。一般情况下,这种门路并不容易找到。人们平常看到、听到和接触到的信息纷纷扰扰,如果是粗枝大叶的人,就很难及时抓住重要的信息,甚至会把眼皮底下的宝贵信息当作无用的信息,让它溜之大吉。而聪明的人却善于寻求旁门左道,另辟蹊径,创新招,出奇兵。事实上,有些大生意总是出自"冷门"。别人看不到、做不到的,他却先走一步,捷足先登。有了这种闯"冷门"、开"旁道"的意识,才可能从被人们忽视了的"无用"信息中,独具慧眼看到宝贵的可为己用的东西。

闻名于世的船王奥纳西斯,曾是流落在阿根廷布宜诺斯艾利斯的穷小子。他干过人们所不愿干的电报公司的焊接工,经营过许多人所不愿涉足的烟草生意。正是因为他善于经营那些别人所不愿经营的业务,他步入了企业家的行列。一场空前的经济灾难,反而把他的事业推向了空前繁荣。

1929年发生在世界范围内的经济危机使阿根廷经济坠入深渊:工厂倒闭,工人失业,百业萧条。海上运输业也在劫难逃。这时奥纳西斯得知,加拿大国营铁路公司为了渡过危机,准备拍卖产业。其中6艘货船,10年前价值200万美元,如今仅以每艘2万美元的价格拍卖。他像猎鹰发现猎物一样,极为神速地前往加拿大商谈这笔生意。这一反常举止令同行们瞠目结舌,因为当时海运业空前萧条,1931年的海运量仅为1928年的35%,老牌海运企业家们避之犹恐不及,奥纳西斯在这样的情况下投资于海上运输,无异于将钞票白白抛入大海。

第一篇 开店三件事——资源、行业、观念

许多人都劝他，有些人甚至认为他丧失了理智。但是，奥纳西斯清醒地看到，经济的复苏和高涨终将代替眼前的萧条。危机一旦过去，物价就会从暴跌变为暴涨，如果能趁机买下便宜货，价格回升后再抛出去，转手可得巨额利润。海运业虽暂受冲击，但必有复苏之日。

奥纳西斯谢绝了同事和朋友的劝阻，果断地将这些船全部买下。果然不出所料，经济危机过后，海运业的回升居于各行业之首。奥纳西斯买的那些船只一夜之间身价剧增。他一跃成为海上霸主，他的资产成几百倍地激增。1945年，他跨入了希腊海运巨头的行列。

为什么要天罗地网地捕捉信息

当今社会，的确可称"信息爆炸时代"。那么，如何获得与己有关的信息呢？

1. 勤于思考并抓住每一个获利机会
2. 通过实地调查获得信息。经常与客户联系，经常与同行交流
3. 从报刊、图书、电台、电视、网络等新闻媒介获取信息
4. 眼观六路，耳听八方。在火车、汽车、飞机等旅途中都可捕捉信息

信息、机遇无处不有，无时不在。关键看你是否留心，是否会思考。

日本三菱创始人岩崎弥太郎在谈事业成功的秘诀在于善于捕抓机遇时打了一个比方："你看见成群结队的鱼向你游来，你因无准备只好望鱼兴叹；但若你已准备好了捕鱼的网，你也许就鱼满筐了。"

《曼哈顿的中国女人》一书的作者1985年到美国自费留学时，开始仅靠当保姆和到餐馆洗碗盘为生，而后来却有了自己的公司，每年经营上千万美元的进出口贸易。她成功靠的是什么？在于抓住了转瞬即逝的信息。她在该书中写道，1988年年初，她在一家百货商店，由于一瞬间的启示，发现了一种能打入美国市场的新商品。

经营者为什么要有准确的判断力和创新精神

经常有这种情况,即直接面对某一局面,必须当场作出某种判断。在这种情况下,对一件事不妨先作出三种判断。

若作出第一种判断将是如何?第二种判断如何?而第三种判断又将如何?充分比较和考虑每一种选择的机会成本和预期收益。

对这些进行通盘考虑后,最后选择认为能得到最佳结果的判断,再据此作出决定。首先进行判断,然后再作出决定。这种判断的能力,只能经过反复训练才能养成。

判断能力即推理能力,所以培养判断能力就是培养推理能力。有推理能力的人才能作出正确判断。

所谓优秀的经理、优秀的总管、优秀的经营者,就是那些灵活调整思路,作出正确判断并勇于创新的人。

每个人的工作,必须年年进步。去年认为可行的想法,今年可能就行不通了,这种一直在进步的情形,是社会的常态。一旦陷入一种固定的思维方式时,就只能从原来的角度看事物,因而无法把握住变化着的事物。即使是知识渊博的人,只要被固定的方式和学识所局限,就很难真正运用其知识了。因此,如果疏懒成性而不进步的话,或许昨天还可以的,但今天就会落伍。如果既拥有了知识,又不拘泥于形式,知识就可能形成巨大的力量。那种不墨守成规,又能经常具备新观念的人,才可能日新月异,不断前进。

经营者为什么要敢于面对挫折

艰难困苦,玉汝于成。

要成为一名成功的经营者,道路难免崎岖。如果害怕失败的话,那你最好不要去做。不怕失败即是充分自信的表现。经营者的一项重要素质是意志力和自信。

有些人把"不怕失败"挂在嘴边,但事实上却很容易流于形式,应该将它的实施具体化。不怕失败首先表现为能够有主见,敢于顶住来自各个方面的压力,而果断地作出决策。它常常表现为一种坚定的、不可动摇的信心。不怕失败还表现为一种必胜的信念。

日本企业家大桥武夫早年经营一家生产手表表壳的小厂。在高度竞争的环境中,他十分自信地认为,他的企业一定能够成功,决不会被大企业打败。大桥十分推崇"战胜,始于将帅相信必胜;战败,生于将帅自认失败"。一个经理如果没有勇敢的进取精神和必胜的信念,他绝不能做一个经理。大桥自己说,他就是依靠了必胜的信念和进取精神才度过了几次大的波折,终于转危为安。

从来没有一个人不曾遭遇过任何失败,无论他现在有多么大的业绩。关键是在失败时,他是一种什么样的态度。勇于接受失败,并分析失败的原因,这是真正成功者的经验和态度。

在失败中不断成熟,这是失败的所得。在某种情况下,失败的经验比成功的经验更可贵。赚1 000万元的经验,不等于赚10亿元的经验,但赔100万元的经验却可以变成赚10亿元的经验。

经营者为什么要敢于挑战和冒险

"成功一定要先有发财的意识作为动力,然后以破釜沉舟的精神背水一战。只有够胆识拼搏,才会有出头的日子。"这就是有"世界景泰蓝大王"之称的香港繁荣集团董事长陈玉书的成功心得。目前他拥有14家分公司,经营业务包括景泰蓝、地产、酒店食品、化工原料、建筑工程,已跻身亿万富翁行列。

一位企业家在谈到管理问题时说道:"每当我在经营中冒险时,总是保存企业2/3的实力,不参与冒险活动,而仅将1/3的力量用来冒险。但事情并不总是这样的,有时候却必须将全部实力用于冒险,这就需要勇气和自信。"仅用1/3的资源投入风险性大的经营活动中,这样即使失败也不会动摇企业根基,实乃经验之谈。

如今,经营者在制定战略决策时同样需要藐视任何艰险的大无畏的精神。

同样的决策，或彼此各持己见，莫衷一是；或有的人徘徊不决，有的人激烈主张。这就需要领导者具有非凡的果断能力，能够力排众议，旗帜鲜明地下定决心。

陈玉书之所以成功，全靠1983年的一张风险合同而使其成为世界景泰蓝大王。据他本人讲：1982年他仍在逐渐偿还债务中。1983年，陈玉书前往北京选购景泰蓝，那年正值世界景泰蓝市场不景气，北京工艺品公司积压大批仓货，资金流动出现困难。他趁机成功压价，以现金4.5折全部购入仓货，并且以取得独家经销为条件。虽然当时他手头上只有25万元流动资金，但也大胆签订了合同。回港后，陈玉书又用如簧之舌向中资机构一位要员游说，告知他买了便宜货，但资金周转不灵，恳求要员给他开信用证，结果该要员爽快地给陈玉书开出高达180万元的信用证。

经过这一段，陈玉书在业内取得了声誉，成为香港最大的景泰蓝经销商，并可轻易向中资银行贷款而无须抵押，举债逾千万元，为他后来进军地产业打下了基础。

经营者为什么要敢于"自吹自擂"

无论在哪一个民族、哪一个时代，谦虚都是受人称颂的美德。

但放在商场中来看，谦虚有时是一种取得商业竞争成功的障碍。当别人问及你的文学功底、艺术修养时，你的谦虚也许正说明了"满壶水不响，半壶响叮当"的道理。但当一个客户问你的经营能力如何时，你回答说"不行"或"一般"，倒是够谦虚了，遗憾的是客户一定不敢再把自己的财产交给你去经营，也不敢接受你的服务。崇尚谦谦君子的传统心态在市场经济中是不适用的。

那么，经营者该不该"自吹自擂"呢？

发明可口可乐的人固然了不起，但使得可口可乐在全世界妇孺皆知的人更了不起。

面临激烈的市场竞争，经营者必须要用各种手段来树立自己良好的个人形象、服务形象，以博得客户和社会的信任。经营者的信誉是他最宝贵、最不

第一篇 开店三件事——资源、行业、观念

可替代的财富。在商海,有着"信誉就是一切"的说法。一个没有信誉的经营者,就要千方百计地为自己打开一条信誉之路,而一个有了一定信誉的经营者,保住并提高自己的信誉就是主要的任务。

优质的服务要深入到客户的心目中去,必须依赖于"大吹大擂"的广告宣传。"酒香不怕巷子深"只说明产品质量这一个方面的道理,还有一句话叫"酒好还得勤吆唤",酒的香味毕竟只能传播有限的距离,扩大自己的知名度还得靠全方位的广告宣传。

广州第一家以期货经纪公司命名的万通公司,1992年岁末隆重开业,大力宣传期货交易,同时显示了公司规模的庞大、设备的先进、规章制度的完善和经营天地的广阔。他们拥有号称广州之最的5台路透社终端主机,整整一层国际金融大厦的写字楼,现代化、国际化、规范化的经营管理方式。万通兼做商品期货和金融期货,不但吸收国内客户,同时也代理国外客户。万通,以其全面的公关宣传树立了自己经纪业的权威形象。

对于客户提出的各种要求,要尽量予以满足。英国有句经商名言:不要说"这商品我们店没有",应该说"您需要的商品,我们将替您想办法"。我国的经商谚语是"主顾一旦走进了店堂,就不能轻易让他空手出去"。这就要靠为客户提供优良的服务,来满足客户的不同要求。如果你谦虚的话,那客户走了,业务也飞了,所以说经营者不能谦虚。

经营者为什么要见多识广

真正意义上的经营者首先必须是"知识人",必须具有广博的社会知识和专业知识,才能使他在其经营事业所涉及的领域游刃有余。老板的知识结构,与普通的技术专业和管理专业不同,老板应掌握的知识大致体现在以下4个方面。

1. 必须具有较高的文化素养

即除必须具备一定的文史地和数理化知识,还须掌握一些哲学、逻辑学、

社会学、心理学、美学、人才学、法学等方面的知识。这些知识有助于经营者事业的不断开拓，是经营者闯荡的"地基"。

2. 应掌握基本的经济理论，熟悉经济规律

随着国内外投资的不断增多，经营者只有掌握了基本经济理论、熟悉国际经济惯例，才能在和外商打交道的过程中维护自己的利益。

3. 应精通企业管理知识

既包含经营者的领导艺术，又包括企业内部的具体管理工作，如生产管理、销售管理、财务管理、设备管理、质量管理等。

4. 应懂得生产技术知识

作为经营者，肯定应该了解生产使用的原材料，加工的工艺要求；产品的性能、用途；本产品在国内外同行中所处地位及市场信息等。

经营者为什么要高瞻远瞩

在谈判中，切忌只想己方的利益，必须站在对方的角度为对方想一想。任何一笔成功的交易和谈判都应是双方互惠互利的，如此才能达成双方的一致合作以及今后的进一步往来。如果只是固执己见，不肯作出丝毫让步，不仅谈判达不到目的，业务不能成交，而且还有可能失掉客户和合作伙伴，没有人喜欢与斤斤计较、一毛不拔的人打交道。

虽说商场如战场，但是，商场并非完全是残酷的，活跃在商海中的人们也并非都是冷漠的，他们中不乏优秀、杰出的人才，他们同样是最懂得经营之道的人。他们明晓怎样才能感动他的上帝——顾客，怎样才能使自己的产品、自己的营销活动经久不衰，为顾客所接受、所喜爱。这其中也不乏所需要学习、借鉴的技巧和经验，那就是不为一点小利而纠缠，不小家子气，你的谈判反而会出人意料地收到好的效果。

成功的商人不怕做"亏本生意"。"实行三包"是工商企业的口头禅，但真的心甘情愿地替顾客着想的实行"三包"的经营者实在不多，而较普遍的是一看到要退货或换货的顾客就烦，甚至恶言相对。成都百万蚊帐商店却不这

第一篇　开店三件事——资源、行业、观念

样。有一次，一位泸州顾客买了一顶蚊帐，拿回家后不小心挂了一个洞，他抱着试一试的心情要求商店调换。商店居然满足了他的要求。他喜出望外，回家逢人便说，没想到还有这样做生意的，真是好笑。这位顾客可能没有想到，他已在无意之间，为百万蚊帐现身说法做了广告。这样做生意，怎么可能不成功呢？

经营者为什么要专注于本行

1. 容易赢得客户的信任

在生意场上，一个经销者如果能对自己的商品了如指掌，不但能说出它的每一道工序及工钱、它的用料及价格，还能说出它跟其他同类产品相比独有的特点与优点，又能正确而熟练地回答客户的质疑，那么，只要价格合理，客户必定会欣然向他订货的。为什么？因为他在客户心目中是一个行家，客户自然地对他的商品建立起了信任感。相反，如果一个经销者对自己所经销的商品，一问三不知，对用料、工序和特性等说不出ABC，那么，十有八九的客户会摇头。

2. 容易赢得属下的拥戴

经营实践表明，一家企业要搞好，属下员工真心拥戴领导，与领导同心协力，至关重要。而领导赢得属下真心拥戴的最重要的一招，是本身业务精通、技术过硬。

拍立得跨国公司的老板蓝得是一个尚未毕业就投身光学研究的人。他从获得光的偏极板专利开始，到发明"立刻现"等等，至今拥有240多项发明。他是国际上公认的光学权威。在他创办的拍立得公司里，从他的副手到司机，上上下下，无不对他非常尊敬，打心底竭诚拥护他。因而，他的公司精诚团结，发展也惊人。有专家统计，在20世纪30年代公司的初期，买其100美元股票，现在已经升值到30多万美元。

3. 熟悉的本行做生意不易上当受骗

生意场上，欺侮生手是人人皆知的，因而从事本行生意则可以少吃一些亏。

当然，说本行容易成功，关键还在于一个"精"字。所谓"精"，就是对本行的技艺、业务及路子都要精通，且要有过人之处，有独到之处。如何做到这一点，最根本的是虚心学习、博采众长。

为什么要凭良心生财

1. 凭良心生财

君子爱财，取之有道。

获得多少利益，也要付出多少耕耘；取之于大众，用之于大众。一切可观的利益，都由良心换得。若生财之道不违背良心，则所生之财自然持久。争取利益时，勿违背良心。

世界上每个人的利益与社会的利益牢不可分，所以每个人在追求自己的利益时，都要有"利他"的良心，这样才会得到"人助"及"天助"。

2. 不贪一时之财

做生意的人眼光要远大，不可贪图一时的利益而失去长久的顾客。用诚实的信誉，出售优良的商品，自然会吸引众多的客户，生意自然好做，自然会红火。贪小便宜吃大亏的事千万别去做。

为什么不能贪财，也不能浪费财

钱财是一种很奇妙的东西，它对贪婪的人会敬而远之，对珍惜它的人却会不请自来。贪财的人会对不属于自己的钱财也存觊觎之心，珍惜钱财的人却是一旦拥有钱财便善于运用。这两种不同的态度，会带来完全不同的结果。还有一种人，对钱太不在乎，不管是自己的钱也好，借来的钱也好，一律揉成一团，胡乱塞在口袋里，用起来也没有算计。钱财对于这种人也不感兴趣，钱虽

第一篇　开店三件事——资源、行业、观念

然不会说话，但却有感觉，喜欢亲切温和的主人，不喜欢浪费它的人。银行里的存款越多，钱就来得越快，因此爱惜钱财，正是最有效的致富之道。

　　但是，有些经营者却往往偏重于开拓财源而忽略了节约财流，致使辛辛苦苦开发出来的财源白白付诸东流了，结果劳而不获或事倍功半，一年到头的经营，利润却寥寥无几。实践证明，只有那些巧于开源、善于节流、注重经营与理财的经营者，才能获得最终成功。

　　日本的三菱财团不但是日本的大企业，在全世界亦大名鼎鼎。该财团的创始人岩崎弥太郎尽管腰缠万贯，企业资产雄厚，但他一生非常俭朴，对公司的各项开支一点不浪费。他手下有一位很能干的管理者，名叫近藤廉平，曾受岩崎器重和提拔。但有一次近藤廉平浪费公司的信笺，被岩崎发现后，岩崎立即把近藤的工资降低20%。岩崎说："我认为商才不足恃，说来最重要的是刻苦节俭四个字，不怕劳累，节俭经营，成功之日一定会到来。"他还说："酒桶（以前没有酒瓶）塞子一掉下，任何人都去匆匆忙忙拿起塞子把它塞紧，但酒桶底如果有缝隙漏酒，往往就没有人注意，即使有人发现，也不会把它当作一回事。渗漏虽然是微不足道的损失，但长年累月就可观了，比塞子掉落事态严重得多。公司经营也是一样。"三菱财团正是在岩崎这种开源节流的思想指导下不断壮大发展的。

经营者的用财之道是什么

　　经商者在筹集资金后，最终是要用财并达到生财的目的。用财的合理与否直接决定了生财的多少。决策正确，合理用财，就能生财；反之，决策失误，用财不当，就会造成损失。因此，生财的关键是合理正确地用财。

　　一个个体户在筹集了10万元资金后，准备用于服装生产。他将10万元资金全部用于厂房、设备和原材料的投资，结果，生产是很顺利，但由于没有重视销售，产品积压，资金不能收回，导致了经营困难。而另一个个体户同样筹集

了10万元资金用于服装生产，但他只把8万元资金用于厂房、设备和原材料投资，其余2万元资金则用于推销和广告。虽然生产规模小了点，但是他的产品销售顺利，资金回收快，结果获利很多。

从这里我们看到，合理用财就是把资金投入到有效益的地方去，实现资金的增值。为此，我们必须认真分析市场环境和自身能力，明确哪些地方不要花钱，哪些地方要花钱，花多少钱。

经营者为什么要勤俭"持家"

1. 勤奋

纵览中外有成就的企业家，无不是靠勤奋出名的。有的甚至可以说是"工作狂"，以工作为第一生命，尤其在创业阶段，更是如此。

从一个身无分文的难民到拥有6亿元资产的香港跨国公司老板李立，用3年做苦力的积蓄初做印刷电路板时，名为公司老板，实际上什么都自己一个人担下来——一个人做工，一个人销售，一个人进材料。夜以继日地做了几个月，累得实在忙不过来时，才请了几个帮手。因为他如此勤勉，第一年下来就赚了10万元。即使以后工厂上了一定的规模，他还如此勤奋。一年中秋节，为赶制一批产品，在工人不愿意加班的情况下，他竟自己上一线干了一个通宵。

有人讲到好莱坞亿万富翁霍华·休士初创公司时说："休士亲自指挥这个电影的拍摄，需要时常换帽子，因为他一会儿指导写剧本，一会儿又去指导剪接。他经常24小时工作，不休息。珍妮说：我从未见过一个人那样专心致志地辛苦工作，而且工作那么久。"

2. 节俭

中外经营者的经营实践告诉人们：一个企业家即使最诚信、最勤奋，如果不注意节俭，挥霍无度，那么，到头来仍然是"竹篮打水——一场空"。

第一篇 开店三件事——资源、行业、观念

因为很多企业家懂得"成由勤俭败由奢"的道理，所以无论在创业初期，还是在成为亿万富翁之后，都始终牢记一个"俭"字。像世界景泰蓝大王陈玉书，在香港创业期间，单枪匹马打天下，日子过得非常清苦，为省一角钱交通费，他坐渡海船时全坐三等舱；拾别人看过的报纸看，以省报钱。吃的更马虎，经常是开水泡面包。即使成了亿万富翁后，他还像当年那样俭朴，出差住饭店时坚持自己洗衣服，就是请客也从不点大量的高档菜肴，认为吃不完浪费太心痛。

总之，作为一个真正的经营者，尤其是希望企业之树常青的企业家，"诚信勤俭"四字不可或缺。

第二篇
开店三部曲——筹资、选址、装潢

第4章 筹资
——需要多少钱？钱怎么来？钱怎么花？

开店需要哪些投资

开店之前，必须筹集一定数量的开办资金，作为实现经营范围的经济基础。对于作为个人独资开办的店，我国法律对其注册资金未作限制，而作为公司的店，法律则规定了其注册资本的最低限额。一经申报批准，注册资金就成为投资人的合法权益，受到法律的保护。

开店时需要的资金主要是存货投资、应收账款投资、固定资产、尚未达到营业损益平衡点以前负的现金流量，以及意外损失基金。

1. 存货投资

它通常是由所计划的年销售额和存货周转率来决定的。

2. 应收账款投资

应收账款是顾客欠的购货款。

3. 固定资产

这部分资金主要是用于建筑、地皮、设备上的资金需要，具体数额还要看这些建筑和设备是购置的还是租赁的。通常可以根据市场价格预估出总的花费。

4. 预期负现金流量

通常很少有新店能够在一开始就达到营业损益平衡。一般是经过6～8个月才可能有利可图。此间新店就会遇到负现金流量，这就需要用投资来达到收支平衡。

5. 意外损失基金

在为新店计划资金来源时，难免会有意想不到的开支。为了应付这些意外的费用开支，新店需要有可以动用的准备金。意外损失基金占所需总资金的15%～20%。如果业务经营差于预期，则意外损失基金越少，破产的风险越大。另外，如果意外损失基金太多，那么该企业就会有过多的资金被闲置起来，资金效率就会大大下降，也不利于新店的发展。

如何确定融资规模

新店创办者可以利用自有资金，也可以通过集资或向银行与金融机构借入的办法来获得开办资金。这笔资金的多少可视新店的规模与种类而定，这里我们介绍确定新店筹资规模的一种方法，即实际核算法。它就是在新店投资需要基本确定的情况下，根据实际投资的需要核算需要筹措的资金额的方法。它的特点是简单而精确，但需要有详尽、可靠的基础资料。它的一般步骤有以下五步：

（1）确定投资的规模与组合。

（2）核算需要筹措的资金总额。此间新店投资额一般不等于新店筹资额，因为可能存在本期投资但上期已经筹措到资金，以及下期投资但需本期筹资的项目。因此新店创办者，可通过分项汇总的方法核算筹资总额。

（3）计算新店内部资金筹措额，即根据新店内部资金的来源，计算本期可提供的数额。

（4）确定筹资规模，用筹资总额减去新店内部资金筹措额，即可确定新店筹资规模。

（5）根据新店筹资的评价准则进行修正。

如果估算固定设备投资

决定开店发展自己的事业之后就需要估算开店时在固定设备上所需投入的资金数目。毕竟开创事业中最为重要的是了解及解决财务费用上的需求，它是决定日后成败的关键，一般一家店所需投资主要有以下六方面。

1. 装潢

在商店的装潢设计方面，店主最先考虑的是定位及主要客层；目前店内营业面积至少达到30平方米才能满足消费者购买商品的需求，由此，在装潢上，店内色调必须满足顾客的心理。

2. 冷气

冷气使顾客进入店内后，可以享有清凉的感觉，促使顾客在店内停留较长的时间购买较多的商品。目前商店使用的冷气有悬吊式和直立式两种。悬吊式冷气优点是不占空间，使店内货架增加，商品的结构增强，营业额随之就提升；缺点是冷度较差，价格较高。直立式冷气优点为冷度较强、价格较便宜；缺点是占空间，如果店面面积不大就会影响商品的结构，以及营业额的提升。以30平方米的营业面积计算，使用悬吊式约需8吨冷气，而直立式约需7.5吨冷气。

3. 水电

在店内的所有工程中，最为复杂、工程品质要求最高的就是水电。在施工期间，从配线、拉管到装开关箱，从送电照明、给水与排水到消防安全，所有过程和材料的品质皆须严格要求，这样整个店能达到安全、美观、实用的标准。

4. 货架

货架的功能是陈列商品，让消费者在店内很容易找到所需的商品。货架的构成有单面架、双面架、棚板、前护网、侧护、背网、挂钩等，分135厘米和180厘米两种。

5. 招牌

招牌的亮度与色调是促使顾客入店的主要原因。因此招牌在设计与装置时，要做到色泽让消费者接受、位置明显、亮度明亮等。

6. 收银机

提供店主每日现金收入，一般一家店需要购买2台，以备其中1台故障时，另1台还可以运作。

以上是硬件及设备的投资预估。另外，还有一些项目并未包括在内，如贴地砖、拆除墙壁、装落地铝门窗等。除了上述涉及的设备外，店主另外增加其他设备，则费用要列入再计算。

如何估算管理费用

随着竞争愈来愈激烈，一般店铺的营业额提升较慢，但管理费用却逐年增加。在这种情况下，店主必须严格控制管理费用，才不至于因费用增加，而使店的利润下降，造成投资成本回收时间延长。

1. 固定费用

（1）管理费用，如薪金、津贴、加班费、资金、退职准备金、福利金等。

（2）设备费用，如装潢费、设备折旧、保险费、租金等。

（3）维持费用，如水电费、事务费、杂项费等。

2. 变动费用

变动费用包括维修费、广告宣传费、包装费、盘损、营业税等。

3. 管理费用分析举例

店铺的管理费用究竟要控制在什么范围之内才算合理？下面是一家店铺的损益分析：假设店的月营业额是180万元，而毛利是25%，其营业总费用与销售总额比例，要控制在18%之内才行。具体如下所述：

1. 装潢折旧

以投资36万元分5年分摊计算，每月需分摊0.6万元，占销售总额的0.33%。

2. 设备折旧

以投资132万元分5年分摊计算，每月须分摊2.2万元，占销售总额的1.22%。

3. 人员薪金

24小时营业约需7人，费用控制在12万元之内，占销售总额6.66%。

4. 水电费

每月控制在3万元内，占销售总额1.66%。

5. 租金

租金在9.7万元内，占销售总额5.38%。

6. 维修费

维修费0.5万元，占销售总额0.27%。

7. 营业税

营业税2.3万元，占销售总额1.27%。

8. 盘损

盘损0.9万元，占销售总额0.5%。

9. 杂费

杂费1万元，占销售总额0.6%。

10. 邮电费

邮电费0.2万元，占销售总额0.11%。

以上总费用包括固定费用与变动费用，只要将总费用控制在18%之内就有可观的利润。另外，管理控制由每月管理分析来实施，店主应考虑下列5项基本原则：

（1）店员薪金总额不得超过总经费的一半。

（2）人事费用与销售总额比例须小于7%。

（3）总费用与销售总额之比要在18%以内。

（4）固定费用占总费用的比例，应为85%。

（5）变动费用占总费用的比例应为15%。

店铺经营遵循上述5项原则，就能取得经营效益，使店主获得可观的利润。

如何进行损益分析

经营者开店时,最关心的问题是投入资金后,须达到多少业绩才能损益平衡?经营安全率达到多少才算安全?首先需要将商店的营运经费分成固定费用与变动费用,固定费用与营业额的增减无关,是在一定期间内所发生的固定费用,因此,固定费用的分担率与营业额的增减成反比。而变动费用则是随营业额的增减而发生变化,变动费用是与营业额的增减成正比。

上述两类费用需依商店的经营规模以及所投入的人、事、物等经费,进行详细分类,再进一步配合损益平衡点进行估算,以下是较简易的计算方式。

1. 损益平衡点

损益平衡点等于经营费用除以毛利率。例如:假设商品的毛利率是25%,而每月经营费用约32.7万元,则全店的损益平衡点在130.8万元。若要不亏损,平均每天应有4.36万元的营业额。

2. 毛利率

毛利率等于毛利额除以营业额。例如:45÷180×100%=25%。

3. 经营费用

经营费用等于毛利额减税前净利润。例如:45-12.3=32.7(万元)。

4. 损益平衡营业额

损益平衡营业额等于总经营费用除以毛利率。例如:32.7÷25%=130.8(万元)。

5. 平衡点率

平衡点率等于营业额的平衡点除以总营业额。例如:130.8÷180×100%≈72.7%。

6. 投资报酬率

投资报酬率等于投资总金额除以税前净利润再乘以12。例如:168.5÷12.3×100%×12≈164.4%。

7. 税前净利率

税率净利率等于税前净利除以总营业额。例如：12.3÷180×100%≈6.8%。

8. 损益分析

（1）损益平衡点。营业额的平衡点（总费用／毛利率）为130.8万元／月；平衡点率（营业额的平衡点／总营业额）为72.7%。

（2）投资效率：①投资总金额为168.5万元；②投资报酬率为（投资总金额/税前净利）×100%×12=87.5%；③税前净利率为税前净利增业额=6.8%。

9. 经营安全率

经营安全率等于100%减平衡点率。例如：100%-72.7%=27.3%。

损益平衡点占实际营业额的比例多少，就是经营上的安全点，一般测度的标准为：

优店，损益平衡点率75%以下，经营安全率25%以上。

良店，损益平衡点率75%~80%，经营安全率20%以上。

普通店，损益平衡点率80%~85%，经营安全率15%以上。

差强人意店，损益平衡点率85%~90%，经营安全率10%以上。

危险店，损益平衡点率90%~91%，经营安全率9%以上。

店主可按照上述标准，测定商店经营的安全性，由此标准可知，一家店若要维持极高的安全性，则损益平衡点率在75%，经营安全率在25%。

损益分析的运用，除可作为经营者在开店后，确定不至于亏损，或是为要保持一定的目标利益，而必须达到多少营业额的设定之用外，还可以掌握商店的营运状况，通过对各项原因的分析与比较，提供解决途径，提升商店的营运绩效。

如何减少开业初期的投资

开店铺要赚钱，就必须精打细算。

1. 精简人员

顾客少于店员、台上多于台下，是店铺经营的奢侈和失败。有些小店在开业初期,老板经常身兼数职,从招呼客人,到进货卖货,从商品陈列到清洁打扫等,样样都自己一人动手。有些行业的小店,即使在开业初,老板一个人是无论如何也照顾不过来的,如餐饮店、美发店。那么,老板如何雇人、如何充分利用每个人,就显得非常重要了。即使以后你的小店规模扩大了,人员增加了,也要尽量做到人尽其才,让每个店员最大限度地发挥其特长和作用,这是降低成本的有效方法。

2. 营业相关费用的节约

为配合小店营运的合理化及资金的合理运用,小店创办者应对各项经营费用的节约等等密切关注。小店创办人员要有"创业观",咬紧牙关,克服困难,勤俭节约,将每一分钱都用在刀刃上。

3. 单位面积营业额的提高

把握顾客的需求,对于营业场所构成、商品系列的组合性及店内演出的陈列展示效果,能予以充分发挥,力求顾客购买单价的提高及交易次数的增加,从而提高营业场所单位面积的营业效率,降低单位成本。

4. 总利润的保证

针对整体商品计划的调整,有关商品收集、厂商选定、商品促销重点乃至销售方法等各项工作均应互相配合,并随时把握主要的合作厂商,以获悉各项采购信息。

银行贷款有哪些形式

银行是专门经营货币信用的特殊企业,它以一定的成本聚集了大量储户的巨额资金,然后把这些资金运用出去赚取利润。银行除一部分用于投资外,大部分都用于发放贷款。银行就像一个资金"蓄水池",随时准备向符合其条件的企业提供它们所需要的各种期限和数量的贷款。其贷款形式具体可以分为四种。

1. 抵押贷款

即借款人向银行提供一定的财产作为信贷抵押的贷款方式。

2. 信用贷款

即银行仅凭对借款人资信的信任而发放的贷款。借款人无需向银行提供抵押物。

3. 担保贷款

即以担保人的信用为担保而发放的贷款。

4. 贴现贷款

即借款人在急需资金时，以未到期的票据向银行申请贴现以便融通资金的一种贷款方式。

如何与银行建立良好关系

与银行建立良好的关系并非一日之功，而必须在平时就注意培养。开店者主要应在以下几个方面下工夫。

1. 讲究信誉

银行最为关心的是贷款开店者的经济效益，因为经济效益的好坏直接关系到银行信贷资金的安全与否。所以，企业在与银行交往中，首先要使银行对贷款的安全绝对放心，有了这个基础，其他事情就好办了，那么，如何才能使银行对企业放心呢？

（1）要注意培养良好的形象。财务核算要正规，财会人员要精明强干，精通本店的财务核算，因为这些都是银行衡量贷款开店者管理水平的重要标准。由于银行对店铺的具体经营不可能有很透彻的了解，因而银行在对贷款开店者进行考察时往往是对其资金的使用、周转和财务核算等方面来展开，贷款开店者要想取得银行的信任，培养良好的形象，就必须花大力气在日常的资金管理上狠下工夫。

（2）经常主动地向银行汇报店铺的经营状况。银行把这看作是对他们工作和个人的尊重以及提高工作效率的一个重要因素，并且在潜意识里也认为，常主动汇报情况的贷款者一般不会有大问题，即使有问题也便于研究解决。

（3）要真正提高店铺的经营管理水平。贷款者的经营效益是信誉的基础，而经济效益在很大程度上取决于贷款者的经营管理水平，所以提高经营管理水平便也巩固了贷款者的信誉。

2. 要有耐心

无论贷款者与银行的关系多么融洽，贷款者要求银行办的事不可能每一件都很顺利。许多事情能否办成，并不完全取决于银行，还取决于政策和其他机构部门的制约；另一些银行自己就完全能办的事，又因涉及银行内部的许多部门，不可能一下子办成。因此，贷款开店者办事一时受挫时，要有耐心，要理解对方的难处，避免一时冲动伤了和气。

3. 主动、热情地配合银行开展各项工作

银企双方互相帮助、互相支持有利于双方友谊的加深。如主动配合银行检查店铺贷款使用情况和资金使用情况；努力完成银行管理流动资金所提出的各项要求；配合银行开展各项调查；认真填写和报送企业财务报表等。

如何申请银行贷款

相对每一个企业主而言，银行信贷资金并不是"取之不尽"的。在一定期限内，银行能够用于发放贷款的资金毕竟是有限的，尽管一般而言，好的项目总能得到银行的优先支持，但银行显然不可能顾及每一个好的项目。在机会均等和其他条件相近的条件下，企业主可以动用一些借款的技巧。

1. 多跑几家银行

各家银行的资金头寸状况是各不相同的，有的银行资金一时紧张一些，有的银行资金则可能一时相对宽裕。因此，企业贷款时如果多跑几家银行，往往能够获得圆满的解决，所谓"东边不亮西边亮"就是这个道理。实际上，多跑几家银行对企业有很大好处：

（1）如果企业开店计划的资金需要量大，一家银行由于各种原因，不可能独家解决，这时贷款开店者可申请有关银行采取银团贷款的方式予以解决。

（2）为贷款开店者下一步的经营发展所需资金争取银行支持早做安排。

2. 选择适宜的借款时机

选择适宜的借款时机，要处理好既有利于保证企业所需资金的及时到位，又便于银行调剂安排信贷资金、调度信贷规模的关系。银行信贷规模是年初一次下达，分季安排使用，不允许擅自突破的。因此一般来说，贷款者要申请较大金额的贷款，不宜安排在年初、年末和每季季末，以避免银行在信贷规模和信贷资金安排上的被动。应该指出，贷款者对有关银行信贷资金和信贷规模方面的情况不可能事先预测并掌握。因此，贷款者在借款时机的选择上应尽量与银行有关工作密切配合，并将用款安排意图告诉银行，以便银行安排与调度。

什么是融资租赁

融资性租赁亦称金融租赁，是以融通资金为目的的租赁。

当企业需要购买或更新设备，而一时又无法筹足资金时，可以借助于这种方式，租赁公司不是向其直接贷款，而是根据企业的指定，代其购入设备，然后租给企业有偿使用。它是现代租赁的最主要形式。在融资性租赁中，由于设备是由出租人完全根据承租人的意愿选定的，因而出租人对于出租的设备性能、老化风险、是否适用以及维修保养均不负任何责任，融资性租赁以承租人对设备的长期使用为前提，期限一般为3～10年，甚至更长。在租赁期内，任何一方不得单方面撤销合约。只有当设备毁坏或被证明为已经丧失使用价值的情况下经过双方协商才能中止合约。即便如此，承租人也应保证出租人的正常利益不受损失。租赁期满后，双方有三种处理设备的选择：一是承租人将设备退还出租人；二是承租人继续租赁该设备；三是按现值由承租人购买该项设备。

融资租赁业务有几种形式

1. 整租

整租是由承租人根据自己的需要，先行向供货方选定所需设备，并谈妥价款、规格、型号、性能等条件，然后由租赁部门出资购买，再出租给承租人使用。整租业务按资金来源可分为两种：一种是自营租赁，即由租赁部门自行出资独家办理；另一种是合办租赁，即由租赁部门与其他部门联合办理。

2. 回租

回租是企业将其拥有的设备按账面价值或重估价出售给租赁公司，同时，再与租赁公司签订租赁合同，将设备租回来使用的一种业务方式。这种租赁的实质是企业通过暂时出让设备的所有权，而获得一笔急需的资金，同时，又保留设备的使用权，以利于继续生产。

3. 转租

转租是租赁部门先以承租人的身份向其他租赁机构租入设备，再以出租人的身份将设备出租给最终承租人的一种业务方式。这种方式通常在国际租赁中采用。

4. 代租

代租业务是租赁部门接受企业单位或其他租赁机构的委托，对其暂时闲置或愿供出租的机器设备，代为寻找、物色、介绍租用单位，代落实租用单位后，再由租赁部门中介委托出租单位与承租单位具体商谈租赁条件，并由三方共同订立租赁合同。租赁期间，委托出租单位拥有设备所有权，承租单位享有设备使用权，租赁部门作为委托中介人负责监督租赁合同的执行，按期向承租单位收取租金，扣除自己应得的手续费后转交给委托出租单位。租赁期满，租赁财产可退还给出租单位，或重新估价转让给承租单位，由租赁双方议定并在租赁合同中证明，租赁部门则负责协助执行。

5. 杠杆租赁

杠杆租赁也称平衡租赁或借贷租赁。这种租赁方式，主要是在所租设备金额较大，出租人一家无力承担或不愿冒过大风险的情况下采用，其具体做法是：出租人支付全部设备金额的20%~40%，其余资金则以出租的设备为抵押向金融机构贷款解决，然后以该项设备的租金来偿还贷款。由于租赁收入一般高于贷款成本，因而采用这种租赁方式，出租人可以获得比一般租赁要高的投资报酬。这就是其被称为杠杆租赁的原因。

如何通过融资租赁融资

融资性租赁的具体操作过程有如下步骤。

1. 租赁设备的选择

企业根据自身生产经营需要确定所需设备后，即可着手进行设备的选择。一般来说，企业在时间允许的情况下，应广泛收集信息，尽量与生产厂家取得联系，征求一个信誉好、产品质量优良、售价低廉和售后服务周到的供货厂商作为引进设备的对象。

2. 申请租赁

承租企业在选择好设备和供货厂商后，可向租赁部门提出租赁申请，说明所需承租设备的名称、规格、型号、供货厂商、交货日期等有关情况以及使用承租设备的预期经济效益、承租期限、支付租金的来源和打算等。

3. 签订合同

签订租赁合同是租赁程序的中心环节。承租人和租赁部门必须就租期、租金等具体事项进行磋商和谈判，如果双方意见达成一致，就可正式签订租赁合同，并送公证处予以公证。必要时，租赁部门可要求承租人提供租赁担保人。

4. 设备引进

为了减少租赁设备的往返运输，租赁设备一般由货就厂商直接向承租企业发货，但发票、运输单据等仍应送交出租人，出租人则按规定条件向供货厂商支付设备货款。设备交付承租单位后，供应厂商要提供相应的售后服务，如向用户供应易损零配件，派工程技术人员到承租企业安装、调试；有的还规定设备要正常运转一段时间后，再由承租单位验收，如需对外租赁，承租单位还应办理进口许可证、减免税及报送等手续。

5. 设备保险

租赁设备的保险有两种做法：一种由承租人直接向保险公司办理并支付保险费；另一种是由租赁部门对其租赁设备向保险公司申请，租赁部门代垫保险费，日后计入租金之内并从承租单位陆续收回。如发生保险范围内的事故损失，由双方共同向保险公司索赔，保险理赔费归租赁部门所有，用以抵偿承租人尚未交付的租金。

6. 支付租金

租金由承租人依合同规定按月、按季或按年主动向出租人支付，或者由出租人委托银行从承租人账户中扣收，也可由承租人按合同规定的租金支付日期和金额，一次签发交付租金的承兑汇票送交出租人，以后由出租人于承兑汇票到期时通过银行主动划收。

7. 租赁期满后的设备处理

租赁合同期满，按前已叙述的三种方式处理设备。至此，租赁合同终止，整个租赁业务全部结束。

如何利用自有资金

既然开一个店铺需要一笔不小的开办经费和周转资金，那么这笔资金越充足越好，以免在开办初期因各种不可预测的原因造成周转不灵，落得前功尽弃。

这笔资金可以是你多年辛苦积蓄或由亲朋好友凑集。你自己拥有越多，你可能得到的也就越多，人们总是认为把10块钱借给一个拥有10块钱的人比借给一个只有1块钱的人来得更有保障。

如果你是一位工薪阶层，你最好不要全部投入积累的积金，以免小店破产让你蒙受巨大损失，甚至难以糊口。因此，开店时不要盲目贪求规模，以免投资过大而生意又不景气。小店的收入较少，风险性也较小，你可以在开小店的过程中逐渐摸索经验和规律，为日后的发展作准备。小店虽赢利不大，但把生意做活了，日积月累，资金也逐渐积累起来了。

如何利用合伙经营

有时开设某一类店铺，前期投入的资金较大，而你又无法通过流动利润来周转，但你可以选择1~2个可靠的合伙人来共同经营，便可解决资金方面的问题。但合伙经营往往易产生各种各样的纠纷，故选择合伙者应慎重。

有一位聪明、精力充沛、尚未高中毕业的青年，了解到一种新的跑鞋很有市场，就想开一个店铺，他把这个构想告诉了担任会计员的叔叔。两人筹集了10万元，其中大部分出资人是看好店铺前景的青年，这10万元是投入店铺的所有成本。店铺开出后，市场反应甚佳，生意十分兴隆。外面的出资人希望能扩充规模，继续大捞一笔，担任老板的青年，希望也经营其他类型的跑鞋，但担任副职的叔叔则对5万元的年利润甚感满意，不想再冒风险。结果，两年后，跑鞋的市场黯淡下来，店铺开始停滞，然后萎缩。

这是一个非常可悲但又经常发生的事例。创业店铺已经踏上成功的门槛了，却由于店铺的主要人员：创立者和出资者盯住的目标不一致，相互牵制，毁掉了一个本来属于他们的天空。

我们建议开店者在选择合伙人员时，要注意每一个成员对店铺的看法及其前景是否一致，对于勉强加入的成员，要适时适地地加以疏通，避免埋下失败的种子，切忌出现朝不同方向用力的驴。

怎样让你的创业计划书打动投资者

假设你有适合某种特别需要的产品或服务的好建议，而需要拟定创业计划时，最大的致命伤就是防止不切实际。

1. 要求过高

把销售前景吹嘘得过于乐观，要求投资人一次投入巨额资金有可能使投资者怀疑计划的可靠性。

2. 盲目乐观

人们佩服有勇气开创自己事业的人,但是不能把盲目乐观和无所畏惧混为一谈。比如说,对失败心存畏惧,就是一种健康的倾向,并且应多在创业计划里提及。创业投资的出资人懂得在惨淡经营的年头,畏惧失败乃是最大的刺激与动力。

3. 低估了竞争者

不要因为手上有了创业计划,就轻视你的竞争者。对于你的竞争者,不要等闲视之。不管怎么说,他们总是起步在你之前。如果你轻看或忽视竞争者存在的事实,那么愿意投资在你身上的人,很可能怀疑你还忽略了某些重要因素。

4. 迷信金钱的能力

只有思想才能解决问题,金钱只能促其实现而已。对"怎样寻找顾客"的问题,如果只能提"花40万元来做广告"为对策,显然不能令人信服。

5. 计划不注意落实

有些创业计划总是说得多,引经据典,旁征博引,但是如何落实,怎样去做,却不具体。

第5章　选址
——寻找开店的"黄金宝地"

选址为什么很重要

开店做生意，谁都知道位置的重要性，位置选得恰当，无形中已为你的生意大厦打下了坚实的基础。相反，即使你有很不错的经营才能，但生意也有可能做不好。

开店者需要对商圈进行分析，而其目的是选择适当的店址。适当的店址对商品销售有着举足轻重的影响，通常店址被视为商店的三个主要资源之一，有人甚至以"位置，位置，再位置"来着力强调。

店铺的特定开设地点决定了店铺顾客的多少，同时也就决定了店铺销售额的高低，从而反映店址作为一种资源的价值大小。店址选择的重要性体现在下面几个方面。

1. 其投资数额较大且时期较长，关系着店铺的发展前途

店址不管是租借的还是购置的，一经确定，就需要大量的资金投入，营建店铺。当外部环境发生变化时，它不可以像人、财、物等经营要素可以作相应调整，只有深入调查，周密考虑，妥善规划，才能做出较好的选择。

第二篇 开店三部曲——筹资、选址、装潢

2. 它的确定是店铺经营目标和经营策略制定的重要依据

不同的地区在社会地理环境、人口交通状况、市政规划等方面都有自己有别于其他地区的特征，它们分别制约着其所在地区店铺的顾客来源、特点和店铺对经营的商品、价格、促进销售活动的选择。所以，经营者在确定经营目标和制定经营策略时，必须要考虑店址所在地区的特点，使得目标与策略都制定得比较现实。

3. 它是影响店铺经济效益的一个重要因素

店址选择得当，就意味着其享有优越的"地利"优势。在同行业商店之中，在规模相当，商品构成、经营服务水平基本相同的情况下，则会有较大优势。

4. 它贯彻了便利顾客的原则

它首先以便利顾客为首要原则，从节省顾客时间、费用角度出发，最大限度满足顾客的需要，否则会失去顾客的信赖、支持，店铺也就失去存在的基础。当然，这里所说的便利顾客不能简单理解为店址最接近顾客，还要考虑到大多数目标顾客的需求特点和购买习惯，在符合市政规划的前提下，力求为顾客提供广泛选择的机会，使其购买到最满意的商品。

选择店址应考虑哪些因素

1. 资金因素

前面说明了开店者应如何选择适当的区域位置。在这里我们将接着探讨店址的选择问题，它不同于区域位置选择之处就在于在同一区域中，开店者往往可以有几个地点供选择，因此开店者还应在充分考虑到各有关因素后，选择适当的地点。通常我们会考虑到租金与租约，对于开店者而言，房租往往是开店的一大负担。货品周转迅速、体积小、不占空间的商店，如精品店、服务店、餐厅等，可以设于高租金区；而家具店、旧货店等需要较大空间的店铺，最好设置在低租金区。而租约有固定价格及百分比两种，前者租金固定不变，后者租金较低，但房东分享总收入的百分比，类似以店面来投资做股东。对于初次开店者来说，最划算的方式是签订1年或2年租期，以备有更新的选择。

2. 交通因素

（1）店址的停车设施。确定一个规模合适的停车场，可根据以下各种因素来研究确定：商圈大小、商店、规模、其他停车设施、非购买者停车的多少和不同时间的停车量。

（2）店址附近的交通状况。我们需要考虑店址是否接近主要公路，商品运至商店是否方便，交货是否方便等情况，在一些城市里有许多大街（通常在白天）是禁止货运车往来的，北京即为一例。

（3）交通的细节问题。设在边沿区商业中心的商店要分析与车站、码头的距离和方向。通常距离越近，客流越多。开设地点还要考虑客流来去方向而定，如选在面向车站的位置，以下车的客流为主；选在邻近公车站的位置，则以上车的客流为主。

我们同时还要分析市场交通管理状况所引起的利弊，如单行线街道、禁止车辆通行街道以及与人行横道距离较远等都会造成客流量的不足。

3. 客流因素

客流量大小是一个店成功的关键因素，客流包括现有客流和潜在客流，通常店址总是力图选在潜在客流最多、最集中的地点，以便于多数人就近购买商品，但我们仍应从多个角度仔细考虑具体情况。

（1）客流类型。一般店铺客流分为三种类型，即：自身的客流，是指那些专门为购买某商品的来店顾客所形成的客流；分享客流，是指一家店从邻近商店形成的客流中获得的客流；派生客流，是指那些顺路进店的顾客所形成的客流，这些顾客只是随意来店购物。

（2）客流目的、速度和滞留时间。不同地区客流规模虽可能相同，但其目的、速度、滞留时间各不相同，要作具体分析，再作最佳地址选择。

（3）街道特点。选择店铺开设地点还要分析街道特点与客流规模的关系。十字路口客流集中，可见度高，是最佳开设地点；有些街道由于两端的交通条件不同或通向地区不同，客流主要来自街道的一端，表现为一端客流集中，纵深处逐渐减少的特征，这时候店址宜设在客流集中一端，而有些街道中间地段客流规模较大，相应中间地段的店就更能招揽潜在顾客。

第二篇 开店三部曲——筹资、选址、装潢

4. 竞争因素

店铺周围的竞争情况对经营的成败产生巨大影响,因此对店铺开设地点的选择时必须要分析竞争形势。一般来说,在开设地点附近如果竞争对手众多,商店经营独具特色,将会吸引大量的客流,促进销售增长,否则与竞争店毗邻而居,将无法打开销售局面。

尽管如此,店铺的地点,还是应尽量选择在商店相对集中且有发展前景的地方,经营选购性商品的商店应特别关注这一点。而且当店址周围的商店类型协调并存,形成相关商店群时,往往会对经营产生积极影响,如经营相互补充类商品的商店相邻而设,在方便顾客的基础上,都会扩大各自的销售,也就是有好处大家一起捞。

优秀店址具有哪些特征

一个最优秀的店址应当具备以下六个特征,一般至少也要拥有两个,若是全部拥有那就真可谓黄金宝地了。

1. 商业活动频度高的地区

在闹市区,商业活动极为频繁,把店铺设在这样的地区营业额必然高。这样的店址就是"寸土寸金"之地。相反,如果在客流量较小的地方设店,营业额就很难提高。

2. 人口密度高的地区

居民聚居、人口集中的地方是适宜设置店铺的地方。在人口集中的地方,人们有着各种各样的对于商品的大量需要。如果店铺能够设在这样的地方,致力于满足人们的需要,那肯定会生意兴隆,另外此处店铺收入通常也比较稳定。

3. 面向客流量多的街道

店铺处在客流量最多的街道上,可使多数人购物都较为方便。

4. 交通便利的地区

比如在旅客上车、下车最多的车站,或者在几个主要车站的附近,也可以在顾客步行距离很近的街道设店。

5. 接近人们聚集的场所

比如电影院、公园、游乐场、舞厅等娱乐场所，或者大工厂、机关的附近。

6. 同类商店聚集的街区

大量事实证明，对于那些经营选购品、耐用品的商店来说，若能集中在某一个地段或街区，则更能招揽顾客。从顾客的角度来看，店面众多表示货品齐全，可比较参考，选择也较多，不怕价钱不公道，是有心购物时的当然选择。所以，创业者不需害怕竞争，同业愈多，人气愈旺，业绩就愈好，因此店面也就会愈来愈多。许多城市已形成了各种专业街，如在广州，买服装要去北京路，买电器要去海印等，许多精明的顾客为了货比三家，往往不惜跑远路也要到专业街购物。

若开店资金有限如何选择店址

当创办者资金较少时，只要策略得当也可以选到合适的店面。一般来说，小额资金创业者的选店法则有四项：选自己居住的地区，选与自己经济上或人事上有关系的地区，选自己希望的区域，选预算范围内的适当地区。前两项选择是运用地缘关系，可以广泛利用既有人际关系拓展业务，打下创业基础；后两项则必须参照行业特点，考虑地段特性。在选定设店地点前，必须针对当地情况作一定的调查分析，并根据调查结果确定营业内容、定价策略、人事规划、营业时间等等。如果一切都符合你的开店条件，那就快点行动。当然了，我们也要注意选择店面不可一味贪求房租低廉。开店的目的是赚钱，能够让你赚到钱的店面才是好店面。

若你非常垂青于黄金地段，而又苦于资金不足时，分租店面的方式说不定能助你一臂之力呢。通常在车水马龙、人气汇集的热闹地段开店，成功的几率较高，如咖啡厅、餐饮店、服饰行、百货超市等行业，若设在车站、夜市、电影院附近，就至少占了七分地利。因为川流不息的人潮就是保证，有这么多潜在顾客，只要销售的商品或提供的服务能满足消费者需求，不怕没有好业绩。但是这类地带的店租往往极高，而且大多已被人捷足先登，创业者想取得一席

第二篇 开店三部曲——筹资、选址、装潢

之地并不容易。如果你选择的行业十分适合在热闹地带设店，偏偏又找不到店面，而正好你并不需要太大的空间，倒不妨采取分租店面方式，也就是目前盛行的"复合店面"。

在你所中意的地段中找寻合适的伙伴，共用一个店面，不但可以节省房租，而且如果同一屋檐下的两种行业，顾客属性雷同且产品可以互补的话，可以收到相辅相成之效，通常这类商店也不会拒绝。这些复合店的形式相当常见，例如花店与咖啡厅、饰品与服装店、陶艺品与茶艺馆、冷饮与小吃等。

什么是商圈和商圈分析

1. 商圈

商圈是指店铺以其所在地点为中心，沿着一定的方向和距离扩展，那些优先选择到该店来消费的顾客所分布的地区范围，换而言之就是店铺顾客所在的地理范围。

店铺的销售活动范围通常都有一定的地理界限，也即有相对稳定的商圈。不同的店由于经营商品、交通因素、地理位置、经营规模等方面的不同，其商圈规模、商圈形态存在很大差别。即使是同一个店，在不同时间也可能会因为不同因素的影响，而引致商圈的变化，比如说原商圈内出现了竞争，吸引了一部分的顾客，商圈规模时大时小，商圈形态表现为各种不规则的多角形。为便于分析，通常是以商店设定地点为圆心，以周围一定距离为半径所划定的范围作为商圈设定考虑的因素。

但是对一家大型店而言，其商圈范围则除了周围的地区之外，对于交通网分布的情形亦必须列入考虑，顾客利用各种工具即可很容易到达的地区也应被纳入商圈。

2. 商圈分析

所谓商圈分析，就是经营者对商圈的构成情况、特点、范围以及影响商圈规模变化的因素进行实地调查和分析，为选择店址、制定和调整经营方针和策略提供依据。商圈分析的作用体现在以下三个方面：

（1）它是新设店进行合理选址的基础。新设店在选择地址时，总是力求较大的目标市场，以吸引更多的目标顾客。这首先就需要新店经营者明确商圈范围，了解商圈详细资料，由此可见商圈分析在这一过程中的重要性。

（2）它有助于制定竞争经营策略。尤其是在日趋激烈的市场竞争环境中，仅仅运用价格竞争手段显得太有限了。店铺为取得竞争优势，广泛采取非价格竞争手段，诸如改善形象、完善售后服务等等。经营者通过商圈分析，根据顾客的要求，采取竞争性的经营策略，从而吸引顾客，成为竞争的赢家。

（3）它有助于制定市场开拓战略。一个店铺经营方针、策略的制定或调整，总要立足于商圈内各种环境因素的现状及其发展趋势。通过商圈分析，可以帮助经营者制定合适的市场开拓战略，不断延伸经营触角，扩大商圈范围，提高市场占有率。

如何根据顾客划分商圈范围

商圈分为中央商圈、次级商圈和周边商圈，如前文所述，为了分析时的方便，我们将商圈比作以店址为中心向四周扩展的同心圆。

中央商圈内包含了顾客总数的55%～70%。它也是最靠近店址的区域，在这一商圈中顾客比重最高，每个顾客的平均消费额也最高，这里很少同其他商圈重叠。次级商圈内通常包括顾客的15%~25%，这是位于主要区外围的商圈，顾客较为分散。日用品对这一贸易区的顾客吸引力极少。周边商圈内包含其余部分的顾客，他们住得最分散，便利品吸引不了边缘区的顾客，选购品更为适合。

每一个店都有自己的商圈范围，通常将在这个范围中的顾客可能来自的群体分为三个部分。

1. 居住人群

居住人群是指居住在店附近的常住人群，这部分人口具有一定的地域性，他们也是中央商圈内顾客的主要来源。

2. 工作人群

工作人群是指那些并不居住在店附近而工作地点在店附近的人群,这部分人群中不少是利用上下班就近购买商品,他们是次级商圈中基本顾客的主要来源。开店者要注意把握这部分人群尤其是在一些高级商业区内的顾客,在那里的人们一般收入较高,负担较少,思想也不太保守,开店者可以根据这部分人群的特征和需求来决定自己的经营方向与策略。

3. 流动人群

流动人群这是指在交通要道、商业繁华地区以及公共活动场所过往的人群,这些过路人群是位于这些地区店铺的主要顾客来源,是构成周边商圈内顾客的基础,一个地区的流动人群越多,在这一地区经营的店可以捕获的潜在顾客就越多,同时经营者云集,竞争亦越激烈,这就要求经营者更要讲究竞争策略和经营特色。有些经营者对这部分人群不太重视,应该予以修正,善待这些顾客不仅会产生"回头客",还会使店铺树立较好的形象,从而招揽更多的顾客。

由前面的阐释我们知道,一家店对于商圈设定的指标可以依该地区内顾客的分布密度及来店频率加以考虑,因此一般在从事商圈设定的工作时,开店者还可以采用行政机关,比如工商局的一些信息来帮助自己对商圈进行设定。

如何分析商圈内的购买力

商圈内的购买力是营业的背景与后盾,从商圈内国民消费支出,可以决定商店所在地点是否合适,以及营业场地的面积、适当的规模。以简单的例子表示如下:

中央商圈内的居民1 000户。

次级商圈内的居民2 000户。

周边商圈内的居民3 000户。

每月每户的平均支出额600元。

则中央商圈的支出总额:

600×1000=600000（元）。

次级商圈的支出总额：

600×2000=1200000（元）。

周边商圈的支出总额：

600×3000=1800000（元）。

中央商圈的市场占有率，如定为35%，则60×35%=21（万元）；

次级商圈的市场占有率，如定为10%，则120×10%=12（万元）；

周边商圈的市场占有率，如定为5%，则180×5%=9（万元）。

合计上述各项，则该商店每个月的营业额推测为：

21+12+9=42（万元）。

假设目前商店每平方米每日营业额为150元，则每月每平方米的营业额为：

150×30=4 500（元）。

则卖场面积为：

42÷4500≈93（平方米）。

假如营业场所和仓库、办公室的比例是8：2，那么这家商店总共就需要≈116平方米（93÷0.8）的面积了。

商圈的设定需考虑实际状况，如大马路、桥梁、铁道隔绝等因素。中央商圈，小店铺大都以300米为范围，较大店铺则以500米为范围。一般家庭主妇，1分钟约走70米，500米则需花7分钟，往返需15分钟，买东西要30分钟，总结下来，上市场的时间约需花45分钟。如果走300米往返需9分钟，加上购物30分钟，则上市场要花40分钟。经营者应以店铺为中心，依上述方法，排除各种可能障碍，实际算出商圈内住户，就可预估出自己所需卖场面积了。

至于市场占有率，则需考虑商圈内之竞争状况。如果在1公里内有5家以上大型竞争店则属非常激烈竞争区，市场占有率约以上述为准，如果1公里内有2~5家大型竞争店，则属普通竞争，市场占有率可稍微提高。

计算出卖场应有的规模之后，还需考虑下列几点：

（1）资金多少。

（2）租期期限。

（3）未来发展潜力等店铺的设施与机能。

第二篇　开店三部曲——筹资、选址、装潢

初次开店，如何设定商圈

对于初次开店者而言，由于缺乏商圈统计的基本资料，也就无所谓顾客信赖度。因此，需深入探讨该地区人口集中的目的及其流动的范围，以此作为基本资料来从事商圈的设定。例如要开办的店规模很大，其商圈并不一定像一般小型店是徒步商圈，还要考虑到顾客会利用各种交通工具前来，所以要对设店地区的人流加以观察，并配合有关的调查报告，对其购物动机予以比较分析，从而设定相对准确的商圈。

一个店在确定商圈时一般要考虑两个因素，即位置因素与商品因素。

1. 位置

即店所在地区的特征，如在商业繁华地带，交通方便，流动人口多，有大量的潜在顾客，因而商圈规模也就较大。而那些设在交通偏僻地区的店，顾客主要是分布在店附近的常住人口，其商圈规模一般较小，在这种情况下店铺经营者只有根据自己的实力创造出独特的经营特色，以此来吸引远客，从而扩大自己的商圈。

2. 商品

即经营商品的种类、质量以及特色等等。商品种类与商圈规模关系密切，一方面，某一顾客群总会表现出特定的消费特征，经营的商品只有投目标顾客所好，才能吸引潜在的顾客；另一方面，商圈规模大小与商品购买频率成反比例关系。

初次开店者在确定商圈时，可以通过抽样调查销售记录、售后服务登记、顾客意见征询等一切可能的方法搜集有关顾客居住地点的资料，通过分析进而能对商圈范围有一个大致的确定。采用这些方法，都不可忽视时间因素，如平日与节假日的顾客来源构成不同、节日前后与节日期间的顾客来源构成不同等等，这些都是使得商圈范围有差异的具体原因。

总之，初次开店者必须掌握一个成熟的商圈策略。商圈策略是一种积极开拓市场的动态的销售策略，成功地运用商圈策略，可以打牢商店根基，提高商店形象，创造和推动顾客的特定需求，与顾客建立一种相互信赖的关系，把生意做到顾客心里，让他们心甘情愿地成为回头客，这才是店铺商圈战术的根本所在。

初次开店，如何估计商圈范围

对于初次开店者来说，最关心的当然是投资多少和投资回收期，但一定要经过推算，才能知道这里可能会有多少。而商店营业额的推估必须根据商圈的大小来进行，因此，一定要先定出商圈范围。

商圈会受到商品及服务质量的影响，也受可回应客人提出的要求的影响；可以仅就自己店里的情况划出范围，也可仅根据外部资料来描绘。

如果顾客须历尽艰难才能到你的店里来，那么即使住得很近，这地方也不能划入你的商圈。相反地，如果你的店交通方便，附近又有专卖各具特色货品的店，那么，客人即使住在几十公里之外，心理上也不觉得远，就可以算在商圈内。

因为上下班或顺道而常从店门前经过的人，他很可能会买东西，所以该客人居住的地方也能列入商圈。而即使住在附近却从未光顾你的店，宁愿到远处去买东西，那么这个区域自然也就不包含在商圈内，商圈的形状经常并不规则。

就一般情况而言，假如商品是日常用品时，应定为走路或骑车10分钟内可到的地方。而耐久品，比如衣服、鞋子、皮包、袋子等，则可能依流行性和时尚性，吸引数公里至数十公里外的顾客前来，店铺比较小时，则约定在走路加搭公车或自己开车需费20分钟左右的范围内较为合适一些。

无论估计顾客以何种交通工具前来都应该亲自用走路或搭车方式，顺着当地人平时购物的路线，看看道路的坡度、公共汽车线路及等候时间等状况。在这时候，对坐公共汽车需花多少时间等车、坐车，单行道等交通限制，以及塞车地点、程度，出入停车场方便与否等，也都应该有所了解。如此沿各道路测出消费者实际上移动的距离，做上记号，最后把这些点连起来，就能掌握商圈范围了。最后的工作就是对已初步确定的商圈进行修正，主要途径就是针对所销商品对店址附近的顾客进行调查。

设店区位有哪些类型

零售区位可分为独立店区和群区。

独立店区商店与其他商店位置相分离,仅有一家商店,不毗连其他商店。独立店区在为周边居民提供商品和服务、满足顾客需求方面具有垄断经营优势,不与其他商店分享顾客。在独立店区开店,一般道路通畅、停车便捷、营业场地可选面积大且房地租金较低,具有较大的灵活性和自由性。但也存在一些缺点,商店只能凭自己的实力来吸引、保持顾客,同时其各项设施,如供电、供水设施、安装、维修方面的成本费用不能与其他商店分担。通常只有大型商店才具备实力建立独立店区。

什么是规划和非规划的零售群区

1. 规划的零售群区

一种经详细规划后形成的统一管理、相互协调的商店群。如国外的购物中心,在购物中心的统一管理下,平衡配置各类商店,为顾客一次购足提供广泛的商品及服务组合。这种类型的零售区有待于我们借鉴国外的经验稳步试行推广。

2. 非规划的零售群区

这类零售群区是自发产生、发展而成的商店群体,分为中心商业区、次级商业区、居民商业区、小型商业区和微型商业区。

(1)中心商业区。城市的零售中心,交通密集、店铺林立、商品尤其是名品精品荟萃。一般以一家或几家百货店为核心,由星罗棋布的中小型商店环绕而成,如北京的西单北大街、上海的南京路。该区商圈广、客流量大但地价昂贵。

(2)次级商业区。常位于主要街道十字路口,一般以一大型商店为核心,几十家小型商店围绕而成,其繁华状态逊色于中心商业区。如区级商业中心。

（3）居民商业区。食品店、药店、理发店、美容店、洗衣店、餐馆等组成的为1~2个居民区服务的商店群，它们大多位于居民区的中心地带。

（4）小型商业区。由超市及杂货店等小型商店组成，常位于城市边缘地带，主要满足郊区购物者的需要。

（5）微型商业区。位于街道或公路两旁，由几家小商店点缀而成。

设店区位该如何选择

1. 及时占领新的中心区位及门户区位

中心区位即中心商业区、次级商业区及居民商业区等商业繁华地带；门户区位则是车站、码头、机场附近地段，是城市对外联系的枢纽。随着城市的发展变化，中心区位及门户区位也在不断变化。为此，有识之士应眼观六路、耳听八方、广纳信息，凭着高识远见，在局势明朗以前，及早进入即将形成的新的中心区位及门户区位，可以取得很高的投资收益率。

2. 处理好群体规模与单体垄断的辩证关系

一般店址选择以避免竞争对手为好，但是如果市场容量形态比较有利，在这种状况下，同类型的商店集中在一起，顾客具有广泛的挑选余地而不至于白跑一趟，这样无疑会吸引更多顾客前来选购，形成规模优势。许多同类商品一条街之所以生意火爆、闻名遐迩，原因就在于此。

当然，并非所有商品都能大范围、大量吸引顾客，因此并非所有的商品经营都适合"成行成市"出现。只有一些选购品及特殊用品，如电脑、服装、饰品、家电、特产等"成行成市"才有益于商店营业。而经营日常生活用品这些使用频率很高的商品的商店，因其商圈极为有限，聚在一起易形成水火不容的情形，容易展开价格战，造成两败俱伤。

对于竞争已经比较激烈的专门商品街，经营者应该根据饱和指数、自身的竞争力及风险承受力、其他可供选择的区位等具体情况酌情而定。

3. 中小商店要善于合群

多家商店聚集在一起，能相互补充、相辅相成，形成比单家商店强大许多的吸引力，能扩大商圈的外延及内涵，为各商店提供新的市场机会，形成"商业聚集效应"。特别是那些经营选购品或特殊品的中小型商店，自己的商圈很小，如能与一些互补性商店聚集在一起，既可分享聚集效应又能避免激烈的竞争。

4. 配合区位特征选取店铺类型

（1）车站附近地段。这里是旅客聚集区。顾客以来往旅客为主。他们大多购买易选购、便于携带的商品。在此地区适合发展经营餐饮服务、生活用品、食品、当地特产等商品的商店。

（2）商业区地段。这里是广大居民购物、娱乐、聊天的场所。该地段从事经营的成本费用高、竞争性强，适合发展大型综合商店及富有个性的专营店。

（3）影剧院、公园名胜附近地段。这里集中了大量休闲的居民或观光的游客，适宜建立餐饮、食品、娱乐型商店。

（4）工厂、机关、企业汇集地段。这里是上班族的聚集地，适合发展经营饮食、日常生活用品及办公用品的商店。具体经营范围则需参照上班族的性别、年龄、收入作出相应的安排。

（5）学生聚集地段。这个地段具有明显的文化、服务、娱乐倾向，适宜发展经营文化用品、书籍、生活必需品、饮食的商店，以及理发店、游戏室等提供生活及娱乐服务设施的商店。

（6）住宅区地段。这个地段具有浓郁的生活气息，家庭生活用品消费尤其是日用品消费量最大，凡能给家庭生活提供独特服务的商店都能获得较好的发展。如果商店能够兼有为居民提供联谊活动的功能，有时可得到意想不到的功效。

第6章　装潢
——内外设计打造黄金卖场

如何掌握"进出方便"的原则

高雅的气氛，货色似乎颇为齐全，有小巧的珍珠链、宝石项链及戒指，定价好像挺合理的。

这就是行色匆匆瞄一眼店铺所得的印象。

顾客也不是真有天大的事要立刻去办，但就是难得让人停下脚步。

为什么呢？

因为那家店实在没有足够的立足之地，客人仅能站在远处观赏橱窗内巧夺天工的饰品，更糟的是连进门也须费一番工夫。

首先，那家店坐落在狭窄的人行道旁，对行人来讲，很不方便在那儿驻足片刻。

因为在一般人的想法里，人行道当然是为步行的人设计，若无特殊状况，就不能挡住别人的去路。

为什么店面不能再往后缩一点呢，这样一来，困难不就解决了吗？

因为错误的设计，造成客人必须从店前约20米处，斜着穿越人行道走向店面，慢慢"逼近"橱窗。

第二篇 开店三部曲——筹资、选址、装潢

橱窗很小,加上商品本身也很小,你若不把脸贴近玻璃,就看不清楚展示的商品。

这还不要紧,反正商品并不占空间,如果改成大橱窗,反而衬托不出商品的价值。

好不容易排除万难,可以近距离好好欣赏一下橱窗内的珠宝时,不经意抬头一看,坐在对面柜台,一副老板架势的人,竟然也正以犀利的眼光瞧向这边。四目相交之下连逛街看橱窗展示的兴致都烟消云散。

到底该怎么设计才能让客人方便进出呢?

如果店面狭窄,最好的方法还是把店面往后缩,或干脆截个角,留出空位。

这样一来,店外便有足够的空间方便顾客停留,甚至吸引他们走进店内。

容易诱使顾客进门的店:

(1)店门口有块空地。

(2)可以让路人一目了然的明亮橱窗。

不容易诱使顾客进门的店:

(1)店铺沿着道路边缘而立。

(2)入口外没有可驻足的空地。

(3)橱窗阴暗又狭小。

至于橱窗,如果展示的商品不是珠宝等小巧饰物,应尽可能大一些。

橱窗的位置由店前来往的人潮决定。

从店内往外看,若自右向左的人潮较多,左侧橱窗就要做大一点;若自左向右经过的人潮较多,就把右边的橱窗做大些。

如此一来,路过的人将容易看到商品,视线更能集中。

另外还有一点很重要,那就是收银台不要设在顾客可从外面与你四目相视的地方。你希望客人买你的东西,就必须给他们足够的浏览时间。

不管商品多么齐全,不管待客多么热忱客气,不管店面打扫得多么干净,光是这样仍然不够。进一步改善店家本身的"构造",让它"观赏容易,进出方便",才能吸引顾客。

店内设计有哪些表达要素

一般来说,内部设计的表达要素有色彩、灯光、音乐、廊道设计、背景装饰等。

据专家统计,人们所接受的外部信息中,85%来自视觉,因此,色彩对于营造购物环境的氛围具有举足轻重的作用。研究表明,对于冲动型和廉价型购买心理的消费者,暖色调(如红、黄)的环境具有很强的诱导作用;而冷色调(如蓝、绿)的环境适合于理智型的消费者,能促使其静心选购。商品展示的背景颜色也是一个值得考虑的因素,和谐的背景颜色往往对商品起到良好的衬托作用。如首饰,黑色面料的背景会使之更加醒目;而婴儿商品颜色一般与白色、粉色、黄色相同或相近,这些颜色不宜用于作为婴儿商品的背景颜色,否则会使商品本身失色。

灯光照明可丰富商品的色彩与质感。暖色的光源投射在暖色调的商品上可增加其彩度,精巧的光束可增加商品背景的空间感。利用强光或弱光来表现商品的特征与风格,有助于吸引力的加强;而经色光演变所产生的柔和感,再配合空间的实体感受,可增加商品的亲和力。总之,灯光照明在使商品的质量、档次、格调一览无遗的同时,通过光色的联想、背景的烘托、灯具的陪衬以及投光角度的恰到好处,还能创造出一种引人入胜的购物空间,达到促销的目的。

背景音乐研究表明:备有背景音乐的零售店,顾客的光顾率将增加15%;音响的强度过高时,顾客于商店逗留的时间减少;同快节奏的音乐相比,舒缓的音乐将使商店的销售额平均增加30%,可见背景音乐对于商品的销售同样具有重要的作用。

总之,对零售店购物环境的内部表达要素进行合理组合,创造令人舒适的购物空间,是专卖店的追求目标之一。

第二篇 开店三部曲——筹资、选址、装潢

如何进行卖场规划

身为店主,一定都希望顾客多花一点时间在店里面,多买一点东西。

为了达到这个目的,必须做到"进出方便"、"行走方便"、"观看方便"、"购买方便"四大要求。配合这几个要求,我们从以下方面来探讨店内的规划。

顾客引导路线:你要顾客依照什么路线前进?

一般20平方米以下的小店面的基本设计,是在正中央设置一个展示柜或展示桌,让客人绕其周围,形成"口字形"卖场。也有在中间增加一条通路,变成"8字形"卖场。

"顾客引导路线"可利用陈列柜、收银台、试穿间等分隔而成。但应注意以下几个原则。

1. 收银机及收银台的位置

不同于超市、书店这类陌生客多的商店,如果光看商品,也可享受乐趣的业种,像服饰店、珠宝店、皮包店、陶艺店或生活用品杂货店等,应该尽量避免显示收银机和你的存在,因为这些事物通常都很"碍眼"。

特别需要留意的是,别把收银台设在大门口旁边或正对门的位置。万一不幸已经无法改变,那么找几盆高大的植物或镜子或展示用的人体模型或衣架遮住,转移顾客的视线。

2. 陈列物的布置

同样的事物避免一直线排列,以免过于单调。可以考虑让商品靠墙,或是摆张小桌子作焦点商品介绍,以增加变化。

只要掌握住重点,引起顾客的好奇心,"那是什么东西呢?""那里好像有什么特别的东西!""看起来很漂亮,过去看看吧!"那就成功了。

至于陈列物的高度,入口处的展示区和收银台周围应该低一点,愈往店内和墙壁,便逐渐增加高度。

3. 路径宽度

当然,这需要由你卖的商品来决定。即使是不超过20平方米的小店,最好也留出约90~100厘米宽的道路出来。但是，有些以热闹、大众化、便宜为卖点的商店，会故意只留下狭小的通道，制造"商品应有尽有"的效果。

尤其是入口附近的展示桌和收银台四周，空间要大，客人活动起来才舒服，彼此擦身而过时，也不会碰撞到对方。

店内照明的基本原则是什么

灯光有三种作用，即照明、集中焦点及营造气氛。

1. 整体照明

需要照亮整个卖场的灯光，可使用荧光灯、日光灯等。

2. 部分照明

特别希望顾客注意的商品和展示品，可打上聚光灯。

3. 装饰照明

如果要提升店内气氛，同时照明器材本身也具备表演性质，那么造型特殊的灯泡、灯管都是不错的选择。

若把整体照明的灯光当成一，那么店门前应有它的1.5~2倍，橱窗应有2~4倍，两侧墙壁陈列架应有1.5~2倍，中央部分也要有1.5~2倍。店铺最里面的部分由于特别暗，所以至少需有2~3倍的明亮度。

如果把整体照明依基准调暗一些，采用多组聚光灯凸显商品，并加上装饰性灯光，那么卖场便显得更活泼、更有层次。

照明设备的位置该如何安排

安装照明器具时，特别需要注意避免在商品和通道上留下阴影。整间店内的灯光明亮，但商品和通道上却留下一处阴影，客人的购物乐趣顿时减少一半。

另外，如果要在物品上打聚光灯，可将灯光从斜上方落下，制造一点阴影，以增加立体感，让商品看起来更美丽。

第二篇 开店三部曲——筹资、选址、装潢

尤其是当你想要凸显全部的展示品或单一商品时,更可利用这个办法,集中几盏聚光灯放送光明,或从左右制造光线交叉的效果。

各位应该先决定好店面主要舞台位置,以及所要搭配的灯光,以便安排照明器具的位置。

所以应该慎重选择照明器具,并且放在正确的位置。

什么才是成功的灯光设计

1. 避免过于炫目

光源直接照在眼睛上,会让人觉得刺眼,极不舒服,而且照明器具如果易被发现,也会使人有种窥见后台的感觉。所以,应该慎重选择照明器具,并且放在正确的位置。

2. 方便例行作业

换电灯泡、打扫是店内例行的工作,所以应考虑方便性。如果是为了防止日光灯太刺眼而加上罩子,多少会对换灯泡造成阻碍。可以加装轨道,使聚光灯能自由变换位置。

3. 照明的整体印象

日光灯的灯光,总的说来,具有照亮工厂、办公室、便利店、超市等处的功能,也就是说它的机能性较强。

日光灯呈青白色灯光,而白炽灯则是略带温暖的奶油色灯光,可视店家的需要,选择合适的品种。

市面上售有各种照明设备,开店或改装时,不要全部交给设计师去做,你也应该自己找寻适合店内气氛,无论是材质、色调、造型都不错的灯光器具。

如何合理地运用色彩

1. 色彩的基本知识

颜色可依色彩分为"红→橙(偏红、偏黄)→黄→黄绿→绿→蓝绿→蓝→

偏绿的蓝→蓝紫→紫→红紫→红"，形成色相环。

若以某色相为中心，其两侧的颜色称为类似色彩，在色相环正好相反位置的色相为互补色彩，以互补色为中心，其两侧各含两色相在内共五种颜色是"相反色相"。

以红色为例，偏红的橙色和红紫色是它的类似色相，蓝绿色是互补色，而黄绿、绿、蓝绿、偏绿的蓝色和蓝色则是相反色相。

另外，颜色也分为暖色系和冷色系，暖色系譬如红和橙色系，而蓝和蓝绿则属于冷色系。

至于色彩的明亮度，最高的是白色，最低的是黑色。明亮度高的暖色系和白色具膨胀性、延展性，明亮度低的冷色系和黑色则具收缩性、后退性。

"彩度"代表色彩饱和的程度，彩度愈高愈鲜艳华丽，愈低则愈暗涩。而白色和黑色则通称为"无彩色"。

2. 成功的颜色设计

善用颜色可呈现出绝佳的效果。

（1）相同色相的几种颜色，依色调差异整合。

（2）在两种截然不同的颜色加入媒介色，缓和对立感，加强彼此联系。

（3）选择同一、类似色相统一整体印象。

（4）利用互补色和相反色相互凸显主题。

（5）依照色相环顺顺序、明度顺序、彩度顺序，创造浓淡层次差别。

（6）色相依暖→冷→暖→冷色系排列，色调依明→暗→明→暗或者浓→淡→浓→淡、强→弱→强→弱排列，使之有层次感。

商品如果采取横排，设想人的眼睛习惯由左至右移动，因此色相浓淡层次宜自左按照"红→黄→绿"，明度宜由高至低的顺序陈列。如果是纵排，上面宜放彩度高的商品，愈往下彩度愈低。

另外，每年都会有该年的流行色。当然，在陈列商品时应及早引进流行主色，以抓住顾客的视线。

第二篇　开店三部曲——筹资、选址、装潢

如何利用墙面

商店的墙壁具有吸引顾客目光的功能，而且实际效果远超出人们的想象。

方法若是得当，更清晰地传达店方的讯息，告诉人们店里贩卖的商品内容。

现在的一般商店，陈列架以下的部分大都费尽心思装修，但是以上的部分却任其空置，总令人觉得少了点什么。

善于做生意的人，连壁面也能做到"物尽其用"。不只是商品，莲花、绘画、照片和摆饰等，无一不是丰富壁面的素材，用来装饰从架子到天花板之间的部分，绝不会太单调。

如果店家的规模不大，你可以使用整片壁面，多放些商品，弥补空间的不足。建议你在开店之初或改装时，安装可拆除或移动的挂钩，方便灵活运用。

至于陈列在壁面的商品，以高价位且能够表现店内品味、质感的物品为宜。当然，在布置上应尽量避免给人这只是装饰品的联想，必须清楚标明价格。

不过，最好记住一个原则，那就是千万别用商品"淹没"整片墙面。

如果你开的是以热闹与数量多招徕顾客的商店，那倒无所谓。若不是，应在商品与小道具间保持适当距离。

有些店一旦装饰好墙面之后便从不改变，说来实在可惜，平白浪费了一个宣传物品的好处所。

更换壁面陈列，会使整个店面焕然一新，增加"新鲜感"，这比起经常替换陈列架上的商品，效果有过之而无不及。

如何从顾客的角度检查店内环境

我们常说"当局者迷，旁观者清"。同样地，对店内的工作人员而言，确实有很多看不到的"死角"。

尤其是特别设置了店员专用出入口的商店，店员几乎没有机会从大门进出。

就算是从店门进出，绝大部分的店员也以近乎无声无息的脚步，迅速到达位置。

这实在是非常可惜的一件事，明明与顾客一样有正面观察自家店面的机会，却轻易放弃。

所以在此建议各位每个星期至少抽出一天，从顾客的角度，在一定的距离外好好地看看自家店铺，体验一下客人从大门进来时的感觉。

观察外观（店的内门面）时，应选择各种不同的角度，比方保持20~30厘米的距离，隔着马路在另一头，或站在店门正前方。

检查项目包括：招牌是不是脏了？玻璃橱窗有没有灰尘、手印？灯光够亮吗？店内的陈设看得清楚吗？

接着是店内的部分。

首先是照明。或许在你眼中十分明亮，可是在顾客看来，却感觉"阴暗"。再不然就是光线过强，刺得人眼泪直流，看不见商品的"尊容"，反而得不偿失。聚光灯是否正确投射在促销商品上，除非远距离观察，否则也不得而知。

空调方面也是一样。整天待在冷气房里的人，和刚从室外走进来的人，对温度的感受一定不同。随自己喜好调整暖气、冷气以至于温度过热、过冷，等于是对顾客下"逐客令"。适宜的温度必须靠自己实际体会才能得知，你可以从最近的车站走回店里，如果坐了一会儿仍然觉得很舒服，就表示温度适中。空调机的摆放位置，也会改变室内的温差。在店内转过一回，特别热或特别冷的地方，尽量不要摆主力商品。

背景音乐的选择也很重要，尽量摒除个人好恶，因为也许在你听来是美好的音乐，在别人耳中却是噪音。此外，如果放带有歌词或旋律"过于优美"的背景音乐，会令顾客分神，造成购物上的阻碍。现在市面上有很多波浪声、潺潺流水声等环境音乐和弦乐、风琴这类具松弛效果的音乐，播放这些容易入耳的背景音乐，一来不会吵人，二来也不会让人分神。

最后当然也不能忘了检查商品陈列。部分的人在安排商品时，眼光只顾及眼前的一小块区域，无暇顾及整体搭配。呕心沥血布置出来的商品，若是无法和周遭的色彩、设计取得协调，仍算是失败。

而最容易被忽略的，可能就是"味道"了。工作人员大都已经习惯店内的味道，可是它对上门来的客人不见得是愉快的感受。香水本来的作用是增加"香味"，但是过度喷洒反而惹人反感。湿气的味道和发霉的味道也常会不请自来，需特别注意。

店铺门面为什么很重要

店家的外观对顾客入店消费意愿的影响很大。顾客可以远远地就看见你的店，凭借的就是店铺外观设计和广告看板。

门面除了吸引客人的目光，另一个重要功能，是直接告诉客人"我们卖的是什么"。

你若即将开店，建议你先带本笔记上街参考别人的店家，仔细研究别人的招牌用什么字体写成，店面怎么设计。

然后，想想看你的店要用什么形式的招牌，用什么字体来衬托店内的气氛。这比起告诉装潢工人你要有"清爽利落的感觉"，更能传达你的诉求。

你也可以设计一个人物形象，像肯德基的白胡子上校那样，以加深大家的印象。

假如没有多余的钱做人物模型，也可以退而求其次，做个陶瓷狗，或摆几盆珍奇的盆景。凡是能够放在店门口，让过往路人忍不住多看一眼的景物，都是不错的宣传。

店面设计有哪些要素

店铺的门面无疑就如人的脸面对于形象的重要一样，为其形象的突出表现部分。门面设计要求应该在考虑经营商品和接待顾客特点的情况下，刻意求新、显示个性，力争让顾客产生好印象，也就是说既要有精神上的美感，又要在现实中符合人的要求。

在进行店铺门面设计之前，应首先全面了解店铺的销售的商品、种类、规模、特点，使之尽量与店面外部形式相结合。同时还应了解周围环境、交通状况、建筑物风格，使店面造型与周围环境协调、和谐。我们在设计构思上应深入了解门面装饰的历史和当今国内外门面发展的趋势，从而启发我们设计出形式新颖、实用、结构合理的店铺门面。设计者必须要有较全面的艺术修养和革新的空间造型创造意识，又要掌握营销与设计技术的能力，才可能达到合格店铺门面设计者的标准。

现代商店店面设计主要包括以下内容，即立体造型、入口、照明、橱窗、招牌与文字、材质、装饰、绿化、技术以及室外地面与规划等。

从设计上看，构成一个完整店铺门面设计的最终目标是：

（1）效果较好地促销商品顺利获得利润。

（2）引导顾客方便出入、安全可靠、说明展示空间容量的需要。

（3）提升店铺形象。

哪些因素影响店面外观

店铺外观环境是顾客对店铺第一印象的关键，是企业形象的重要组成部分。它是由店面、橱窗、店面广告、绿化等因素组成的。

绿化与商店能起到相互辉映的作用。现代商店的空间实体常常是简洁整体的，轮廓与造型是干净利落的，而绿化树木的造型则是千姿百态的，高低疏密各不相同，这样就与建筑物形成强烈的对比，使商店与绿化相得益彰，也增加了商店建筑的艺术表现力。

绿化可以起到分隔空间、沟通空间、补充空间、环境导向的作用。分隔空间，是指在商店中常用树木花卉来分隔空间，这种方法有时比隔墙、隔断、屏风的效果更好，而且比较灵活，同时还能美化环境。沟通空间也是绿化的又一作用，它能把室内外空间联系起来，使相邻的环境相互沟通。绿化还能补充空间，商店一些角落如用绿化来补充，这样的方法是十分巧妙的，它可以打破角落的生硬感，使商店环境生机盎然。绿化在商店中还可以起到标志与导向作用，例如在商店入口处或出口处设置盆花或盆栽，这样可以提示人们的走向。

停车场等辅助购物设备和设施也都不应被忽视，在我国，尤其是在一些高档消费场合，停车场已成为顾客选择商店的一个重要因素。总之，购物环境设计必须充分为顾客着想，努力使店铺形象更为友善。

店面外观有哪些类型

店铺外观根据经营商品特点和开放程度的不同，通常可以分为以下三种类型。

1. 封闭型

这种类型的店铺面向大街的一面用橱窗或有色玻璃遮蔽起来，入口尽可能小些。采用这种形式多是一些经营如珠宝、影像设备等高档商品的店铺。它突出了经营贵重商品的特点，设计别致，用料精细、豪华，使进店的顾客具有与众不同的优越感，觉得在这样的商店里买东西很自豪。由于这类商店的接待对象为少数有钱人，所以橱窗设备等不必太突出，要让街上的顾客难以看到店堂内部，从而提供了一个优雅、安静的购物氛围。

2. 半封闭型

店铺入口适中，玻璃明亮，使顾客能看清店内，然后被引入店内。经营化妆品、服装等中高档商品的店铺多采用这种形式。它们的顾客预先都有购买商品的计划，当看到橱窗陈列时，便会径直走入店内进行选购。由此可见，这种店铺的外观的吸引力是至关重要的。

3. 开放型

店铺正对大街的一面全部开放，没有橱窗，顾客出入随便，没有任何障碍。在国外，出售食品、水果、蔬菜和小百货等低档日常用品的商店常采用这一形式进行店面处理。在我国南方，实行全开放型的商店多而北方则少一些，这是由两地不同的气候决定的。

如何装潢自己的店铺

一提到装修，人们自然会联想到根据不同店铺类型来确定装修风格或特点。一般意义上的装修，主要目的是达到美观、整洁或达到一定的档次，或营造更好的卖场。比如大酒楼一般有豪华的外观装饰，小花店一般营造明亮温馨、雅致的环境，这些是传统意义上的装修。比这一层次更高一些的装修，是具有广告效应的装潢。这类装修一般能给消费者以强烈的视觉刺激。有的把店门装饰成独特怪异的形状，在外观上给人以别出心裁的感觉，从而能够很快给消费者留下强烈的印象，这种装修效果便具有广告效应。

更高一层次的"装修"，本质上同一般"装修"没有什么不同，因为它一样需要通过各种装饰材料来达到某种效果或目的。但根本差异在于它包含了创业者全部的经营理念，通俗一点说就是"包装"。现以目前的餐饮行业为例来解释这种装修的含义。

大凡搞过或没搞过餐饮业的人士都知道搞餐饮要搞特色。特色包含的范围很广，有菜品的特色，有服务的特色，有经营上的特色等。很多酒楼、餐馆都有自己特定的特色菜（或称主打菜、招牌菜），这是他们的"信心支柱"。在目前激烈竞争的餐饮业，有一小部分靠菜品的"特色"赢得了市场，生意还算过得去，但大部分并未真正吸引消费者或更多的"回头客"。这部分餐馆就在长年不断的转让中不断更换着经营者，这注定是失败的经营，或失败的"特色"。因此，单纯从菜品上塑造"特色"很多时候行不通（排除确有一部分靠菜品的特色或味道赢得顾客或打响招牌的）。那么，是不是不需要"特色"二字呢？恰恰相反，特色必不可少，只不过这种"特色"是指整体上的"特色"而已。而这种整体上的"特色"便是通过"装修"来完成的，而菜品的"特色"是围绕着"装修"特色来制定的。

在这里，"装修"已改变了它过去的附属地位而变为餐馆的"灵魂"。比如，成都有一家生意极为火爆的风味酒楼，其酒楼定位于川东民俗风味，其菜品很多都是从前上不得大雅之堂的民间野菜或由乡村气息的农家菜品稍稍改造而成。其成功的因素虽然很多，但精髓就在"装修"，其他因素全是围绕"装修"而完成的。其精心而又自然地营造的风车、石磨、玉米、辣椒、老树根和谐地设置在酒楼内，引发起你很多朴实美好的回忆与遐想。消费者到了此环境以后，不仅有耳目一新的感觉，还有回家的感觉，温馨的感觉，激动的感觉，大自然的感觉……所有的感觉都来了，这就是人们常说的吃感觉、吃气氛。这些感觉、气氛便是直接通过这种独特环境而来的。实质上，独特而又有特色的装修效果是使消费者获得美好感受的最直接原因。

当然，这种装修的特色应根据餐馆的总体定位而定。餐馆服务人员的着装、语言、周围的标语、小饰物、餐馆店名、餐馆的菜品、餐馆的广告宣传等等均围绕着或烘托着餐馆的特色定位。

而"装修"的特色是最首先打动消费者，并让消费者流连忘返的。实质上，上面提到的那家酒楼，其菜品虽然在广告上宣传得很诱人，但实质上其味道一般，但为什么有那么多的人往那里涌，读者想必应该明白其中的道理。

曾经有很多爆炒"老三届"的酒店饭庄，其成功之处同前面所述的道理很相似，它们明确了目标顾客就是当年的1 700万知青。在装修和经营品种上都力求突出"知青生活"的主调。例如"老插酒家"辟有陕北窑洞、云南竹楼、东北木屋和蒙古包等几个单间；"黑土地酒家"有6个单间，分别以当年兵团6个师的师部所在地命名，另辟一个"爬犁房"，松木为墙，一张条桌，两张长凳；"老三届食乐城"的墙上挂着红辣椒、老玉米、煤油灯、旧挎包。一桩桩、一件件，无不引起老知青对昔日生活的回忆。这些饭庄酒店的"拿手好菜"也很有自己的特色，例如"老三届大团圆"这道菜里有鸡有鱼有虾，再配上红的番茄、绿的苦瓜、黄的菠萝，酸甜苦辣咸，五味俱全，就像老三届的命运，吃起来令人心头别有一番滋味。抓好"装修"这一环节，塑造独树一帜的氛围，在宣传上多投入一些，会为成功经营奠定一个良好的基础。

店铺招牌有什么用

招牌是指用以展示店名的标记。一个优秀的招牌通常有以下几种作用。

1. 引导顾客
招牌标志着主要的服务项目或供应范围，如体育用品店铺、时装店铺等等。

2. 反映经营特色与服务传统
某些经营中药、书画、土特产的商店有着悠久的历史和良好的商业信誉，如同仁堂、全聚德等等。

3. 引起顾客兴趣
引起顾客兴趣可采用各种装饰、名人题字的招牌等手段。

4. 加强记忆以促传播
一些新崛起的商店为顺应时尚、推陈出新，设计出朗朗上口且不易遗忘的招牌。

招牌如何命名

开好一个小店铺不仅要注重产品质量与服务水平，还应该让自己的店名具有一定的文化内涵与宣传效果，以达到不"名"则已，一"名"惊人之目的。

1. 通俗易懂
小店铺一般面对的都是社区居民、过往行人等大众消费群体，所以在命名时尽量通俗易懂，切莫咬文嚼字。如有的老板认为自己是做金属方面的生意，于是便在名称中添一个"鑫"字，而做木材生意的就加个"懋"字，为图吉利的，则把"丰"字特意写成繁体字的"豐"。这样一来即便你在服务质量等方面做得不错，但由于很多顾客不易辨认你的店铺名称，因此影响了消费者在口碑方面的传播，对其他潜在顾客群未能达到有效地宣传。另外，店铺名称虽然讲究通俗，但不能太过庸俗。

2. 朗朗上口
店铺的名称一定要响亮、上口、易记，这样才便于传播，要做到这一点，不仅要讲究语言的韵味与通畅，还要抓住消费者的心理需求与精神需求，凡是能与顾客心理产生共鸣的名称，顾客一般都容易记住，并也乐于传播，特别是一些比较幽默、具有深厚内涵的名称。如有的面馆取名叫"面对面"，有的中餐饭店取名为"灶王爷"，相反，让人感觉吐字不爽的名称却显得苍白无力。

3. 应具有消费特征

小小店铺的名称不能含糊，不仅要通俗易懂、朗朗上口，更重要的是还要能体现小店的消费特征，包括经营项目、经营风格等方面。如灯具店的名称就要让顾客一看到店名就知道你是卖灯具的，如你取个"豪杰灯具"，就没有"辉煌灯具"或"明亮灯具"效果好些，因为"辉煌"与"明亮"都容易让顾客与"灯"产生联想，而"豪杰"就不一定了！所以，店铺的字号名称一定要结合你所经营服务的项目和所面临的消费群体，而不能随意称呼。

4. 应富有文化内涵

一个产品名称一定要具有丰富、深厚的文化内涵，小店铺也不例外！只有这样才能体现店铺老板的素质水平，顾客也容易接受。现在不少小店特别是在文化底蕴方面比较匮乏，显得比较俗气！什么"二娃子饭馆"、"小李服装店"等不乏其数。在赋予店铺字号文化内涵方面一定要从多方面、多角度去考虑，如历史文化渊源、经营产品特征等，像花店的"鲜"，饭店的"香"，服装店的"美"，这都是我们挖掘文化内涵的地方，比如卖文具的"翰墨堂"、经营茶铺的"老茶客"这些名称就能体现一定的文化底蕴。

5. 须适应当地风土人情

中国地大物博，但又风土人情各异！所以，在店铺取名时一定要认真了解并充分考虑当地的历史地理、风俗习惯等因素，否则，你的名字稍有不慎，不但不能刺激顾客需求，相反还会产生负面影响。记得曾经有人开了家餐馆，取名"味中味猪肉鲜包"，结果生意冷淡，原因是他不知道附近住有大量回族居民，而回族居民中又多不吃猪肉，因此影响了生意。因而，要取一个好的店铺名还当仔细、谨慎地权衡风土人情方面的因素。

6. 应名实相符

店铺的名称讲究名实相符是指三方面的因素：一是要与你的经营项目实际相符，如你开的是服装店，但别人听起来倒像个理发店；二是要与你的经营实力相符，现在不少老板在店铺名称方面有点太过霸气，而有的更是夸大其词，如取"××第一店"、"××正宗店"之类的不少，让顾客感觉有点徒有虚名。另外就是一定要结合当地消费市场的实际情况去考虑店铺名称，如竞争环境、消费能力等方面的因素。

7. 避免雷同

由于行业中不少店老板自身文化水平有限，于是造就了不少的跟风者，其不仅在经营上跟风，如看到别人开火锅店赚钱，他就立马开个火锅店，且在店铺取名方面也多模仿别人，有的更是直接盗用别人的店名，于是街面上的不少店名都趋于雷同、彼此近似！以理发店为例：别人取名"魅力发廊"，他就取"美丽发廊"；别人取"青春发廊"，他就取"清秀发廊"，一点都没有创新的东西。所以店铺取名一定要有自己独特的个性与内涵在里面，才能有效地吸引顾客的注意力。

店铺橱窗有什么作用和类型

1. 作用

橱窗是以商品为主体，通过背景衬托，并配合各种艺术效果，进行商品介绍和宣传的综合性艺术形式。一个主题鲜明、风格独特、色调和谐的商店橱窗，如果能与店铺的整体风格结合在一起，能起到改善店铺整体形象的作用，橱窗对顾客购买过程往往可以产生下述促进作用：

（1）激发购买兴趣。橱窗把精选经营的重要商品进行陈列，并根据顾客的兴趣和节气变化，把畅销品或新品摆在显眼的位置上，不但能给顾客一个经营项目的整体形象，还能给顾客以新鲜感和亲切感，引起对店铺的注意和需求的兴趣。

（2）促进购买欲望。橱窗的装饰美术、民族风格和时代气息，不但使顾客对商品有一个很好印象，还会引起他们对事物的美好遐想，进而促进购买欲望。

（3）增强购买信心。橱窗直接或间接地反映商品的质量可靠、价格合理等，不但可以提高顾客选购商品的积极性，还可以增强购买的信心，从而使其及早做出购买决策。

2. 类型

橱窗陈列通常有以下五种类型：

（1）综合式。它是一种将许多不相关的商品综合陈列在一个橱窗内，以组成一个完整的橱窗广告。这种橱窗陈列由于商品之间差异较大，设计时一定要谨慎，不要使之显得杂乱。综合式陈列方法主要有三种，即横向、纵向以及单元陈列。

（2）系统式。有的商店橱窗面积较大，可以按照商品的不同标准组合陈列在一个橱窗内，又可具体分为四种，即同质同类商品橱窗、同质不同类商品橱窗、同类不同质商品橱窗以及不同质不同类商品橱窗。

（3）专题式。它以一个广告专题为中心，围绕某一特定的事情，组织不同类型的商品进行陈列，向顾客传送一个主题，如绿色食品陈列、奥运用品陈列等等。它多以一个特定环境、特定事件为中心，把有关商品组合陈列在一个橱窗。又可分为节日陈列、场景陈列与事件陈列三种。

（4）特写式。它运用不同的艺术形式和处理方法，在一个橱窗内集中介绍某一店铺的产品。特写式适用于新产品、特色商品广告宣传，主要有单一商品及商品模型特写陈列。

（5）季节性。它是一种根据季节变化把应季商品集中进行陈列的方法，满足了顾客应季购买的心理特点，有利于扩大销售。

如何设立橱窗

1. 设立橱窗的注意事项

建立橱窗的第一步就是保证它有足够的光源，因此玻璃高度通常在2米左右，宽度在1.5米以上，深度为0.5米多一点，不过也要视城市大小、街道宽窄而有所不同。大城市因街道较宽，建筑条件较好，橱窗应低一些，但小城市就应该高一些。

橱窗建立后就应注意防护工作了。通常应注意防日晒与防结冰两种设备的配置。防日晒设备乃是在一般临街的外橱窗上设置遮蔽日光的帆布栅，为保证行人安全，它通常应高出窗外街道2米以上，以免妨碍行人走路。防结冰乃是为了预防冬季橱窗结冰，妨碍顾客观看，其方法是在橱窗外框的上下方钻一些小孔，橱窗在屋内的一面应用木板隔开，以免热气流入橱窗造成橱窗玻璃结冰。

灯光设备也是橱窗设备的一个重要组成部分，一个照明良好的橱窗对于吸引顾客、帮助广告宣传，常常会收到良好的效果。相反，效果则往往不好。如果橱窗里安装了日光灯，可是连遮蔽也没有，这样顾客所看见的不会是陈列商品，而是刺眼灯光，这就影响了顾客的注意力。

2. 建立橱窗需要的设备

橱窗还必须有一些陈列用具，使用陈列用具可使商品更加美观、新颖、动人。陈列用具的种类、功能、样式等都有区别。一般有以下几种：

（1）背幕。它又分固定背幕与活动背幕两种。固定背幕就是原来所设的背幕，一般橱窗都尽量利用这种原来背幕，特别是光线不足的商店。活动背幕其存在形式就是布景、图画、屏风等。

（2）人体模型、布架、衣架。这用以陈列服装、帽子、布匹、大衣等。服装不宜用钉挂方式，布架、衣架一般用镀镍金属制成，但要与商品协调。模特可用硬塑铸成，可向模型制造厂定做与购买。

（3）小型支架。这是陈列毛巾、袜子、领带、提包之类的用具，可用镀镍金属制成。

（4）托板。用以陈列食品、乐器、五金工具、玩具、日用化妆品、文具、瓷器等的用具，可用玻璃、有机玻璃及木板制成。

如何陈列橱窗

在了解了橱窗的建立以及设备后，下面我们将列出橱窗陈列工作的五个步骤。

1. 构思

构思影响着橱窗陈列的全面效果。我们应该充分考虑与商品相联系的各个方面，既要结合广告设计原则慎重加以考虑，又要善于想象，塑造一个比较好的主题。

2. 构图

这一步是整个橱窗陈列设计成熟的体现，是商品组合、配置和安放艺术的表现手法。它是橱窗陈列工作的中心环节。我们对构图的要求是均衡和谐、层次鲜明、疏密有致，并可以形成一个统一的整体，从而给顾客以美感。

3. 陈列的准备

构图确定后，布置人员根据陈列图样预先准备陈列用具，然后借取商品样本，制好价格标签、说明牌，美术人员则根据图样做好文字图画。

4. 具体布置

准备妥当后即可将橱窗玻璃、用具及商品揩拭干净，并依照图样按次序先后摆列，再放置每件商品的价格标签说明牌，然后布置背幕或图画。

5. 管理

橱窗建立后，应指定专人负责管理，每次更换要清扫一遍，以保持橱窗内的清洁。橱窗玻璃应经常擦洗，保持干净明亮。

怎样让橱窗更富艺术气息

由于店铺要吸引某一特定的顾客群，因此，更要注重店面广告的设计。而把橱窗设计得更富艺术气息，突出店铺的与众不同，无疑是有效吸引顾客的一条"终南捷径"。

橱窗设计无非就是从有限的空间变幻出无限的效果，而这种变幻首先是空间的拓展，打破了传统的、一成不变的、封闭静态的三维空间。譬如在上海的淮海路上，人们可以看到一种被称之为"开放式橱窗"的格局。这种橱窗辟出有一定纵深的展示空间，布置得简洁明快、晶莹亮丽，与传统橱窗不同的是，它将作为背景的那块挡板撤掉，于是橱窗空间的创意也就诞生了。从外面望进去，橱窗中的模特儿和店中的营业场景构成了一幅生动的画面，静中有动，动中有静。

如果从艺术上划分，人们还可以发现橱窗创意两大模式：主题橱窗和情调橱窗。走在一些现代化大都市的街头，人们便能领略到四季的变幻。当冬天还没有从城市消失时,有的橱窗便亮出了"春"之主题。在城市中,有这样一扇橱窗,设计者的构思是极富想象力的,将绿色作为色彩元素,将原木作为造型元素,整个构图大胆突出江南最常见的条凳,而条凳则被斜向地嵌入背景墙中,且从中冒出一簇簇生意盎然的绿叶,模特儿典雅地身着春季时装。民俗与摩登竟被如此奇妙地融合在一起,浪漫的春天气息扑面而来,令人感受到春的温暖。

环保、自然、休闲成为今日时尚的主题。这在北京的国贸大厦、王府饭店的店铺中都有很好的体现。绿色、黄色由于接近自然而被广泛运用,木质的背景和地板成为黄色职业装的代表色,简约、朴素的模特不仅为橱窗展品更换提高了效率,同时为消费者提供了更广阔的想象空间,家庭起居式的橱窗布置,庭院式的桌椅、遮阳伞,甚至除草、修理栅栏的工具都成为橱窗设计者利用材料。一位橱窗设计者曾把半棵树干搬进店铺,使人们意识到关心人类的命运更超过自身的利益,这样的橱窗主题也更显得别出心裁,让人驻足深思。

情调式橱窗更耐人寻味。如果说主题式橱窗在展示艺术魅力之时,还透露一点商品信息的话,那么情调式橱窗在展示艺术魅力时,则更倾向于抽象风格,尤其是店铺,致力于显示品牌的个性。一些精品店毫不迟疑地亮出橱窗格局新思维,不再是硬性的堆砌商品,而是从容不迫、气派不凡地展示"空白"艺术。有一家时装店,通常是在一个橱窗内安排3/5的空白,仅仅象征性地挂出一套时装,而背景中通常是环保风格的意象性场景,沙子、砾石、红豆、布袋,摆设越少,越有韵味,真所谓淡极始知花更艳。

从某种意义上说,橱窗的天地是无限的,它容纳了时间和空间,容纳了精品与艺术,容纳了境界与追求,一个经典的橱窗将使你的店铺陡然提升一个层次。

第7章　开门大吉
——执行开业计划

如何准备开业盛典

1. 准备充分

事前做好准备，因为任何差错都可能出现。

不论创业者是准备做零售生意，还是从事服务行业，现在都是准备开业庆典的时候了。创业者可以免费在当地新闻出版物的封面做宣传，可以在社区内快速展示自己，可以获得宝贵的机会来控制自己企业留给外界的第一印象。

创业者一定要花钱请游行乐队或租购庆典气球。盛大的开业可以是从邮件形式的通告到免费杂技表演中的任何一种。具体是什么样取决于创业者想让企业给外界留下一种怎样的形象。医疗或其他专业企业通常采用直接邮件、报纸通告（这两者都是有偿广告）和办公室接待相结合的形式。零售商店通常会通过打折（特别的开业酬宾）或利用自己的特色商品向市场宣布开业。

由于这是创业者向公众展示新建企业的第一个机会，因此要好好利用。创业者要利用好自己的顾问。让自己的广告代理人或市场顾问帮忙，仔细考虑开业的每一个细节。在开业这场战役中，必须一击即中，不能浪费子弹。

2. 烧好第一炷高香

那些喜欢在新闻媒体一展风采的当地政府官员会对企业有益,创业者应邀请他们。

盛大的开业如同一场戏剧性表演的开幕。创业者一定要确保企业的办公地点整洁,货架摆放整齐,办公设施状态良好,员工为此次开业已经接受了专门培训。如果创业者在开门做生意的第一天还在雇人,那他就要保证所雇的新员工知道自己留给顾客的第一印象将会影响企业的未来和自己的工作。创业者要切记以下各点:

(1)如果在开业时打算用承办人或其他外界帮助,就要提前30天和他们定好。然后在开业前一星期再和他们联系,确定他们仍打算在企业开业时出现。开业前一天再看一下时间表和各条说明,确定承办人会按照时间提前来公司,把一切都准备好。

(2)提前一周预订鲜花和其他装饰品。

(3)制定开业时间表。人们需要知道自己什么时候来,什么时候走。

(4)准备好附带的广告宣传品(小宣传册、名片、价格单,或其他带有企业名称、地址、电话号码、标识语的分发材料)。确定印刷商知道交货的最后期限。印刷品最好在开业前两星期准备好。

(5)那些喜欢被新闻媒体拍照的当地政府官员会对企业有益,创业者应邀请他们。

(6)随后的事也应处理好。例如,供来宾在上面签名并留下联系地址的来宾登记簿可以用作将来邮售商品的凭借物。开业3个月(或1年)后的故事可能会让当地报纸感兴趣。

企业的开业庆典是营销的一个好机会,创业者应好好把握。

如何布置办公室和展示区

在开业前至少15天,创业者要建立起企业的办公室和展示地点。在创业者尚未卷进开业的忙乱之前,这样做能使他有足够的时间摆放东西,让办公地点看起来舒服一些。开业前这种小调整越多越好,这样也会让创业者忙个不停。许多创业者发现开业在即,自己却变得没有耐心,心情焦躁。那么进行一些与企业有关的、迅速见效的活动会对他们调节心情有帮助。

如何进行最后的专业检查

在开业前大约两周时,创业者应让专业顾问(律师、会计、保险代理人、退休经理人服务中心、小企业发展中心、小企业部或其他顾问)对企业进行最后一次检查。令人担心的事越少越好。

(1)让企业的律师检查一下,以便确定企业拿到了所有该拿的许可证,符合所有的规范,并对其他法律上的细节予以考虑。创业者需要律师帮忙的一个原因是,这种检查是程序化的,律师能够快速、彻底、低成本地完成它。尽管创业者自己检查能省一点钱,但这样做的风险太大,往往得不偿失。

(2)让企业的会计或其他财务顾问检查一下,以便确定企业账簿已经建立,有基本的信息制度,符合纳税要求。可能在最后一分钟会出现一些变化或调整,纠正一些错误,这对创业者也是十分有利的。如果没有,那就证明一切就绪,可以开业了。

(3)所有法律要求的保险都投保了吗?那些创业者和企业的保险顾问决定要投保的可选保险怎么样了?现在认真关注这些小细节,以后会省很多事。创业者至少每年都要安排一次保险方面的检查,现在只是第一次。

(4)创业者应让企业的营销或其他顾问和自己一道正式或非正式地检查一遍企业的开业战略、运营计划以及财务计划。在最后几天里,创业者可能没有能力在开业前作大的变动,但如果他能够做到认真仔细,那么完成这一程序会给他吃下一颗定心丸。这一环节也能填补一些空隙。任何能增加胜算的事都是值得一试的。

第三篇
管店六堂课——摆、采、销、人、财、物

第8章　商品陈列与布局

一般货架陈列有哪些要点

做好一般的货架陈列，要注意几个要素，如陈列位、陈列面、产品线、库存、POP及维护等。特别要注意以下几点：

（1）商品陈列要在视线水平位置或中央位置或消费者常走的位置。

（2）要拥有最多的陈列面。

（3）同品牌或同类型或同规格的商品需集中，品名要永远面对消费者。

（4）库存应该足够或随时补货。

（5）要容易拿取。

（6）先进先出，库存需轮运。

（7）一定要使用POP或价格标示，且要有持续性/稳固性。

（8）要维持整齐或整洁或拿掉不良品。

（9）要使店主了解或同意公司所做的。

1. 货架陈列方法

（1）厂牌垂直排列法：每一个厂牌都能分享到与视线等高的位置；创造货架上各位不同的特色；可以依商品包装大小做最有效的空间利用。

（2）厂牌水平排列法：只有一个厂牌能拥有与视线等高的位置，容易造成混乱的陈列面，不能依包装大小作适度的调整，容易造成空间的浪费。

（3）最理想的货架排列法：厂牌垂直排列+包装大小水平排列，货架上位置的大小，由商品的市场占有率高低来决定。以销售额为计算标准，则高价位的商品比低价位的商品占优势；以销售量为计算标准，则回转速率快的商品占优势。

2. 货架的插卡效果

在货架陈列上配上插卡效果会更好，要善于使用货架插卡配合商品陈列，促进销售增加。不同标示卡的运用效果如下所示：

（1）广告信息标示卡：广告讯息+品牌。

（2）产品识别标示卡：品牌十利益点。

（3）完整信息标示卡：品牌+利益点+价格。

（4）中号的标示卡：如更省钱特价品。

（5）降价信息标示卡：原价××，特价××。

货架卡有什么用途

显而易见，货架卡就是装设在货架槽上的一张记录卡，它记录了货架上商品的中文名称、商品代号、条形码、售价、最高订量、最低订量、厂商名称等资料。看到货架上的商品，都可以立即得到该商品的信息。

1. 货架卡的用途

（1）订货方便。便利店在订货上，现在大多是使用中文订货，即在卖场查看缺货状况，然后将此中文名称抄在纸上，再到后场翻阅商品目录，根据中文名称来比对，查出货号。这种方式有以下缺点。

抄写的中文过于简单，造成比对错误，订错商品。例如，若欲订购杨桃汁375毫升，抄写成杨桃汁，而比对时，订购成杨桃汁250毫升。

货架空时，不知该订什么商品，于是随便找一样商品订，该商品可能是不好卖的，或是订了重复的商品。

订货手续太过于繁杂，若是一个新手来订，订100样的商品，说不定要2小时。使用货架卡，以上的问题即可迎刃而解，直接抄下货架卡上的商品代号，或手持光笔刷条形码，即完成订货手续。

（2）补货方便。当货架空时，可立即根据货架卡来补货，一一对上号，随时保持多样少量的商品结构，不会将排面弄乱，也不至于同样的商品整排都是，造成空间的浪费。

（3）盘点方便。盘点是了解店铺盈亏最重要的工作，店主最关心的问题就是如何缩短盘点的时间。若是使用货架卡盘点，将可节省约1／3的时间，因为店职员盘点时，不用再去翻阅商品目录查售价，或问资深的店职员这项商品多少钱。

（4）POS上线前的资料搜集卡。若是准备导入POS管理，只要将货架卡的资料键入电脑，即可完成商品主档及厂商主档的建立，不会因为商品结构变化的资料搜集不完全，而产生事后补货的困扰。

2. 制作货架卡

目前货架卡的制作有许多方式，有人交给印刷厂制作，再用护贝机做护贝，这种方式一张报价高达7元，人工成本太贵了，主要是打字及护贝就要花很多人工。所以制作时要充分考虑成本的问题，尽量要节省成本，如护膜设计成抽换式，省去护贝的时间，且可重复使用。或是买空白的货架卡，自己用人工填写，也是节省的方式。

3. 货架卡的颜色变换

另外货架卡也可以用颜色变换来管理，一个货架位置，可以放两张货架卡，如一白一黄叠在一起，白色代表第一品牌，黄色代表第二品牌，白色缺货又订不到时，可改订黄色的，待白色的开始供应时，再调整回白色。

用商品配置表设计货架陈列有什么功能

1. 有效控制商品品种

商店卖场的面积有限，所能陈列的品种数目也有一定限制，欲有效控制商品的品种，提高卖场效率，就要使用商品配置表。

2. 做好商品定位管理

商品定位是卖场管理非常重要的工作；商品配置表则是商品定位的管理

第三篇 管店六堂课——摆、采、销、人、财、物

工具。有了商品配置表，才能做好商品定位，如不事先妥善规划商品配置表，就贸然进行陈列的工作，无法持续一致，也不可能把商品定位管理做好。

3. 适当管理商品排面

不能有效地管理商品的排面数，是现阶段卖场一项很大的管理缺点。一般而言，卖场陈列的品种数往往多达万种以上，而所陈列的商品中，有些商品非常畅销，一天能卖出数十个，甚至数百个，但有些商品则可能一天只卖出几个，甚至连一个也没卖出。因此，安排商品的排面时，就须根据商品销售数量的多少，给予适当的排面数，亦即畅销的商品给予的排面数量、占的陈列空间大，而不畅销的商品给予较少的排面数，所占的陈列空间也小，甚至只给单一的排面数，如此对提高卖场的效率，有相当大的好处。

4. 防止滞销品驱逐畅销品

缺少商品配置表规划及管理，而任意陈列商品时，因畅销品的销售速度较快，若没有良好的管理，商品卖完了，又未能及时补充，就易导致较不畅销的商品占据畅销品的排面，形成了滞销商品驱逐畅销商品的情况，等到顾客问起"有××商品吗？"可能已错失不少的商机及减损了商店的竞争力，在没有商品配置表管理的卖场，这种情况时常会发生，有商品配置表管理的卖场就可以避免这种情形。

5. 合理配置高利润商品

商品配置可以把利益控制在一定水准卖场所贩卖的品项中，有高利润商品，也有利润低商品，我们总是希望把利润好的商品配置在好的陈列位置，销售多一点，整体利益也随之提高，把利润低的商品配置在差一点的位置，来控制销售结构，这就要靠商品配置表来给予各种商品适当的配置，以求得整店有一个高利润的表现。

6. 商品配置是连锁经营重要的标准化管理工具

如果商铺的连锁分店遍及各地，甚至全国各个角落，总部人员为了管理这些分店的商品陈列能做到一致性的要求，常感到很困难，如果能有一套标准的商品配置表来运作，整个连锁的商品营运会比较容易，对于季节变动修正及新产品的增列、滞销品的删除等工作，执行起来效率也较高。

商品陈列有哪些原则

店铺商品陈列是店面广告的一个重要形式，销售人员工作效率、服务质量等与商品的陈列也有相当密切的联系，因此，商品陈列在一定程度上决定着店铺的销售情况。

店铺商品陈列应注意以下原则。

1. 显眼

所谓显眼，即店铺为使"最想卖的商品"容易卖出，尽量将它设置于显眼的地点及高度，也可称为有效陈列。

在进行显眼陈列时，必先考虑商品的类别及其购买频率，对于想要售出的商品，尽量选择能引人注目的场所陈列。即使在同样的场所，这些被称为黄金线上的商品，在有效陈列范围中也要集中展示于最显眼的高度上，并在陈列方式上下点工夫。

2. 易选择和拿取

易选择就是店内的商品以客人容易选择的方式陈列，除特别商品（手表、宝石等小型贵重商品）以外，都尽量陈列于易拿取的地方。因此，要考虑商品的关联性之后再进行分类陈列。各个店铺的规模、行业及方针的不同，也会导致分类的方法及场所的不同。首先应以大分类方式将商品分类。其次将它以用途、制造商的分类方式来分类，最后则是以价格、设计的小分类方式分类。像这样将商品明确地分类之后，再集合展示的陈列方法，不只带给顾客便利，对于店铺本身更提高了管理商品的效率。

易拿取就是在显眼、易拿取的有效陈列范围内，将畅销商品及想要卖的商品适当地陈列在高效率位置展示。

3. 提高新鲜度

它就是使顾客感觉到商品的丰富性及活泼的陈列。任何人在选择喜爱的商品时，当然都喜欢从多种类、多数量中选择，以得到购物的满足感。但是，针对这点就将大量商品放在手边，反而会造成顾客反复选择，甚至会对商品造成污损。因此，即使是少量的商品，只要能好好运用陈列方法，也能使其感到很丰盛。店铺经营者应熟练地运用辅助工具将商品立体地陈列起来，借助装饰物使商品生动化，活用拍卖时的海报传单，这些方法都可以强调商品的新鲜度。

4. 提高价值

它指即使是同样的商品，在运用陈列方法之后，也可使顾客对其评价改变。所以在进行陈列之前，必须先考虑何为能表现最佳效果的陈列方式。陈列设备及器具对其影响力很大，甚至也受陈列背景的颜色、材料、小型道具以及照明的表现效果所左右。特别是所谓搭配合宜的陈列，其商品的组合方式是，主要商品与直接有关联的商品如何搭配组合。其判断力与方法不只受陈列效果影响，它也与店铺形象密切相关。

5. 引人注目

它指将商品安置于在专业场所中，会成为强调重点的陈列场所。那是与全面陈列不同的，它借助一些设备及用具，使得某个部分特别显眼，以招揽顾客来店浏览店内商品，这种店面被称作磁石店面，也具有相同作用。这种陈列方式，具有诉求力的主题是必要的，借着这种主题可有效地发挥其效果。引人注目的陈列方式，可因行业的不同及定位目标的不同而有所差异。

商品陈列有哪些方法

1. 主题陈列

它是给商品陈列设置一个主题的陈列方法。主题应经常变换，以适应季节或特殊事件的需要。它能使店铺创造一个独特的气氛，吸引顾客的注意力，进而销出商品。

2. 整体陈列

它是将整套商品完整地向顾客展示的陈列方法。比如将全身服饰作为一个整体，用人体模型从头至脚完整地进行陈列。整体陈列形式能为顾客作整体设想，便利顾客的购买，故为顾客接受。

3. 整齐陈列

它按货架的尺寸，确定商品长、宽、高的数值，将商品整齐地排列，从而突出了商品的量感，从而给顾客一种刺激。所以，整齐陈列的商品通常是店铺想大量推销给顾客的商品，或因季节性因素顾客购买量大、购买频率高的商品等。运用整齐陈列法时，有时会有不易拿取的缺点，店员应根据意愿作出调整。

4. 随机陈列

它是将商品随机堆积的方法。它主要是适用于陈列特价商品，是为了给顾客一种"特卖品即为便宜品"的印象。采用随机陈列法所使用的陈列用具，一般是一种圆形或四角形的网状筐，另外还要带有表示特价销售的牌子。

5. 盘式陈列

它实际上是整齐陈列的变化，表现的也是商品的量感，但是将装商品的纸箱底部作盘状切开后留下来，然后以盘为单位堆积上去，这样可以加快商品陈列的速度，也在一定程度上提示顾客可以整箱购买，所以有些盘式陈列，只在上面一层作盘式陈列，而下面的则不打开包装箱整箱地陈列上去。

6. 定位陈列

它指某些商品一经确定了位置陈列后，一般不再作变动。需定位陈列的商品是顾客经常使用且知名度高的名牌商品，顾客购买这些商品频率高、购买量大，所以需要对这些商品给予固定的位置来陈列，以方便顾客，尤其是老顾客。

7. 关联陈列

它指将不同种类但相互补充的商品陈列在一起。运用商品之间的互补性，可以使顾客在购买某商品后，也顺便购买旁边的商品。它可以使得店铺的整体陈列多样化，也增加了顾客购买商品的概率。它的运用原则是商品须互补，首先要打破商品种类间的区别，表现顾客生活实际。

8. 比较陈列

它指将相同商品，按不同规格和数量予以分类，然后陈列在一起。它的目的促使顾客更多地购买商品。利用不同规格包装的商品之间的价格上的差异来以刺激他们的购买欲望，促使其看中廉价而作出购买决策。

9. 分类陈列

它是根据商品质量、性能、特点和使用对象进行分类，向顾客展示的陈列方法。它可以便利顾客在不同的花色、质量、价格之间比较挑选。

10. 岛式陈列

它是在店铺入口处，放置中部或者底部不设置中央陈列架，而配置特殊陈列用的展台。它可以使顾客从四个方向观看到陈列的商品。岛式陈列的用具较多，常用的有冰柜、平台或大型的网状货筐。岛式陈列的用具不能过高，太高的话，就会影响整个店铺的空间视野，也会影响顾客从四个方向对岛式陈列的商品的透视度。

商品陈列有哪些注意事项

（1）有效地运用隔板，以固定商品的位置，防止商品缺货而不察，维持货架的整齐度。

（2）面朝外的立体陈列，可使顾客容易看到商品。

（3）标价牌的张贴位置应该一致，并且要防止其脱落。若有特价活动，应以POP或特殊标价牌标示。

（4）商品的陈列应由小到大，由左而右，由浅而深，由上而下。

（5）货架应分段，具体陈列如下：

上层：陈列一些具代表性、有"感觉"的商品，如分类中的知名商品。

黄金层：陈列一些有特色、高利润的商品。

中层：陈列一些稳定性商品。

下层：陈列一些较重的商品，以及周转率高、体积也大的商品。

（6）集中焦点的陈列，利用照明、色彩和装饰，来制造气氛，集中顾客的视线。

（7）季节性商品的陈列。

如何让你的商品陈列更有效

1. 计划及准备

好的计划及准备是成功的开始。要确定你拥有需要的陈列器材及工具等，包括：陈列辅助物、大头针、笔、糨糊、订书机/针、剪子、铁钉、梯子、胶带、货架吊绳、旗帜、价格标贴等，并做好相应的计划与准备。

2. 熟悉你自己的陈列辅助器材

要特别了解与熟悉自己的陈列辅助器材，如海报、货架吊绳、空的货箱、箱子、柜台陈列物品、悬挂物、样品、简册、传单说明书、标志标贴等。

3. 充分利用你的想象力做好陈列

尽量有效运用一切可用的空间，考虑有没有另外不同的方式来使用你的陈列辅助器材，使得陈列能更突出；使用相关的器材，以强化你的陈列，使它突出显眼；最后确定你的陈列与自己的产品定位是否相符。

4. 陈列的小秘诀

以下小秘诀，可能会让你受益匪浅：

（1）不要让顾客不容易取到你的商品，这会影响顾客购买。

（2）不要让你的海报或陈列被其他东西掩盖住，这会让你失去销售机会。

（3）不要将不同类别的产品堆放在一起，那样会引起顾客的不愉快感受与联想，如洗衣粉跟食品放在一起，消费者心中会产生顾虑与不安全感。

（4）安置你的陈列使之可以从外面看得到，这样才会吸引顾客的注意力。

（5）在顾客还未到某种商品陈列处之前就知道其陈列位置。比如运用指示牌等，否则很可能让堆放的陈列失去意义。

（6）试试运用一些小的"指示/提醒"式的陈列，摆放少数的产品在柜台上。

（7）在接近收银台或就收银台的边墙安放一些商品陈列，顾客经过时或当他们等待被服务时即可看到。

（8）弱势品牌最好尽量陈列在第一品牌的旁边。

5. 上货架的技巧

注意几个方面：上货架的产品，最少的与市场占有率相符；最多的，占同一类货物位置的70%。所有产品的陈列，应按照贡献度安排，一定要建立一个好的陈列计划。

如何进行表演性陈列

商品的陈列依着眼点不同，可分为"表演性"与"易卖性"两类。此外，虽然和商品贩售没有直接关系，但有了花饰、绿树、绘画、美术灯的助阵，将提高店内整体气氛和品味，所以也可视为陈列的一部分。

所谓"表演性"陈列，是指利用商品、商品周边商品，甚至是小工具，作视觉性设计，以刺激顾客"要"的欲望，而忍不住掏腰包购买的手段。若以专业术语来讲，就是"视觉性商品供应计划"。

1. 陈列的基本技巧

表演必须靠精湛的演技才能博得满堂彩。以下是几种基本技巧：

（1）造型。将搭配好的服饰穿戴在橱窗模特儿身上。

（2）整合。将同一商品或相关产品作归纳整理，打造整体印象。

（3）色彩搭配。借由颜色的协调和印象来设计。

（4）效果。将商品与相关商品组合，配合有关布景，制造特殊效果。

2. 协调的展示

在考虑如何取得商品排列的协调性时，绝对不能忘"三角构成"的原则。

假设以直线连接各陈列商品的重心，做成一个三角形，可得出四种方式：

（1）正三角形（格调高，协调性也高）。

（2）等腰三角形（左右对称，顶点的内角若为钝角，有柔和感；若为锐角，则有犀利的感觉）。

（3）不等边三角形（左右不对称，像流水般，能缓和气氛）。

（4）三角形复合体（大小不同的三角形组合）。

利用"三角构成"陈列商品时，不能只重三角联结，应该同时考虑其"高度和纵深"，以免呈现不出立体感。

另外，还有很多方式可以达到陈列的协调性，像左右对称构成、重复构成

（同样模式不断重复）等。

3. 表演性陈列

橱窗是将店家特色、风格、在卖什么商品的讯息，用有主题、季节感十足的手法告知顾客的重要据点。

如果你开的是服饰店，应该利用首饰、皮包、鞋子等作整体搭配，布置在主要的陈列桌（柜）上，让顾客有想要的欲望。

其他的重点部位，就要安排单品直接陈列。这时，为了制造"便宜"、"热闹"的印象，可大量堆放同一种商品。

当你在做表演性陈列时，请记住经常作距离检查，看看排列方式和色彩是否平衡协调，若不是，再作适当地调整。

如何进行易买性陈列

"易卖性"陈列必须具备几个条件，即"容易看、容易触摸、容易挑选"，主要工具是棚架和挂钩。

作"易卖性"陈列时，如果是生活杂货商品，要先予以分门别类，譬如分成马克杯、一般茶杯及茶碟、花瓶、盘子、毛巾等大类，接下来再依造型、颜色、材质、尺寸、价格等细分成更小单位。

每次进完货立即上架，从店的管理层面来看，确实可省去不少麻烦。但是对顾客而言，却不见得方便，最好避免。

商品最容易卖出的位置，即所谓的黄金区，是在顾客正前方70~125厘米的高度。不需要多大力气，即伸手可及的高度，男性是70~160厘米，女性则是60~150厘米。另外，蹲下去而手摸得到的范围，男性是40~190厘米，女性则是30~175厘米。

不过，年轻人和老年人伸手可及的高度本来就有差异，所以可视实际的顾客层略作调整。

主力商品的摆设理所当然在黄金区，尤其是销路好的商品，应看其颜色和大小，增加陈列的数量。

摆货时，首先把主力商品摆在黄金区，以此为中心上下排列，再沿着十字，填满周围的空间。

如果陈列架前面未摆货，不仅选择时不方便，而且也会给人分量不足、杂乱的感觉。尤其是排在架子深处的商品，可往前堆放，充实门面。

如何选择适合的商品陈列用具

选择适合于商品品味、特性的陈列用具，不仅可提高店内的气氛和形象，更可带给顾客绝佳的印象。

有些店或是店内装潢、商品等级很高，却配上简陋的商品用具，或是使用太过花哨的棚架，反而降低了商品水准。

这些店往往在不自觉的情形下，让客人产生不安全感，暴露出外行的窘境。

也由于许多原本不属于卖场的棚架、桌子、柜台、镜子等杂物，都相继出现。

大家似乎都忘了，"外表的美观，并不代表具备陈列商品的条件"。

特别是一些商店喜欢采用简单的白木棚架，因为棚板的位置很难伸手触及，再加上棚板是固定式无法移动，所以摆在内部的商品通常不见天日，通道也变狭窄了。

使用一段时间后，发现不好用，最后不得不改换其他器具。为了避免造成无端浪费（时间上及金钱上），应该审慎选择陈列用具。

现在，店内用的器具已经呈现多样风格，你可以翻阅室内设计杂志，或请值得信赖的设计师设计。

如果你对自己充满信心，又舍得花时间，不妨买便宜又无人问津的用具，再加以修整，或许有意想不到的惊喜出现。

第9章 采购和订货

采购人员有哪些职责

为使公司的物料供应来源不致匮乏，而且在费用成本、质量条件、售后服务上获取最大的效益，采购人员需担负下列一般性的工作职责。

1. 选定供应商

采购基本责任就是替公司采买物品，不论采购的项目是什么，必定得有供应商，选择一个信誉良好、配合意愿高的供应商，对于相当讲究"新鲜"、"时令"的餐饮业来说，是非常关键的一环。

执行订货工作也是采购工作之一，当供应商选定、采购物品确定、供货条件签订后，买方即会对卖方执行订货行为，此即所谓合约性采购。订货工作执行的正确与否，将直接影响营运部门的运作与公司成本的负担，可说是一项专业性很高的工作。

2. 确保质量

对采购人员来说，替公司采购物品，以获取最高的供货质量、最低的成本负担与最好的售后服务，是其永无休止的追求目标。

大规模或大型连锁经营的餐饮业，如果分工较细，在整个材料管理系统中可能规划有独立的单位，对原物料的采购、验收、配送、储存与使用进行稽核的工作，以确保顾客吃得放心。

第三篇 管店六堂课——摆、采、销、人、财、物

因此，采购工作也就是从货品交到使用单位经使用后才算开始，因物品经使用后才算是一个完整的物料流程，也才能确认采购者的绩效，以作为下次采购时的参考依据，这也才是采购质量管理工作的精神所在。

3. 控制成本

企业以营利为目的，餐饮业自不例外，追求更高的利润，是所有从业人员努力的目标。利润的获取不外乎业务的开展与成本的控制，正是所谓的开源与节流，而采购属于后勤单位，餐饮业从食材、用品到设备器材，采购人员所经手的可能超过50%以上的营业支出，在餐饮业竞争激烈的情况下，谁能有效地控制成本，那已胜算一半。

采购有哪些要领

货源选择上有很大的差异性。如餐馆、杂货店、酒店等，所经营的店都不尽相同，故其所需之货源、规格、品种亦各有其特殊的要求。以下仅将货源区分为五大类，就其共性加以分析。

1. 机具设备类

科技不断进步，餐饮业也是如此。现在有很多性能不错的储存或操作机具，可有效地提高产能、减少耗损，餐饮经营者应多加利用。

但这类采购因单笔采购金额很高，购入后的使用期限很长，故采购前多方打听及了解极为必要。在选择上需考虑其效率、耐用度、操作方便性、安全性及供应商的售后维修能力。价格的高低虽然重要，但售后维修更重要。

2. 食品生鲜类

此类物品包括各种肉类、海鲜、蔬菜、水果等等，除了西式速食业外，此类原料多为餐饮业最主要的采购商品，也是采购人员最大的挑战所在。食品生鲜类物品的供应选择，除了要把握住采购三要素：价钱低、质量高、服务好，更必须注意市场的动向、供应商及时供货的能力及新鲜度的确保。

3. 冷冻食品类

此类物品与生鲜食品类大致相同，但因其储存方式不同，而在供货来源上

也不相同。近年来随着经济的高度发展，冷冻食品因具有方便性，普及率越来越高，餐饮业也大量使用，尤其是西式速食业，此类物料更是其食材的大宗。

冷冻食品的方便性，在于其保存期限较长，且多经过初级加工。然而，此类食品应经过工厂加工，故在选择此项物料时，除就物品本身质量加以考虑外，对其工厂的生产流程，甚至对其储存及配送的设备与作业流程仔细比较，再决定是否采购。

4. 调味品类

此类物料指的是油、盐、酱油、糖、南北货配料等，是因其非生鲜物料，保存期限较长，且多有品牌规格可依循，在货源的选择上，可就厨房使用者的需求，再依一般采购原则处理即可。

5. 非食品类

此类物品指的是如筷子、刀叉、餐巾纸等各种营业上需要用到的物品，此类货品种类繁杂，但用量多半不大，在选择货源时，市场上有一种专门集合各类餐饮用品的专业公司可供参考。

当然采购人员亦可自行评估本身各项用品的用量，可考虑直接向上游的厂商采购，以达到节省成本的目的。

如何控制采购成本

采购中每1元钱的节省都会转化成1元钱的利润。在其他条件不变的情况下，假设企业的利润率为5%，要想靠增加销售来获取1元钱利润，则需要多销售20元的产品。可见从采购的角度降低1元钱的成本远比从销售上多卖20元的产品要容易得多，成本也要低得多。从世界范围来说，典型企业的采购成本要占60%。而中国的工业企业，各种物料的采购成本要占到企业销售成本的70%。显然采购成本是工厂管理中成本的主体，采购是企业管理中"最有价值"的部分。

而现实中，许多企业在控制成本时将大量的时间和精力放在不到总成本40%的企业管理费用、工资和福利上，却忽视其主体部分——采购成本。可以说是舍本逐末、避重就轻。其结果自然是事倍功半、收效甚微。

1. 主导供应链管理

在工业企业中，利润同制造、供应过程中的物流和信息流的流动速度成正比。企业为了获取尽可能多的利润，都会想方设法加快物料和信息的流动，这样就必须依靠采购的力量、充分发挥供应商的作用，因为占成本80%以上的物料以及相关的信息都发生或来自于供应商。供应商提高其供应可靠性及灵活性、缩短交货周期、增加送货频率可以极大地改进工业企业的企划表现，如缩短生产总周期、提高生产效率、减少库存、加快资金周转增强对市场需求的应变力等。

在整体供应链管理中，即时生产是缩短生产周期、降低成本和库存、同时又能以最快的交货速度满足顾客需求最有效的做法，而供应商"即时供应"则是开展即时生产的主要内容。

2. 影响上游质量

一般企业都按质量控制的时间顺序将其划分为来货质量控制、过程质量控制及出货质量控制。由于产品中价值60%的部分是经过采购由供应商提供，毫无疑问产品"生命"的60%应在来货质量控制得到确保。也就是说，企业产品质量更多地应控制在供应商的质量管理过程中。这也是"上游质量控制"的体现。

供应商上游质量控制得好，不仅可以为下游质量控制打好基础，同时可以降低质量成本，减少企业来货检验费（降低检验次数甚至免检）等。经验表明1/4~1/3的质量管理精力花在供应商的质量管理上（这里的供应商质量管理是指系统的供应商质量控制和改进，而不单指来料检验），那么企业自身的质量（生产过程质量及出货质量）水平至少可以提高50%以上。

3. 促进产品开发

随着时代的变化和技术的进步，产品开发周期在极大地缩短。由于供应商早期参与产品开发过程，使得"同步工程"应运而生。许多大公司都将自身企业产品开发与生产延伸到供应商，与供应商建立"伙伴关系"。这样一方面可节省自己的资金、降低投资风险，另一方面还可以最快的速度形成生产能力、扩大产品生产规模。越来越多的企业不再将供应商的利用局限于原材料和零部件领域，甚至还涉及成品。

怎样确定原料订货的数量

订货数量的确认,必须经过订货人员审慎考虑与计算过各种因素,才可下单给供应商。确认订货数量的方法,一般有以下几种。

1. 按照预计的营业额订货

营业额的高低,直接影响到物品的使用量。所以在订货时,首要考虑的因素,就是打算做什么生意,也就是预估营业额,以此来反推需准备多少原物料。计算时,可以每万元或一固定金额之营业所耗用之物料的平均数作为参考依据,再算出达到预估营业额时的物料需求量。

2. 按照物品储存的有效期订货

餐饮业食品类有效期限的控制,是确保质量的重要方法之一,所以订货时,其储存有效期限也不可疏忽,也就是订货量的可耗用期限不可超过储存的有效期限。

3. 按照原材料使用状况订货

一个店铺其各项原物料过去的使用情形,也可作为订货的一项重要参考资料。在一般情形下,可以前一期使用量作为下一期订货的依据,可以长期累积记录各项物料的耗用情形,这点非常重要。

4. 按照盘点结果订货

盘点的结果可让采购人员清楚地了解现在店内还剩余多少物料,有哪些不够需要订货。所以盘点的正确与否,是影响订货准确性的重要因素之一。

5. 按照促销广告订货

为了提高营运绩效,或增强竞争能力,或刺激消费等特定的原因,现今各店铺越来越重视广告促销。由于促销常常会打破原有物品耗用的正常比例,因此订货人员需对促销的内容、对象及企业部门的预期目标详加了解,并适度调整订货量,以配合促销活动的进行。

6. 按照地区特点订货

对于连锁经营的企业店铺来说,每家分店可将地点商圈特点的不同,作为预估、订货的依据，或管理上的指标。然而不可控制性永远是存在的，许多情况的发生事前是无法预知的，因此一个好的订货人员对异常情况必须具有高度的警戒性。

每日检查重要原物料的盘存量、使用量与进量，确定频率的正常性。

异常发生后尽量了解原因、追踪后果，并加以记录，作为未来参考的依据。

7. 按照季节变化订货

季节的更迭、天气的变化，往往会影响到菜式及原物料使用量的不同。同时更重要的是，这些变化是生鲜食品供应期间、产量多少、质量好坏与价钱高低的最主要指标。订货人员需确实与采购及使用人员密切配合，以期达到采购的最高效益。

8. 按照供货期长短订货

订货时，也需考虑供货商供货期的长短，即接受订单后要多久才能将货品送到，下一次送货是什么时候。因为各供应商提供物品的到货时间或送货时间不尽相同，因此订货时必须依据供货时间，订足够的量。

9. 按照食品的包装数量和规格订货

已决定出要订多少数量时，最后要注意的是，订货量必须考虑此项物品的包装容量，而作适当的调整。

并非所有商品的采购都直接由采购人员主导，有些商品限于专业或其他原因，曾由使用单位或仓库依其需要量与安全库存量拟出订购单，经过总经理或指定的主管核准其订购单，最后才由采购人员直接办理订货。

对餐饮业而言，由于季节、气候、产量多少、价格变动、促销等因素的影响，有些食材确实无法套用公式来计算采购量，不过一般仍可根据公式得出最佳订购量。

采购量（含安全库存量）=每日用量×进货天数×12

至于采购周期，理论上是越短越好，但考虑到鲜度、耗用量、供货时间及库存空间等，各种原材料的采购周期不尽相同，以下为一般餐厅普遍采用的采购周期：

（1）生鲜肉品、果蔬每日采购。

（2）冷冻食品每周或每20天采购。

（3）一般用品每月采购（单店则为每周采购）。

原料订货有哪些方法

订货数量参考因素的运用,可以预估营业额中各项原物料所占之比率,计算使用量,或者以盘点结果的上期使用量减去盘存数量后,参考上列因素计算出需求数量,再依订货物品之包装数量来调整。

店铺经营必须不断努力收集各种资料数据,作为营业额的依据。

店铺所使用的食材和季节有很大的关联,限于当时蔬菜、水果及等物品的变化,菜式也随之更迭,因此对于采购人员的挑战更大。

采购人员如能充分掌握季节性的变数,必能轻易取得成本低、新鲜度佳的食材,提供厨房制作当今的精美盛馔,以吸引顾客闻香上门来。

结合上面的因素,采购人员应以节约为本,配合其他作业,实现营运绩效。

采购的验收目标和职责是什么

采购到原材料和其他物品后要进行验收,作业要点简言之为"择优汰劣",以确保原材料的质量。

原材料存货管理则在管制原材料的数量。作业要点简言之为"先进先出",以确保原材料的最佳使用效率。店铺使用的原材料,经采购人员下单采买后,紧接着便是验收及储存管理。

由于餐饮业对鱼肉果蔬的鲜度、质量、保存期限要求极严,因此物料在进入时,验收作业的把关功能轻视不得。而验收完后,因应原材料不同的特性,及早施以正确的储存,并确实进行原材料存货管理,以管制原材料数量及进出,都是确保原材料质量的重要工作。

1. 验收的目标

确保交货的数量符合订货数量,也就是说,除了所有的进货必须确实过磅或点数外,与订货人员所下的订单是否相符,也是非常重要的。若有差异,应立即反馈给主管人员,及时处理。

确保交货的质量与采购签订的条件、公司认定的质量规格是一致的,严格质量管制除了能确保质量外,对供应商亦是一项约束,同时可增强采购人员未来与供应商谈判的筹码。

确认进货单据上的单价与采购人员所议订的价格相同。

2. 验收的职责

验收是物料进入前必经之过程,收料工作是否迅速与顺利,对加工的产销效率影响极大。管理部门通常会制定验收程序,指定专人办理。验收的职责如下:

(1)负责原料进货验收工作。

(2)核对食品及饮料的进入。

(3)如条件不合,依约办理。

(4)交料不符,即通知供应商。

(5)质量不符,退回或减价。

(6)价格不合,更正发票。

(7)收料多出,退回或暂收。

(8)收料短少,补送或更正。

(9)核对数目的准则如过秤、计件等。

(10)填写验收报告单。

采购验收有什么程序

验收工作非常重要,必须注意各单项进货价格,并证实是否为所采购之物料,再检查其质量规格与份数是否正确。故而验收是采购与库藏存料及厨房烹调之间的桥梁。

购得物料如未经仔细、迅速、确实的检验点收,必然形成混乱错误的弊端,势必影响烹饪制作的食品,甚至影响前场的提供销售。

1. 准备工作

收货质量管理人员在工作之前应该先确实了解收货商品的采购规格、交货数量与到货时间，同时准备合格的验收工具，来点收交货的数量与质量。

2. 质量规格检验

厂商到货时，验收人员依订货单确认到货的质量规格确为所需的货品。质量管理验收的检查方式，可分全数检查（重要物料）或抽样检查（次要物料）。要注意的是，生鲜或冷冻食品的检查需小心且快速进行，以避免因检查费时而发生耗损，反而得不偿失。

3. 数量检验

当质量规格经确定后，依订货需求数量对进货数量加以点收，若无误，则完成单据填收后，即可进行入库或交予使用单位。

4. 填写验收报告表

验收程序完成后，应即填写验收报告，复写一式四份。其主要内容为：来源、编号、订货日期、收货日期、物品名称、订货数量、实收数量、规格、单位、价格、备注及验收员签字，格式如下表。一份给会计用，作为付款依据；另一份给使用单位，作为了解进货与库存情形，以备配餐参考。采购、仓库也各留一份，作为作业的凭据。

验收报告表

来源： 编号：			订货日期： 收货日期：					
物品名称			规格	单位	价格	备注	验收员签字	
	订货	实收	厂牌		金额	（有关质量）		

验收的一般做法是什么

1. 包装

在所有收货质量管理的运作中，若该项货品有外包装，则首先需确定包装的完整性,如有无破损、挤压或开封过。

2. 口感
某些特定的可食性物料,用其他方式无法确知其质量时,试吃可能是最有效的品尝方式。

3. 产品标识
这也是可供验收质量管理人员参考的一个依据,但该项产品必须是出自于较具规模与品牌形象的供应商,才具有参考价值。

4. 气味
正常新鲜的食品都会有其特定的气味,验收时可从气味上判定其质量有无异变。

5. 色泽
这也是判定物品的一个方式,验收人员可多吸收这方面的专业知识。

6. 温度
食品类物料对温度差异的敏感度与要求很高,正确良好的低温配送与储存,对食品运送过程中的质量维持非常重要,故验收人员绝不可忽略验收时的温度检验。

7. 外观
这是最简单直接的方法,但很有效。观其外表即可大致确认其质量。

8. 有效期
有效期限的控制永远都是食品物料控制质量的重要方法之一。验收时有效期限的确认,必须和订货数量的预估使用期限相配合。

在验收中会遇到哪些问题

验收质量管理人员严格地执行其职责,可对物品质量的提升有直接的帮助,但是当验收过程中发现质量不良或规格数量不符时,也应有正确的作业规定。

1. 数量不符
数量不符可能是太多了,也有可能是不足。当太多时,则多出的数量应拒收,请送货人员带回,单据上填写实际收货数量;若货量不足时,应即刻通知订货、采购、仓管及使用单位各相关人员作必要的处置。

另外需注意的是,一旦发生验收数量短少时,要确实做到一笔订货单、一次收货动作,再补货时,则需视为另一笔新订单,如此才能确保账面与实际物料的正确性,及减少人为错误。

2. 质量不符

当质量不符时,非食品类可采取退货方式处理,若为非适合久储的物品,可与送货人员确认后请其带回。因为质量不符退回原供应商而产生数量的不足,可请订货或采购人员重新补订。

第10章 商品定价

价格与需求有什么关系

价格与需求存在着密切关系，定价要考虑这一因素。在正常情况下，需求和价格成反比，即价格越高，需求越低；反之，亦然。但在某些情况下，需求和价格成正比。香水公司发现，提高香水价格，常使香水销量增加。因为顾客根据价格高低判断香水档次的高低。当然，如果定价过高，需求水平仍会下降。

掌握顾客需求动态，需要熟悉顾客对价格的敏感性因素。

（1）产品越是独特，顾客对价格越不敏感。例如，人们常对疗效显著的保健用品不惜重金。

（2）顾客越是不了解替代品，对价格的敏感性越低。例如，上门推销的产品常是独一无二的，常给人以便宜的印象。

（3）如果顾客难以对替代品的质量进行比较，对价格越不敏感。

（4）商品价格在顾客收入中所占比重越小，他们对价格的敏感性越低。500元1辆的自行车对于月收入万元的人来说是便宜的，而对于月收入200元的人来说就是贵。

（5）如果由别人承担购买费用，顾客的价格敏感性就低。公费吃喝，人们不怎么重视菜单价格。

（6）如果商品与以前购买的商品配套使用，顾客就对价格不敏感。例如，买《巴金全集》第17卷，是与前16卷配套使用，就不太在乎第17卷价格是否贵。

（7）顾客认为某种产品质量更优、声誉更好，对价格的敏感性越低。诸如病人对药品就是这种情况。

（8）越是急需的商品，价格敏感性越低。诸如病人对药品就是这种情况。

根据价格敏感性，可预测需求。第一种方法可假定竞争者价格不变，第二种方法是假定竞争者价格随着公司价格变化而改变，最后得出需求变化幅度和趋势。

定价要考虑哪些环境因素

价格制定时，除了要了解自己本身的状况外，对自己的定价目标、产品的原价及随时在变化的四周环境，也要有很高的敏感性。

在环境方面要注意以下几点。

1. 同行的价格动向

也许表面上风平浪静，但竞争者可能随时在准备下一波的攻击。同行在办促销活动时，除非我们采用不同的促销策略，如同行用特卖，我们用抽奖，各自吸引不同阶层或不同需求的客层，否则在同业做特卖时，最好亦适度跟进，才能使自己更具竞争力。

2. 季节变化的因素

在季节更替时，商品也随着改变。如夏季来临，冷饮上场；冬季来时，火锅因应。商品计划人员应了解季节的变化，并借此掌握消费者的需求。要注意的是，季节性商品的推出应把握好时机，如秋冬变化之际，第一波寒流来临时，适时推出火锅商品，必定会有不错的销售业绩，因为此时消费者的需求较高，如推出太晚，当消费者已被喂饱了，需求的频度已降低才推出，销售的契机就已丧失。

此外在季节更替时，初推出的商品，其售价应酌情降低，借以吸引消费者的注意。

3. 气候变化的因素

例如香港属于临海的地区，气候的变化非常大。尤其在夏季时，应特别注意台风动向的变化。台风前该准备的商品,有如电池、蜡烛、矿泉水、速食面等;台风后,应准备果菜鱼肉等商品供应。此时部分商品可以降价出售,以提高商店的形象,至于能够赚取利润的商品,则不需降价。

4. 了解整体供需的状况

当供过于求时,价格政策只能以一般的价格销售;当需求大于供给时,可适度地调高售价。尤其生鲜果菜,常因季节更替,或气候的变化而产生供需失调。至于其他的商品,因取代性高,较难恢复到以往"卖方市场"。

什么是需求价格弹性

需求价格弹性是需求对价格变动的反应。需求价格弹性指数的计算公式为:

需求价格弹性系数=需求量变动的百分比/价格变动的百分比

其计算结果,若数字为0,表明该产品无弹性;数字越大,表明弹性越大;负数表示价格与需求呈反比,正数表示价格与需求是正比例关系。

在下列情况下,需求的弹性可能较小:

(1)日常生活必需品。如粮食,不管怎样升、降价,老百姓消费量大体稳定。

(2)替代品或竞争者很少,如食盐等。

(3)买者寻求更低价格方面信息不灵,行动迟缓。

(4)买者认为由于质量提高、通货膨胀等原因,价格上涨不可避免。

可见,顾客承受的价格并不一定是合理价格和最佳营销价格。但从一般上说,对于需求价格弹性小的商品,可适当提高价格;对于需求价格弹性大的商品,可以适当降低价格,通过刺激需求量来增加收入。

在应用需求价格弹性系数时,应慎重从事。京城一家旧书店产把原价2、3元一本的旧书提高到10来元钱,这对于需求价格弹性较大的图书来讲并不恰当,长此以往,容易将生意导入死胡同。即使是需求价格弹性小的商品,提价也要慎重,提价幅度过大,人们在提价后的一段时间内会中断购买。循序渐进的提价,效果较好。例如,1993年冬季市场每公斤鸡蛋价格上涨为6元钱,年初时不过4.40元钱,但它是一点一点地涨上来,消费者并未因此减少购买量。另外，需求弹性小的商品切忌用降价策略。目前，市场上廉价卫生纸很多，但人们并不会因其便宜而增加购买，因为使用数量是有限和固定的。企业定价不可忽视价格弹性的魔力。

价格决定的基本立场是什么

1. 价值≥价格

所谓价值，意指"事物的重要程度"、"品质"、"效用"等均"良好"的性质。"不良"的性质则属反价值。广义言之，价值包含价值与反价值。所谓商品的价值，是指其所具有的功能、品质、素材、设计、形象等价值。因此，所谓销售，即以价格表现商品的价值，让顾客愿意购买。

换句话说，必须买方的顾客承认该商品具有价值，而且认为所显示出的价格值得以自己所拥有的金钱与其交换，此项商品才能卖出去，亦即唯有买方认为商品的价值比价格大，即"价值≥价格"公式成立时，该商品才具有"使用价值"与"交换价值"。

商品的价格，是卖方对价值的估价而以金额表示出来，至于能否被接受，则须视消费者对该物品价值的认知程度。如果商品具有的价值被认为超过其售价以上，则必畅销无疑，甚至商家还能提高售价出售。反之，商品价值被认为低于其定价，则必然卖不出去，即使降价也未必能挽回颓势。

2. 与消费者立场的一致

截至目前，并没有一套固定的价格决定方法，多数企业均依习惯，或以简单的标准为基础去决定价格。而此基准大致为回收投入成本，获得更高的市场占有率及和竞争对手一决胜负。

决定价格的因素，包含两种：

（1）站在消费者立场，考虑如何决定商品价格，消费者才会购买。

（2）站在企业立场，考虑如何决定商品价格，才能收回成本并获得利益。

简单说，前者是依市场价值来决定价格，后者是先决定价格才考虑市场价值。这两种立场有其本质上的差异，且就字面上而言也是相互矛盾，但若能使其趋于一致，就是最适价格。因此超级市场的商品计划人员，在决定价格时，一方面要站在公司的立场考虑，另一方面也要站在消费者立场考虑。

3. 容许值的观念

超级市场所希望的销售价格，是以进货成本加单位利益为决定的根本，而消费者所希望的价格，则是消费者甘心购买的价格，也就是市场价格减去企业利润的余额。由此可知买卖双方的逻辑正好相反。

就现实问题而言，包含这两种逻辑的价格设定，虽因业种和条件而异，但大致上均必须是能"确保适当的利益、禁得起其他公司的竞争、重视消费者意向、消费者能够认可"，必须是能让消费者甘心购买的价格，但何为消费者甘心购买的价格？即将市场价格减去企业必须获取的利益，所得余额，又称其为"容许值"，此价值必须与成本一致。其关系如下：

（1）成本+利益=价格，此为厂商的立场，这种情形必须在需要超过供给时才有可能。

（2）价格−成本=利益，此为消费者的立场，即消费者能够接受而且厂商尚有利益的价格。

（3）市场价格−希望利益=容许成本，即消费者所能接受的价格，卖方如能获得利益最好，如果不能获取利益，至少必须做到不亏本，亦即利益为零。换句话说，市场价格等于容许成本，而容许成本应含销售所应付出的一切成本。

如果从另一个角度来看，消费者能够接受的价格是固定的，而企业若想有利益，就一定要想办法去降低成本。

所以，对容许值的观念，经营者应从上述的"价格结构图"中，找出降低进货价格的方法。

如何选择定价方式

零售业常用的定价方法有下列数种。

1. 成本加成法（Markup Pricing）

这是大多数零售业者普遍采用的方法，简单又实用，即依照商品进价成本加上一固定百分比为利润计算取得。例如A商品之单位成本进价为80元，商店为获利20%之毛利加成，则加成价格为100元［80÷（1-0.2）］（此处暂不考虑营业税），但实施成本加成法时须注意：

（1）商店内的所有商品并非得依照同一比率来加成，要以该商品的需求弹性、流行性（季节性）、竞争状况等，设定不同的加成比率。

（2）成本加成法要考虑负担之固定及变动费用，而设定毛利目标，唯计算时并非以成本乘上目标毛利率，而是以除法计算（如上例说明），若采乘式计算，实际毛利率低于预期。

2. 目标报酬定价法（Target Return Pricing）

此法主要在估计出到达特定报酬时的价位，例中A商品单位成本进价为80元，商店预期在当年度可卖出A商品1 000个单位，获利目标为20 000元，则其零售价为：

单位成本+目标报酬销售量，亦即为100元（80+20000÷1000）。

3. 认知价值定价法（Perceived-Value Pricing）

此法是以顾客心目中对商品的认知价值，作为定价的基础，运用此法定价较复杂，但却可摆脱受限于进价成本的限制。影响认知价值定价法的售价高低因素有：

（1）商店的声誉。

（2）商店内硬件设施与气氛。

（3）附加的服务。

4. 现行价格定价法（Going Rate Pricing）

此法系依据目前市场主要竞争者的价格，来决定售价，而不考虑商店本身的成本或利润目标。

如何巧妙调价

导致价格上涨另一个重要原因是成本增加。成本增加，而生产率没有相应地提高，导致企业经常性地提价。企业提价幅度常常高于成本的增长，以避免未来继续发生通货膨胀带来的利润风险，这称为提前涨价法。

导致调高价格的另一个重要原因是需求过旺。企业无法供应顾客需要的全部产品时，可以提价，可以凭票供应，也可以双管齐下。例如，港台歌星在大陆的演唱会价格，一升再升，从30元、40元上升到近300元、400元，就是需求过旺的结果。

以上所讲的是企业调高价格的一个方面。

作为店主，不妨可以试试以下几种方法。

1. 采用延缓报价法

当价格上涨已成为市场发展的一个趋势时，对某些生产周期长的产品，等产品完成或交货时再报价。

2. 采用自动调整法

即价格随市场而变动。

3. 采用分解定价法

即将一些服务项目或零配件独立出来单独作价。

4. 采用减少折扣法

而当社会和企业经济形势较好，产品供过于求时，店主可以采取降价策略来促进生产和销售以促进供求平衡。例如广州一家经营海鲜的"南海渔村"酒店，开张后老板推出"海鲜美食周"活动，在活动期间，每天推出一款特价海鲜，使售价远远低于同行业的价格，取得了很大的成功。

当然，企业调价幅度多大，应根据市场竞争状况、产品特点、企业实力等多种因素决定。一般情况下，企业调高价格幅度应小一些，不要超过10%，降价幅度15%以上对顾客才有吸引力，容易诱发冲动性购买。

第11章 创意促销
——能卖才是硬道理

促销有哪些方式

促销这个手段由来已久了,不同的商店有各自不同的促销策略,如果能审时度势,抓住机会,再加上一个好的创意,就能取得很好的效果。

而店铺的促销策略则应该在吸收零售商店一般的销售经验的基础上结合专卖店的特征突出店铺的特色。

店铺的促销策略是一种长期的不间断的营销手段,能够直接提高店铺的销售额,而且容易聚集人气,提高店铺的影响。

促销的具体方式有:样品、优惠券、付现金折扣、特价包装、赠品、奖励、免费试用、商品保证、打折促销、销售现场展示和表演。

1. 样品

样品是指免费提供给顾客或供其使用的商品。样品可以挨家挨户地送上门、邮寄发送、在商店内提供、附在其他商品上赠送。

2. 优惠券

优惠券是指一纸证明;持有者用它来购买其特定商品时可少付钱。一些资料表明,美国95%以上的小商品公司已使用赠送优惠券的办法,而且大部分美国顾客在日常购物活动中使用优惠券。

3. 付现金折扣

付现金折扣与优惠券差不多，不同的只是减价发生在购买之后，而不是在零售店购买之时。顾客购物后将一张商店提供的"购物证明"寄给生产商，生产商用邮寄的方式退还部分购物款项。

4. 特价包装

特价包装是指以低于正常商品的价格向顾客提供商品。这种价格通常在外包装的醒目位置予以标明。

5. 赠品

赠品是指以较低的代价或免费向顾客提供某一物品，以刺激顾客购买某一特定品牌商品。一种是包装内附赠品，将赠品附在包装内。美国魁克麦片公司在它的"健尔·拉森"牌狗食的包装内放入了价值500万美元的金币和银币。

6. 奖励

奖励是指顾客在购买商品时，向他们提供获得物品、现金或旅游的机会。例如，健力宝公司用罐装饮料盖下图案与报纸上宣布的图案相一致的办法向顾客提供获得现金的机会。

7. 免费试用

它是指将商品送给一些顾客，让他们免费试用，以刺激他们对该品牌的兴趣。

8. 商品保证

在顾客对商品质量越来越看重的情况下，商品保证则是一种非常有效的销售促销方式。特别对一些技术含量较高的耐用品，如空调、电脑等商品，应承诺保修期，有条件地实行一定时期内包换或免费维修，这就解决了消费者的后顾之忧。

9. 打折促销

店铺的价位相对都比较高，利润率也维持在一个相对较高的水平，适时推出系列打折促销，效果非常明显。特别对那些购买力不足又追求名牌、精品的消费者有极大的诱惑力。

10. 展览会、展销会

美国每年平均举办的商品展览会超过5 600次,吸引了大约8 000万顾客。参加的经营者渴望得到如下一些好处:如开创新的销售渠道,维持与顾客的接触,介绍新产品,结识新顾客,向老顾客销售更多的商品,用印刷品、电影及视听材料说服教育顾客。对于店铺,这种方法很有吸引力。

11. 时装表演

时装表演属于一种立体说明,用真人实物、轻盈的姿态、飘逸的风采、细微的表情,达成说服效果。尤其是材料的质感、色彩的微妙,如用其他方式来表达十分不易,但是经过时装表演则是可能的。对于精品服饰店,不失为一个好的销售策略。

什么是"派送"

1. 派送的定义

派送是指经营者或企业为达到一定营销目标,在指定的时间和空间(区域)内,以免费的方式向一定数量的潜在和／或目标消费者发放产品或试用品的商业行为,目的是提高消费者对其产品或者服务的客观感受,强调消费者对产品／服务的认同感和参与感,刺激重复购买行为,或者追求某种新闻效应。派送的产品同赠品不同,派送的产品必须是自己生产的产品,而赠品即可以用自己的产品也可以使用与经营的产品不相关的其他产品,赠品的主要目的是让渡价值,而派送是追求某种营销目的。派送的主要特点是:目标针对性强,以实物形式来表达免费性质,相对于其他促销手段更受消费者欢迎,管理控制也比较简单。

2. 什么产品适合派送

促销策略中派送的产品通常意义分为两种:硬件(实质性)产品和软件(体验性)产品。

硬件(实质性)产品通常是指产品具有的基本效用,即消费者购买产品所追求的利益,是可以实际感受到、具有客观物质属性的产品,也是指大众意义

第三篇　管店六堂课——摆、采、销、人、财、物

上的消费品，一般包括小包装赠送品、新产品试用装及现场品尝品三种。许多企业在推出新产品的时候愿意以向消费者赠送小包装的产品为手段来推广产品和刺激购买，如果是食品，则直接拿到商店里请顾客直接品尝。

软件（体验性）产品一般是指那些不具有物质属性的"软"产品，通常指服务商所提供的服务性项目、免费的咨询、信息或者软件产品等，属于服务业范畴和信息业范畴，强调的是消费者对所提供的服务、信息（软件）的使用感觉和体会。

并不是所有的产品都适宜于运用派送来达到营销目标的，换言之，适宜于派送的产品是具有一定条件限制的。什么样的产品适宜于运用派送为促销手段，选择时必须考虑以下几点：

（1）产品价值。派送的主要目的是以免费使用为手段增大产品同消费者的接触面，因此适宜于派送的产品的单位价值不能过高，否则对于厂家（组织者）的经济压力太大，导致派送成本过高。对于单位价值较小的产品，一般会采用高网络密度的方式操作；对于单位价值比较大的产品，厂家（组织者）通常采用小包装来降低单位成本，或者走专业化派送渠道，派送层次设计越短越好，以追求门当户对，瞄准目标消费人群，充分体现物有所值。

（2）体积和重量。宜于派送的产品不会对传播、配送、流通各环节造成较大的压力，适宜于人员携带、传播或者邮寄发放，对于不适宜常规流通通路的产品通常用有价券（代物券）等形式来代替实物产品以扩大影响面，消费者持券在特定的条件下（指定的时间或者地点）可以获得免费的服务或者产品，这种方式常用于餐饮业的促销。

（3）派送产品的个性。派送的产品应该具有鲜明独特的个性，这种个性表现在产品的内在标识和外在标识两个方面。今天的消费者生活在一个信息爆炸的时代，各种促销广告信息随处可见，如何引起消费者对产品的兴趣，这需要在产品的内外两方面下工夫。所谓外在标识，通常是指产品的包装、色彩、企业形象等对消费者视觉的直接冲击力，包装新奇、色彩鲜艳的产品可以吸引消费者的注意力。使用派送品一定要有明确的产品标识，如产品的名称、品牌、企业名称等信息，一来区别于其他竞争品牌，消费者容易识别，二来也可以加强（或者放大）产品的品牌效应；否则会造成消费者识别困难。儿童的购买行为具有冲

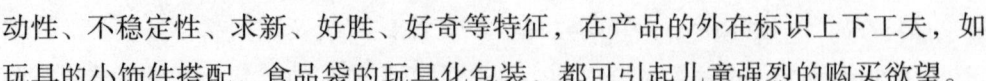

动性、不稳定性、求新、好胜、好奇等特征，在产品的外在标识上下工夫，如玩具的小饰件搭配，食品袋的玩具化包装，都可引起儿童强烈的购买欲望。

（4）大众化程度与使用频率

适宜于派送的产品具有使用（购买）频繁、试用期短、大众化程度高的特点，尤其是日用消费品。如果推广的产品不具备这样的特点，就应该避免采用这种"昂贵"的营销手段。

如何选择派送时机

派送是一种促销手段，手段是为营销目的服务，因此，对于派送时机的把握也必须考虑营销目的。

1. 以抢占市场占有率为主要目的

在某个新产品的市场导入期，在市场密度大的区域，当铺货率达到一定比率时，采用大面积派送的方法人为增加产品同消费者的接触面，宣传产品的差异点（尤其是与竞争性产品相比具有比较明显的特殊功效时），对于强化产品的知名度、提高市场占有率具有放大作用；反之，如果是一个资源相对分散的市场，派送则应该集中在卖场或者围绕卖场（专卖店、销售点等）进行，以期望局部形成资源优势，吸引消费者注意力，如是新开张的专卖店，则可以迅速聚集人气，提高卖场的知名度，拉动终端消费，带动批发分销。

2. 以稳定市场占有率为主要目的

当产品进入销售的稳定期，在特殊的时间（如节假日、开业周年纪念、厂庆等）阶段性地派送产品，则可以稳定产品的销售业绩，提高消费者的忠诚度，吸引其他品牌的消费者购买，打击竞争者，对销售渠道起维持作用。产品的销售收入主要来源于忠诚顾客的购买行为，在进行任何营销活动的同时，与忠诚顾客主动沟通，提供优惠政策，是留住顾客的有效手段。但要注意派送的时间维持不能太长，否则会导致促销成本提高，另外要考虑消费者正常的购买周期，若派送持续时间太长，可能会对产品的销售有不利影响。

3. 进入衰退期或者保质期有限的产品

在撤出市场时，对于一些接近保质期的产品和技术、包装、产品形态已属于颓势的产品，可以围绕卖场大面积派送以期形成销售高峰，处理积压产品，规避市场风险。这种方式一般很少采用，较为常见的是某些保质期即将到达的产品，采用派送的方式同时辅助以降价或赠品等行为处理产品积压，但是消费者购买后库存增加在短时间内的重复购买量会下降，同时对企业的利润、品牌形象也会有一定影响。

如何选择派送渠道

派送的渠道有两种，即直接派送与间接派送两种渠道。

1. 直接派送

直接派送的形式有入户派送、户外（街头或商场）派送等，入户派送是派人直接将产品送到消费者家中的行为。当企业要占领一个新的市场时，往往采用这种地毯式轰炸的派送形式。入户派送可使一个预定区域的大部分消费者获得有关该产品的真实信息，最终促使其作出使用或不使用该产品的选择，入户派送比其他形式的派送声势浩大，见效快，口碑颇佳，是企业普遍采用又最为实用的派送形式。户外派送的目标重复率大一些，厂方往往与商场联合举行促销，既为企业打开销路又为商场招徕顾客，可谓一举两得。

直接派送对组织者的组织能力要求相对较高，无论采用何种直接派送方式（入户、户外、卖场）都需要作出规划，并且也要加强对派送物品的管理，做到物流、信息流的通畅准确，否则达不到预期的效果。

2. 间接派送

间接派送即委托派送。比如将产品交付邮政系统，通过它完善的服务网络送至消费者手中，这种方式在西方是一种最普遍的促销手段，洗衣粉、清洁剂等卫生用品、厨房用品、日用消耗品等许多产品通过邮寄直接送至家庭主妇的手中，因为很少有人拒绝使用免费的产品，所以可以创造出很高的商品试用率。而软件产品，则采用限次版、非完整版等提供消费者试用，待消费者试用感觉满意后自然会产生购买动机。

什么是顾客档案法

为顾客建立档案，体现尽力为顾客服务的心愿，是商业企业的一种有效的公关手段。日本某食品公司开业不久，精明的老板便向户籍部门索取市民生日资料，建立了"顾客生日档案"。每逢顾客生日，该公司派员把精制的生日蛋糕送到家中。这一举措深让顾客惊喜，相应该公司的社会知名度愈来愈高，生意愈来愈红火。

台湾著名企业家，号称"经营之神"的王永庆先生，最初开了一家米店，把到店买米的客户家庭人口，消费数量记录在心。时间一到，不等客户上门购买，王永庆先生就亲自送上门，深得客户的好评和信任。这种经营方法和精神，使王永庆先生事业日益发达。

据报道，杭州华联商厦在经营中走访了许多消费者，并建立了消费者的"顾客档案"，在商业企业经营中独树一帜，以"情感服务"赢得众多顾客称赞，促进了销售。

建立顾客消费档案，商业企业可与顾客建立起经常性的联系，通过沟通能增加双方的情感，树立起商业企业的良好企业形象，从商业企业经营分析，通过建立顾客档案，可改变依靠微笑的浅层次的商业服务质量要求。商业企业通过顾客档案建立的联系网络及时了解顾客的需求变化和消费心理，向顾客推荐商品，增加服务内容和项目，把生意做到顾客家里去，开拓服务新天地，从而使商业企业服务更上一层楼。

顾客档案法可为商业企业争取许多稳定的客户，增加回头客，迎来新顾客，所以大中型商店欢迎，小型商店也适用，达到赢得顾客、赢得市场、做到生意之目的。

第三篇　管店六堂课——摆、采、销、人、财、物

什么是特定顾客法

特定顾客法是指商场只接待特定范围或层次的顾客进店购物，而不是一般商场广招顾客不分对象、越多越好的经商法。

妇女商店，谢绝男性顾客入店，引来了不少感兴趣的妇女，专挑妇女商店购物；孕妇商店，只有怀孕妇女可以进店，一般无孕妇女却不能进店购物；新婚青年商店，专为新婚的小两口服务；老年人商店等等；有20家类似专为特定顾客开设的商店，都获得了较好的经营业绩。

在国外还有一种专门为左撇子服务的"左撇子商店"，为左撇子设计供应各种日常用品。有些好奇的顾客会冒充左撇子进店购物。特定顾客法是利用人们一种求奇心理和为人尊敬而产生的满足感，虽然是限制了顾客，而这种心理作用促使顾客到商店购物，从而起到促进销售的效果。我国目前开设了许多专业商店，亦有明确的特定消费阶层，商品陈列颇有特色，如果借鉴西方的"特定顾客法"可能为各专业商店增添吸引力，促进销售。

运用顾客限制进店要防止一种错误倾向，如有些电影院采取一种招摇欺骗手法，在普通影片广告上写有"儿童不宜"，限制儿童入场的规定，来挑逗观众的探奇心理。商店不同于影剧院，商店是常年营业以诚取信才能在顾客中树立良好形象和信誉，而电影院经常换片，对其影响要小于商店，当然电影广告亦应实事求是，不能带有欺骗性。

什么是名人效应法

人们对有名望的人一般都十分崇敬。在商品销售中，经营者可利用消费者敬慕名人的心理来售商品。具体方法有：

在书店里请名作家与顾客见面，并对所购书籍签名留念，一般促销都非常好。

在商场中请名演员献艺，可以吸引住大量顾客，生意自然兴旺。

在商品及包装上请名人写字作画。20世纪60年代我国生产的一种搪瓷脸盆上曾印有齐白石画的虾，在盛有清水的脸盆水波中看上去是在缓缓游动，这种洗脸盆特别畅销。

有关领导到商场了解、蹲点、站柜台时，可吸引大批群众进店。

在广告中邀请名人宣讲或表演，广告效果特别佳。

名人效应法用于直接促销是名人在商品上的签字。如布娃娃在美国原售价每个20美元，有"椰菜娃娃"原设计者亲手签名的布娃娃售价曾高达3000美元。这种椰菜娃娃在美国曾一度供不应求。但是在邀请名人签字时要注意不宜过多过滥。目前有的书法家到处为商店题名，过多了就失去了名人签字的吸引力。

名人效应法的推销原理是利用人们的慕名心理，在商品销售中应用可灵活多变，异曲同工。例如，在化妆品、香皂等广告宣传中，利用名人效应，选择大明星、歌星形象做广告，效果就很好。又如，一家中外合资企业的糖果包装中推出"名人"系列包装，每购一颗糖，可得一个名人画像及简单介绍。据商店反映，这种糖果可以边吃边看，特别好销。国外体育用具厂商利用世界级著名运动员做广告，穿戴使用，还有专供大型比赛的衣服和用品由此而在全世界风行。

什么是返璞归真法

在我国生活内容日益丰富、生活质量不断提高的当今社会，特别是在生活节奏不断加快、生活水准率先提高的城市，人们的消费追求出现了返朴归真的新潮。商业企业要迎合人们欲求返朴归真的消费心理，满足一种回归自然的需求组织供应。例如我国市场先后出现的对棉布采取"蜡染"印花、时装中推出"石窟艺术"、服饰中的"红腰带"、草帽中的"渔家斗笠"都得到人们的喜爱而畅销，这些商品成功销售是返朴归真法促销之功效。所以，商品生产厂商和商业都要把握这种回归自然的消费需求，探幽发微、创造"返璞归真"的时髦，引导商品销售的潮流。

实例一：1993年上海市的炎夏，出售一毛五分钱一瓶的天然地下水，市民排队争相购买。杂粮在大中城市日益吃香，红薯、玉米、大麦之类在北京市场备受青睐。上海市的粮站经营粗粮比经营米更赚钱。

实例二：近两年来，黑白艺术照在上海、北京走俏，从彩色世界向黑白世界的回归，使胶卷销售发生变化。

实例三：食品销售中近年出现追求绿色食品、野菜野果，皮鞋供应中休闲鞋异军突起。

返璞归真在商品销售中的另一途径是对购物环境的设计，使购物者置身于历史时代或自然景色的特定环境之中。如设计成古代宫廷、原始部落、草原上的蒙古包的独特购物环境，服务人员可穿着古代或与设计环境一致的衣饰，通过渲染一种与现代社会相距遥远的氛围来引发人们的返朴归真的心理追求，达到推销商品的目的。这种方法目前在我国旅游景点的商品销售中逐步推行。一方面吸引游客，另一方面创造与旅游人文景观相吻合的购物环境，促使旅游者慷慨解囊购买特种意义的旅游商品，享受与现代社会完全不同的一番情趣。

什么是随购赠礼法

商业心理学表明，在消费者购物时心理的满足程度上，赠送物品要比降价有更大的吸引力。因为获得赠品的购物者，会有意外收获的感觉，赠送的东西得来太容易了，即使一无用处消费者心理上也会觉得满足。例如卖酒随赠酒杯、酒壶等。若要人花钱去买的话，会觉得不值，而当购酒时赠送的，会产生不要白不要的想法。

随购赠礼法就是利用这种心理来促进商品销售。在我国商业企业的商品销售中也经常采用。如对购买化妆品的顾客随赠画眉笔等化妆用品。随购赠礼法比竞相降价推销商品要高明得多，特别是当消费者熟悉了商店推销积压商品而采用打折扣宣传手法后，随购赠礼比降价更让消费者可信而受到顾客的欢迎。

随购赠礼法在开拓市场、推销新商品的促销方面效果十分明显。例如，我国江苏省外销的"芭蕾"珍珠膏，在进入香港市场的营销策略中有一项就是采用随购赠礼法。凡是购买"芭蕾"珍珠膏的香港顾客，打开包装纸盒，跳入眼帘的便是一只小巧的泡沫塑料托盘，上面放着一颗珍珠的别针，这是随购赠送的高贵礼品，如果购买50瓶以上者，可以串放一条珍珠项链。顾客惊喜之余激发连续购买强烈欲望。由于促销措施得力，香港报纸这样评论："芭蕾"珍珠膏"英雄式"地进入香港化妆品市场。20天"芭蕾"珍珠膏的销售量，超过了香港任何一种化妆品1个月的销售量，轰动了香港市场。

随购赠礼要防止千篇一律，不同的商店应该采用不同方法和不断变化的小礼品，使顾客常有新的感觉和意外，而常光顾商店。

什么是绿色食品法

当今世界在社会发展的同时，人类生存的环境受到愈来愈严重的污染，环境保护是人们对人类生存环境恶化后日益强烈的一种要求，也是我国政府奉行的一项重要国策。在商品经营中，迎合人们的环境保护公众意识和遵守有关法令外，应自动参与环境保护运动，其中一种比较有实效的方法是经营"绿色食品"。

绿色食品，是指无污染的安全、优质、营养类食品，生产绿色食品要符合以下规定：

（1）原料产地具有良好的自然生态环境。

（2）原料作物生长过程及水、肥、土条件符合无公害控制标准。

（3）产品的加工、包装、储运过程符合严格的卫生标准。

（4）经过申报检验核实后，统一使用绿色标志：太阳下两片绿叶轻托着一枚绿芽。

我国自1990年5月正式宣布发展绿色食品，到目前为止在28个省的2 000多个企业中开发生产了389个绿色食品，包括奶粉、乳制品、罐头酱菜、果脯干果、酒及饮料等类食品。

在国外，美国称之生态农业或生态食品，日本叫自然农业或自然食品，欧洲称有机农业或有机食品。在20世纪70年代，日本因农业实现机械化，使用了大量化肥、农药、除草剂等，农产品下降，特别是农药残留有害人体健康，兴起有机农业思潮。1972年"有机农业运动国际联盟"成立，至今已发展到75个国家500多个联合会，我国绿色食品发展中心于1993年年初已正式加盟。

第三篇 管店六堂课——摆、采、销、人、财、物

绿色食品是融环境保护和农业高新技术于一体的新型食品。商业经营中，经营绿色食品有以下好处：

（1）随着我国人民生活水平的提高，绿色食品被人们视为放心食品，将受到愈来愈多消费者欢迎，市场前景十分可观。

（2）商业经营绿色食品可以引导消费者的食品消费更加合理、营养，逐步过渡到小康水平。

（3）绿色食品在西方国家很受欢迎，可以解决以往因农药残留而出口受挫问题，扩大出口创汇，有利于我国食品走向国际市场。

什么是情侣商品法

我国商品市场上近年来兴起了一股情侣商品新潮。因为适应了青年男女表达心心相印、志同道合的热恋之情，情侣商品成为市场上受欢迎的商品。生产和经营情侣商品是当前一种适应市场需求，扩大商品销售的良策妙计。

实例一：饮料销售中运行情侣商品法，在市场上有一种从新加坡引进生产的饮料，采用一瓶两管，供男女共用，两支吸管相连相通，构成"心"字形，很受青年男女青睐而畅销。

实例二：T恤衫近几年来十分普及，为了打开销路，某厂家推出"情侣衫"，男女衫配对，两件一盒装，两样的质地，同样的款式，同样的风格。一男一女穿在身上，别人都会注视这一对情投意合的情侣，招徕许多青年情侣的购买。

实例三：在金银首饰中，中国人传统的结婚戒指就是龙凤配对的男女各一个的情侣戒指，它不仅是结婚纪念珍品，也是老人亲友馈赠的首选礼品。

现在市场上还出现了情侣表、情侣包等吃、穿、用情侣商品。

情侣商品法可以扩展到专业经营情侣商品的"情侣商场"、"情侣屋"、"情侣购物中心"等专招情侣的经营方式。

情侣商品法的应用可使一般商品增加一份温馨的情调，以满足青年情侣的特殊需求。要求工商双方齐心协力，不断推出不同品种门类的情侣商品，尤其

开发出针对不同消费者购买能力的不同档次的情侣商品。通过情侣商品销售来开拓市场,以特色商品来创造市场。

情侣商品出现和热销,可为商业经营者提供一种新的经营策略,为专门消费者提供特需商品,如专供夫妇的商品、专供老人的商品等,以扩大商品销售。

什么是商品保险法

商品市场的竞争,主要有三个方面:商品质量竞争、商品价格竞争和销售服务竞争。在商品转入买方市场后,商品数量充裕,质量大致相当,价格相差不多的情况下,哪个商业企业销售服务有高招,则在销售竞争中就占有优势。在我国商界竞争中不断推行服务新项目来吸引顾客,其中"商品保险法"特别受到顾客的青睐。

"保险法"是指,有些商品在出售操作使用中涉及人身安全的商品,如电褥毯,代为顾客办妥人身安全保险等,切实为顾客的利益着想,通过保险为顾客提供各种安全保障,这样不仅解除顾客购买商品时的一些顾虑,更重要的是替商店表现出对顾客的高度负责精神。所以在商品销售中顾客自然会选购保了险的商品,一张保险卡引发了购买欲望,增加了放心购买的信心。

"商品保险法"要有针对性地选择商品,不可滥用,同时一定要有保险公司的支持和协助,保险公司的承诺才能取信于民。

什么是改进包装法

在商品销售中,商品包装美不美对商品销售影响十分明显。据美国杜邦化学公司在市场调查中得出的结论:"有63%的消费者是根据商品的包装装潢来购买的。"这个观点在国外被称为"杜邦定律"。商品包装的改进除了图案设计美观新颖和包装装潢艺术精致高雅外,还可采取以下策略。

第三篇　管店六堂课——摆、采、销、人、财、物

1. 小包装

小包装是方便购买及照顾多层次需求的包装策略，适用于日常消费的各种商品。

2. 软包装

软包装是当今取代铁质和玻璃瓶装的包装策略。

3. 系列包装

将数种有关的商品装于同一包装容器中，如系列化妆品、系列不锈钢餐具等组合一起包装，便于销售和顾客使用。

4. 多用途包装

如一些装有饮料、食品的玻璃包装，待商品吃完后继续可当水杯使用，达到一物两用或多用。

5. 透明包装

据国外市场调查研究得出新的包装发展趋势是流行透明包装，即商品包装上有一处或多处是透明的，甚至是全透明的，使消费者能对包装内的商品一目了然。这种透明包装开始在食品包装流行。据调查，同一种食品，透明包装的要比非透明包装畅销得多，售价也高10%。目前，在国外透明包装发展很快，如用透明树脂作外壳的手表、时钟、收音机、收录机、电视机、玩具、电话等。这种透明包装已经在我国市场推广。

什么是以旧换新法

为了帮助消费者解决部分尚有使用价值的陈旧式样、规格的商品的出路，及时购换新颖、时髦的新商品，商业企业可协同生产企业开展以旧换新的购销业。这种利国利民的商品推销方法是商业企业可取的经营方式。

浙江省杭州解放路百货商店根据顾客的建议，经过市场调查发现，杭州市许多家庭使用的洗衣机已经到了更换期，继续使用会损坏成为家庭中的累赘。而随着人民生活水平的提高，大多数家庭不满足于老机型更换，而要老鸡换新

凤。杭州解放路百货商店认为这是一种市场机遇，从中有一个洗衣机的潜在市场，可以开展洗衣机的以旧换新，来帮助消费者解决换机的困难，占领这洗衣机的潜在市场。

洗衣机以旧换新设想得到无锡洗衣机厂的支持。工商双方协定不论什么牌子的旧单缸、双缸洗衣机，可换小天鹅全自动洗衣机，作价十分优惠，当时唯一荣获国家金质奖的无锡洗衣机厂厂长讲："以旧换新要赔些钱，但是我们拉住了这一大批即将更换的'回头客'是我们求之不得的。"

什么是名牌效应法

在我国的商品市场上，由于改革开放以来经济迅速发展，科技应用，向人们展示的商品日益繁多，以致许多顾客进商场后眼花缭乱，拿不准购买哪一种商品好。于是，一部分消费者便选择了一种简捷的办法，即认品牌购商品，哪个品牌名气大，牌子叫得响，在市场中有信誉，就认准哪个买。特别是名牌商品，由于其质量上乘，信誉可靠，在消费者心目中为首选的购买目标。对于那些因买杂牌货吃过亏、上过当的人更加注重名牌商品。商业企业在组织商品货源，做好商品销售中，应顺应这种消费动向，采用"名牌效应法"，满足消费者的需求，扩大商品销售。在商品经营中，一般有以下几种方式。

1. 组织名牌商品专柜供应

大肆宣扬名牌商品特点，通过名牌商品吸引顾客，随之可带动其他商品销售。

2. 组织名牌商品系列化供应

如运动衣、运动鞋、运动袜等系列名牌商品，尽量满足顾客的追求名牌商品的购买欲望，同时扩大商品销售。

3. 名牌商品展销

不定期组织名牌商品展销等促销活动，推动名牌商品销售。

4. 保护名牌措施

如对于名酒，加贴"名酒检测封签"后进行销售，使名牌商品有"防身符"，使消费者百分之百地放心购买。

第12章 搞出特色才有市场

在对店铺进行设想时该考虑哪些问题

在对店铺进行设想时，请创业者思考以下问题。这些问题有助于经营者从另一个角度了解计划中的投资项目：

（1）我能挣多少钱？
（2）我和家人喜欢怎样的生活方式？
（3）我的企业应有多大？
（4）我的个性和价值观怎样体现在企业中？

有了上述的认识之后，接下来我们把创造商店特色的五个重点整理出来。

1. 仅此一家别无分店，在别处买（吃）不到的东西

至少做到方圆百里就只有这家店有卖这种商品的程度。

2. 只有这里才有的服务

比方在家具上刻上姓名。一般性的服务也无所谓，只要附近没有同行竞争即可。

3. 本店才看得到的东西

它可以是你个人收藏的画或摆饰，但必须配合店内的格调和客人的喜好。

4. 只有我们才做得到的事

像陶器绘图、首饰零卖、蛋糕装饰等。甚至提供半自助式半创作性质的商品。

5. 只有在这里才碰得到的人

换言之，就是你本人。在亲朋好友眼中，你是个什么样的人？你在学校等团体中担任过什么重要干部？请好好回忆一下吧！

你是凝聚群众力量的领导型人物？还是勤奋用功的优等生？是众人疼爱的邻家弟妹型人物？还是擅长炒热气氛的风云人物？

根据这几个提示来塑造出该店的特色。

怎样为店面选择代表色

美国有家著名的珠宝店，叫"Tdmy"，在日本也相当受欢迎。

它的包装是非常漂亮的蓝色，这种蓝色被称作"Tiffany blue"，它与纯白缎带共同塑造出该店高雅的品位与形象。

或许你没有办法做出类似Tiffany Blue般成功的商品策略，但你若拥有一种专属于自己独特的色彩，将可加深顾客的印象。

色彩和数种颜色的组合虽然给人各种不同的感觉，不过，小商店倒可以不拘泥于那些既有的刻板印象，而随喜好决定代表色。

怎么说呢？一般喜欢绚丽耀眼的物品并以此为商品贩售的人，自然也会喜欢深紫色或金色这类极亮的颜色。而酷爱小巧玲珑饰品的人，挑选的颜色通常就会是粉红或奶油色。

因为他们会不自觉挑上符合商品属性的颜色。

所以，你大可以用自己最喜欢的颜色做主色，再用相近色作辅色来布置你的店。

当然，如果太过随意，那么店里面将会像调色板一样五颜六色。有了主色跟辅助色之分后，感觉会马上做一百八十度大转变，有秩序、"高级"多了。

于是,你喜欢的颜色常常出现在店内外的装潢上,同时为广告宣传增添不少看头,在包装上,甚至于在用的花朵和小饰品上,也都看得到。

久而久之,以后每当客人在日常生活中看到该种颜色,就一定会联想起你的店。

如何营造店铺的气氛

店内的气氛直接反映出你的性格。

如果你是个活泼开朗的人,你的店也会给人活泼明朗的感觉。

如果你是个诚恳实在的人,你的店看起来也是诚恳实在。

相反地,个性忧郁的人,店看起来也充满灰暗色。如果是个狡猾的店主,那家店就无法让人产生信赖感。

当然,假如店面装潢原本给人明朗舒服的感觉,那么就算你是个忧郁小生,也不至于吓跑了客人。

人们或许会对"不实在"、"狡猾"等反感,但对"忧郁"、"朴实"没有特别好恶,不需担心,只要辅以一些表现技巧和服务,多少可以弥补部分不足。

老实说,这世界上天生就"活泼"、"天真烂漫"的人并不多,常被认为个性活泼开朗的人,大多数都很在意旁人的看法,而故意表现如此而已。他们认为,那不过是成人应有的礼貌罢了。

这里所谓"活泼明朗的表现技巧",绝不是夸大造作。无论是谁,在喜欢的人面前,自然而然就轻声细语,和颜悦色。因此,时常自我"催眠"——"客人和工作人员都是我的最爱",使放松时的声音和表情再现,这才是"表现技巧"的真意。

如果你努力发挥演技,周围的工作伙伴却面无表情,效果依旧等于零。为了避免这样的事情发生,谨慎选择能够体察你的苦心、用心及为人,而助上一臂之力的伙伴,也是相当重要的。

如何客观地进行自我评价

客观评价自己即"客观地"自我评价,是开店成功不可或缺的条件之一。

一旦能够客观地看待自己,你将会关心店的定位、所在环境如何演变、业界同行是否有特殊动作等问题与对策,而不再目光短浅。

为了巩固目前的地位,并吸引更多顾客,应该采取什么手段才好?如果其他业种有跨足这一行的打算,没关系,先下手为强,你可以用既有的优势迎战。

而从这些地方,你也可以建立起自己的特色。

长年生意兴隆的商店,最好时常保持危机意识,未雨绸缪。有一位店主曾对我说过他的经验:

"当时我想:'现在虽然很赚钱,但以后呢?谁晓得哪天会关门大吉!'我从没忘记提醒自己要求新求变。"

他说这话时语气和缓,不带任何炫耀的成分,而且懂得显示自己的优点,努力补上较弱的部分。

主观的经营者常看不到自己的缺点,他们已经习惯品尝成功的滋味,当然会自动过滤掉自己的损失。假装没看见,或根本放任不管。

这就好比一个宠坏小孩的母亲,孩子在旁人眼中分明是小霸王,却被她捧成稀世珍宝。

店铺虽是你的所有物,但从某个角度来看,也不完全是。因为它同时也属于爱护它的顾客们。不了解这一点,你就不可能客观地看待自己的店。

怎样跳出"本位主义"的陷阱

常听人说要"站在顾客立场上,维护顾客权益"。说起来容易,做起来却相当困难。

特别是已经开店多年的人,早已养成用"职业眼光"来看卖场及商品的习惯。

第三篇　管店六堂课——摆、采、销、人、财、物

他们在选择商品时，与其说以"对顾客有没有吸引力"为决定标准，倒不如说是以获利高不高、批发商品是否有利为主要考察重点。

他们的要求早已超过顾客的喜好，达到"精"的地步。

过去，商业情报大都取材于杂志或电视媒体，否则就得靠自己实地上街取得，可是如今这种资料完全仰赖批发商、同业间的口耳相传。

作决策时，首先想到的是"做起来轻不轻松"，而不是"客人会怎么想"。

为了防止上述情形发生，你必须经常自省：

如果是你，你会想进这家店吗？

如果是你，你会在这家店购物消费吗？

如果是你，你会买这个东西吗？

如果是你，你认为价格合理吗？

当你的业绩跟目标有所差距时，不妨参考一下周围符合顾客层条件者的意见，而且多问几个人。

当然，判断的标准必须建立在明确的目标上，而不是"客人"这种空泛的对象。

这样一来，你就可以完全打破个人主观认定，更符合大众的口味了。

可以盲目追求流行吗

盲目追求流行的人和商店，让人觉得没有深度，绝对得不到周围人们和顾客的信赖。

尤其是某些店主，看到市面上某种商品特别好卖，就急着引进，追赶流行，殊不知这样将带给自己莫大的危机。

为什么呢？因为"流行"的生命期很短，也许在你引进该项商品的同时，该商品已开始走下坡了，得不偿失。

而且不管你怎么赶流行，最终仍只是潮流的余波，而不是浪头。

所以，除非下过一番苦功观察研究，抓住流行的精髓，否则不过是客人眼中毫不起眼的店家。

当你刚开始经营一家店，或是改装店面，想要引进新商品时，最好避开目前正风行的东西，以降低风险。自去探寻可能的明日之星，甚至在已然退烧的商品上，想办法注入新生命，都是不错的主意。

想开小商店，探索"自己的喜好和经营策略"，是非常重要的。

脑海中事先模拟的状况，通常和实际成果有所差异。不要灰心，那不过表示"现在的店和自己的理想不尽符合"而已。小商店的店主，就是店的万能主宰，你可以当机立断，立即改变方向，修正成符合理想的策略。

怎样经营快餐店

现代生活节奏加快，使整天忙于工作的人无暇为吃饭的事情而浪费时间，转而追求一种简便、随意、舒心的饮食方式，世界各地的快餐店正是顺应此潮流而迅速成长。据有关统计，国外快餐约占饮食店的20%。因此，无论是西式还是中式快餐店，因符合现代生活节奏的要求，都有广阔的发展空间。经营快餐店成本不大，获利却不小。因此，这门生意有不少赚头。

开快餐店应注意如下问题：

（1）要选择交通要道附近、上下班的职工、学生、旅客路过的地方开店，才好赚钱。而那些客流量少或者带有阶段性的地方，则生意欠佳。

（2）快餐店经营手法上宜薄利多销。只要有人不断光顾，不愁没钱赚。

（3）快餐店要突出"快"字。不要让食客久等。买单与取餐方便快捷，餐具最好是一次性使用，便于打扫。

（4）饭菜新鲜可口，荤素搭配适当，最好能配以汤或饮料。

（5）要注意店面设计，营造轻松的环境，容易进口。

如何经营特色小吃店

特色小吃店特点在小，品种在多。

小吃，能满足食客的口福，而又价钱适中，花钱不多，特别适合于工薪消费者。特色，最容易引起食客的购买欲望。因此，不管在什么地方，特色小吃店都很受欢迎，生意兴隆。北京西四小吃店开业仅两天，营业额就达到4万元，显示了蓬勃生机。广州、南京、成都等地的特色小吃更是蜚声海内外。

经营特色小吃店应注意以下问题：

（1）店址选择至关重要，一般应选在商业区或者文化娱乐区。

（2）突出"特色"二字，食物在精美味奇而不在数量多少。引进外地的小吃品种宜尽量与本地小吃风味迥异。

（3）特色小吃特点在小，品种则以多为佳，配成系列套餐更有吸引力。

如何经营甜食店

甜食是老人和小孩都喜爱的食品，只要不是粗制滥造，极容易被食客接受。甜似乎只有一种味道，其实不然，配以桂花、冰桔、果仁、果脯、奶油等材料，或选用红豆、莲子等为原料，则可做出五花八门的风味甜食。

经营者注意以下意见，方可保证不赔。

（1）食客的选择应以孩子或恋爱中的青年男女为主要消费对象。

（2）选择地址应特别讲究。应设在消费能力较高的且学校较集中的地区，或者文化娱乐区、公园门口等。切忌开在平民区内或政府机关人员进出的社区。开设在青少年集中出没的地方最为理想，如录像厅、影剧院附近等。

（3）甜品款式应多种多样，且应当随时备有现货供应。

（4）甜食店最好聘请著名甜品师傅主理，而且甜品制作工艺、造型设计上应不断有新的创意，以满足青少年的好奇欲望。记住，甜品容易腻人，但又诱人，所以应在款式上花工夫，而数量上则不必太多。

（5）在个别地方，甜品店也可适当保留些传统甜品，如芝麻糊、豆腐花、绿豆沙等。

（6）孩子是甜食店的忠实顾客，因此在服务态度上应当慈善仁爱，即使孩子有所冲撞，也不必太多计较。

如何经营特色面包店

特色面包店的消费者主要是孩子和青少年，面包是营养价值很高的美味食物，而且易于吸收，所以颇受食客喜爱，老少咸宜，而年轻人尤其中意食用。面包的市场广阔，只要经营得法，没有不赚钱的。

面包店有两种经营方式：一种是向面包厂商批发购入；另一种是自产自销。后者的利润较高，现在那种店后烤制店前销售的面包店日渐增多，很受居民欢迎。

经营面包店应注意以下要点：

（1）店址应选在方便食客的居民区、集市、学校区、娱乐中心、商业区，但一般不宜设在商场内。

（2）面包款式宜新，而且富有特色，能引起食客购买欲望。

（3）味道宜多种多样，如甜味、咸味、淡味等均有，而且条件许可的话可加些果酱、奶油、色拉油等，应以过后饱而不腻为好。

（4）面包排列分门别类，排放整齐，让顾客一目了然，方便挑选。

（5）售货方式以自选为主，店员不要代客挑选。

（6）面包上应当在醒目的地方标明食用保鲜期限。切不可将过期霉变的面包售给顾客。

（7）面包的主要消费者是孩子和青少年，因此，服务态度至关重要。

（8）面包店可配备些冷热饮品，供食客选用。

（9）若条件许可，面包店每天推出新鲜炉面包，也会颇受欢迎。

如何经营美容美发店

1. 美发店

爱美是人之天性，美发业历久不衰，前景广阔。新一代美发店以吹烫流行

第三篇 管店六堂课——摆、采、销、人、财、物

发型为主要经营业务，青年男女是其主要服务对象。

经营美发业的诀窍在于：

（1）选好店址。居民相对集中的地区是最佳地点，商业区、各种娱乐场所、商业服务中心、工厂区，也是理想场所。

（2）店内装修整体格调宜简洁、舒适。工作镜与座椅之间距离适中。

（3）店员选择宜分大、小工两种。大工即发型师，技艺要高超独步，且能说会道。小工、服务小姐宜相貌俏丽、活泼调皮。两者相得益彰。

（4）店外要适当打出美发标志，强化宣传。

（5）讲求服务质量与服务态度。好的发型师能掌握一批熟客。

（6）开美发店同时，可兼做些美发用品生意。这样既可降低成本又可增加收入。

2. 美容店

现在社会美容风气兴盛，越来越多的女性重视自己的仪容，对于这方面的花费，往往一掷千金，在所不惜。但许多女性平时工作繁忙，难得抽空上美容厅。所以，开设方便她们的夜间美容预约上门服务项目，市场潜力广泛。

从事此业，应把握几点：

（1）从业者应有过硬的美容技术。如果参加过著名美容学院学习班，持有名牌文凭，则最具有说服力。

（2）从业者应持有必要的方便快捷的通讯联络工具，如传呼机等。而且应当每呼必复，即使顾客只是随便问问，也应不厌其烦、耐心热情作答。

（3）预约上门应准确及时，迟到或过早到达都会令客人不快。

（4）美容工具不必太多，一部蒸汽喷雾机、激光电疗机、真空吸管器和一些小工具即可。另外，可代顾客购买化妆品，从中收些服务费。

（5）服务态度要好，服务过程要细致认真，一丝不苟。良好的口碑是拓展业务的重要源泉。

（6）预约上门美容服务要做好宣传工作。收费标准可视服务项目及往返路程而定。对顾客应详列收费标准，以免产生误会。

从零开始学开店——本书从开店新手到管店高手

如何经营家电店

家电店指专营各类家电电器的商店,它可以是综合家电商品,也可以是专营某种家电的商店。音响器材店、冰箱店、彩电店等都属后者。

家电具有体积大、单位价值高等特点,因此家电店相对其他一些店而言需要较大的面积去陈列商品,资金投入较大;同时许多家电对温度要求较为严格,设施投资要占一定数额;家电店经营弹性较大,产品适应潮流会出现经营高潮,不适应潮流就会平平淡淡,甚至破产倒闭。经营家电店者必须有较丰富的专业知识,为顾客提供技术及使用上的指导,而对于冰箱、彩电以及空调、电脑等大件家电,一些必要的售后服务,如送货上门、安装等是必不可少的。

特别是20世纪八九十年代以来,现代家电的产生与发展,激发了消费者的新需求;产品更新换代速度也在加快,不断形成家用电器更新换代的消费潮流。中国目前家电市场潜力很大,对于老式家用电器来说,在城市正处于一个更新换代时期,而农村正处于一个填补空白时期。对于新型家用电器来说,城市和农村都处于引入期,未来发展潜力巨大。比如时下流行的电脑店,据调查,欧美等先进国家,平均一半以上的日常工作,要靠电脑完成。同时随着因特网的普及,电脑也成为家庭信息的主要来源之一,人们对它的依赖也越来越大。

目前,在我国电脑刚刚进入城市家庭,就显示出旺盛的发展势头,涌现了一大批已小有名气的电脑店。

开一家音响器材店也是不错的选择,现在,以青年人为主体的音乐发烧友已构成了一个强大的顾客群。这些人都有自己的崇拜对象,而形成了追星族。各地音乐台的火爆,明星演唱会票价的腾升,都使人感到,未来音响器材市场大有可为。

如何经营食品店

在商店产生之初,就有了各种类型各种规模的食品店,如肉铺、面包店、水果店、蔬菜店等。从某种意义上来说,食品店是历史最悠久的店。

食品店投资少、风险小,但毛利率也稍低。食品店最好的店址并非城市中心的商业区,而是人口密集的居民区。食品档次应逐渐拉开,经营何种档次的食品要依据所在居民总体消费水平进行选择。开办食品店异常辛苦,从早忙到晚,并要与各类人打交道。食品具有易腐的特点,储存商品的仓库和柜台常需要配备冷藏设施。

我国食品店的最大特点是小而多,行业竞争比较激烈,而大部分都只能处在一种中庸的状态。尽管人们不能不吃,但吃又是有限的。从消费结构上看,吃占总消费支出的比例有逐年下降的趋势。因此,在有限的市场取得较大比例的份额应成为食品店的最大追求。

就食品店而言,关键是避开那些一般的、毫无新意的经营品种,而应注目于那些顺应健康、绿色、快捷等大潮流的商品,因此保健食品以及儿童食品都可以作为食品店的开发重点。

1. 保健食品

随着人们生活水平的提高和生活节奏的加快,越来越重视身体保健。加之,随着工业文明而出现的新型疾病对人体危害很大,迫使人们不得不增强自我保护意识。因此,保健食品店会在中国有一个较大的发展,竞争也会日益激烈。

2. 儿童食品

儿童食品是一个永远都不会衰落的行业,并且社会越进步,此项花费越大,尤其是在实施独生子女政策的我国,家长对儿童比较宠爱,也乐意为儿童购买更卫生、更有营养价值的食品。与儿童健康益智相联系的食品,更具有光明的前景。

如何经营渔具店

渔具一般包括鱼竿、钓线、浮子、饵、小网以及渔桶等等。钓竿多为竹制,也有玻璃纤维竿,现在档次高的钓竿都是带有伸缩便携性能的铝合金或是特制的。钓线一般是尼龙线、细弦线、麻线、野蚕丝等。鱼钩有海钩和淡水钩两大类，海钩有几十种类型，淡水钩有长柄、短柄之分，又有圆头、方头、鹰嘴、驼背等类别。鱼坠是用铅制成的。浮子就是浮漂。

在内陆城市的渔具店，主要应经营适合淡水用的渔具，沿海城市可以同时经营海钩和淡水钩等。渔具店要适销对路，开店者自己就应该是钓鱼爱好者，对钓鱼有浓厚兴趣和良好技术。渔具店经营者必须掌握社会的流行趋势，许多人醉翁之意不在酒，只为享受悠闲生活乐趣，因此经营渔具要在店内摆有不同档次的钓具。目前有些渔具店经营者只经营高档渔具也不是明智之举，一些价廉实用的钓竿也会起到招揽顾客之妙用。

渔具店经营者还要放开思路，从多方面来为商店寻找商机。比如有时可以把店摆到海边、湖边垂钓处，直接为垂钓者服务，拉近两者的亲密关系。并且店主在经营渔具同时，也在海边或湖边开辟钓具出租业务，这也是生财之道。

开渔具店要与一些渔具厂建立业务联系，与一些渔具批发商建立良好关系，要千方百计降低采购成本。对一些销量大，但赢利薄的渔具要多进些货，以保证市场需求，但应注意积压的问题。对于通常规模较小的渔具店而言，它对太多的存货显然无法承受。

如何经营玩具店

玩具店的市场潜力相当大，因为现在的孩子都是独生子女，家长们都对孩子的成长倾注了极大心血，有时甚至宁愿节衣缩食也要为孩子购买对开发孩子智力有益的玩具。而且时下各种科技都应用到了玩具上面，各种兵器模型、电动车、遥控的电子玩具以及智能娃娃等等层出不穷，对孩子有极大吸引力。

玩具店经营者要达到成功经营的目标须对以下几点备加关注：

（1）店址宜选择在中下层居民区附近。收入中偏下阶层的人士一般就地购买玩具，并认为小店的玩具比较廉价。

（2）经营品种宜以孩子容易入迷，非让大人购买不可的种类为主，如电子游戏类。

（3）把握季节促销。元旦、春节、六一节是旺季，夏季则是一些泳具销售

第三篇 管店六堂课——摆、采、销、人、财、物

额较高。孩子的流行感觉比大人强,因此要常去大商场看看,随时把握流行什么玩具,同时要准备足够的玩具,以免发生脱销现象。

(4)前提是玩具不是伪劣品,否则会失去回头客,短期来讲也会让你忙于削价处理。

(5)新流行玩具上市后,旧款式宜马上减价。否则,多数孩子便会等着你削价处理。

(6)营造一个开朗、快乐、亲切的店铺氛围,从而让孩子乐意常来。

(7)随时把握玩具流行趋势。小孩子往往对新奇的东西感兴趣,喜欢和厌恶某件东西都很快,要始终把握儿童这种心理,这就要求店主随时保持敏锐的头脑。留意电视上的动画片、卡通片,一些反映灵敏的厂家会很快生产出相应的产品,因此,进货要及时准确。

(8)玩具的体积不要太大。太大了易占店面体积,同时小孩子玩起来不方便,小巧玲珑、新奇的玩具较受欢迎。

如何经营首饰店

改革开放以来居民消费的提高使人们有钱佩戴珠宝饰品。通货膨胀,使人们产生了投资珠宝,实现保值的欲望。

而且珠宝饰品以其名贵、稀少和无法比拟的独特魅力,颇受广大消费者青睐。

珠宝物小价昂的特征,使得它既便于收藏,又可以应付通货膨胀。并且,珠宝年年增值,是财产的一个极有用的保值品。因此珠宝市场在很短时间在我国繁荣起来。

现在中国的珠宝市场开始形成,人们的消费向多样化发展,玉、钻石、红宝石、蓝宝石、祖母绿等都颇有市场。有些顾客还以珠宝来显示自己的地位、身份和财富,首饰店经营者更能为此潮流大发一笔。

经营珠宝首饰,必须要具有相关的专业知识,很多经营者本身就是鉴赏家。只有这样,才能保证珠宝的品质和货真。

但应当引起注意的是，目前，我国的珠宝市场比较混乱，我国尚缺少珠宝玉石的名称标准和鉴定标准，致使珠宝市场出现了许多一物多名和一名多物的现象，而且出现了不同的机构对同一种珠宝玉石分别出具不同的鉴定检验结果的现象，甚至有些鉴定结果相差十分惊人。而且首饰店的成功重在信誉。经营者必须保证珠宝的品质和货真，因此专业知识必不可少，许多成功的首饰店经营者都是本行的高手。另外珠宝具有体积小、价值大的特点，这一方面可以节省店堂面积，但另一方面又极易发生失窃现象。如今珠宝店不需要大的营业面积，却需要好的营业场所，最好位于市中心较为繁华地段，并且首饰经营者应采取闭架售货以确保安全。

如何经营时装店

时装店也就是专营服装的商店，它有两种经营方式，一是汇集各类时装精品，品牌多样；二是仅经营一个品牌的名牌时装。

近些年来，随着生活水平的提高和自我意识的强化，人们对服饰日益讲究起来，时装店和时装厂家应运而生。目前名牌时装店已在城市中独领风骚，特别是近些年，一些巴黎、纽约、香港的先进时装理念不断引进，时装店也正在进入一个新的发展阶段。

时装店一般需要较大的投资，最好位于繁华商业区或新潮商品汇集的街区。经营的品类注重流行趋势和较高的格调，利润率有可能实现50%～100%，甚至更高，价格寻求较高价位。经营中应及时处理过季和过时的缓装，否则会使商店陷入困境。

由于需要不断进货，因此时装店，会有一定存货，而且若从财务与促销角度来看，在经营具有流行性的时装业，谁能有效推出存货并灵活运用流动资金，谁就是市场上的常胜将军。此外，个人的销售能力及时装款式也是生意好坏的两大原因。时装店抓准某些特定对象的品位，店面风格与服装款式要别致，并以顾问式的销售方法提供客人着装，建议经营者自己的专业性和着装就是最直接的促销。采购时主观意识不能太强，而应以顾客为导向，多进些好卖的东西才不致积存货物、压占资金,进而影响商店效益。

对时装店来说,服装的陈列是一个很重要的内容。首先,我们讲一个服装陈列的样品选择。在服装陈列工作上,经营者既要重视服装的全面出样陈列,又要讲究服装有选择地布置。在陈列服装的选择上应根据商店的库存、季节时令变化等实际情况进行设想安排,一般可考虑以下几个方面:

(1)选择反映店经营特色的服装。名牌时装店一般都有自己的特色产品,有的店以男式西服见长;有的店女式时装新颖;有的商店则以经营特殊体型的中老年服装见长。通过样品的选择,可以使顾客了解服装的特色,可以帮助顾客有目的地进行选购。

(2)帮助顾客了解新花色、新款式的服装。对这类服装,要积极出样陈列,帮助消费者了解服装的款式,从而为这类品种打下销路,不断扩大其销售量。

(3)货源充足而需要大力推销介绍的服装。此类服装也要做好出样陈列工作,目的是沟通产销渠道,加速资金周转,调整库存结构。

(4)提醒顾客及早选购的季节性服装。由于服装的季节性强,因此服装的选样陈列工作就要做得早一些。提醒消费者注意,使消费者做好购买服装的准备。

(5)指导消费,扩大推销的服装。在时装店里对销少存多的服装要及时做好选择陈列,重点介绍服装的特点和使用保养知识,以利于指导消费,打开销路。

如何经营礼品店

一般来说,礼品店较餐饮店、服装店、杂货店来讲,所占比例很小,在各个地段分布也不均匀。因此,一家礼品店只要位置选好,比如医院、学校、车站附近,商业购物中心或闹市区等,又经营得当,定会大发其财。特别是现在,人们比较注重生活质量与精神需求,礼品有极大的市场潜力。

礼品店的外观装潢,越是耀眼越好,以便能最大限度吸引顾客的视线,并可以在上写一些温馨的祝福词。就开办资金而言,礼品店较为灵活,如果开店初期你的资金较紧张,你可先经营一些普通而精巧的礼品,如贺卡、情人卡、小工艺品等。如果资金充实,则可经营一些中高档礼品。但在经营这类中高档礼品时，一定要分析礼品店所处位置和服务对象是否适合经营这类礼品。实际上，特色比礼品档次更重要。礼品店一定要有自己的特色，如果你经营的都是大众化的礼品，那礼品店对人就没有多大吸引力了。礼品店的特色可以表现在你经营的礼品种类和式样丰富多彩；也可表现在你的礼品组合和包装上，比如说，你可把各类礼品分成不同的组，然后配一句优美的祝福或一句优雅的诗，或者在不同的礼品上用丝带系一个小巧的卡片，再在卡片上发挥你的想象，配上优美的祝福。礼品店的特色还要表现在你的服务上，你可以根据顾客要求，开展为顾客送礼品上门或者为顾客出主意，为顾客创意礼品组合等项目。

礼品店经营者一定要配合各种节日和一年四季的变化而不断更新和变换礼品，只有这样，你的礼品店才会活泼，才会有活力，才会不断吸引更多的顾客。教师节、情人节、圣诞节及中秋节，总之要在一年四季中人们习惯认为的吉祥日子，你就应该事先准备什么礼品，而这些礼品如何包装，如何组合，你都要精心策划准备。

礼品店其他的经营技巧还有许多，例如同一样礼品应备有不同设计的礼品盒，供不同身份、不同要求的顾客选择，每一份礼品应明码标价，给人一种诚实的信任感。此外，也可指导顾客按其喜好搭配、包装礼品，让其多一分参与感。

如何经营图书店

经营图书店能否赚钱，关键在于经营者的素质与经营手法。在大中城市，虽有各种综合性的规模较大的书店，而图书店通常资金较少，很难与之抗衡，但只要我们把握好其经营方向及方法，也必定会获得市场的认同。对于书报我们应该注意以下几点：

（1）根据本地区顾客的特征，如文化程度、读书喜好、经济收入等，确定专业化服务内容，比如一些居民小区以文化生活、专业技术类为主。

（2）图书宜针对性强。要少进勤添，不要造成积压，给资金流动带来困难。

（3）要与批发商协商好关系，争取代销或经销包换，减少资金积压和非营业性亏损。

（4）陈列书籍应干净、整洁，新书应专门陈列于醒目处。

（5）不要坐等顾客上门，要善于主动向外推销，并要做一些宣传广告。

（6）服务要热情友好，让顾客有宾至如归的感觉并积极解答顾客的咨询。

在经营畅销书时我们还要注意以下两点：

首先是开店地址。要根据开店地址的不同，选择不同品种的畅销书。其次是要把握好进货品种。进货不能以自己的口味为准，要以大众口味为主。很多畅销书是伴随电视剧而生的，因此你一定要注意留心小说改编的电视剧，如电视连续剧《永不瞑目》等的播出，造成同类图书的畅销。还有一些畅销书是伴随重大事件和人物而产生的，故你应注意留心国内外的重大事实，比如我国加入WTO、美国袭击中国大使馆就使有关WTO以及中美关系的书热销。

另外，还要对畅销书是否常销加以辨别。有些畅销书时间性很强，过了某段时间就不好销。故在进货数量上应把好关，以免积压成滞销书。而有一类畅销书，不仅畅销，而且常销，这类书在进货时可考虑多进一点。这类书一般都有个特点，不是娱乐性的，而是实用性的。比如有关小学生作文写作的《中国中学生作文大全》，有关婴幼儿喂养的《育儿指南》等等。

图书店也可以同时零售报纸，卖报主要靠批零差价，每张报纸的利润并不同，但投资少、风险小，如果位置优越，经营方法灵活，每天收入也不菲，下面是一些经营技巧。

（1）选择发行最好、深受读者欢迎的报刊。如晚报、广播电视节目报、球迷报、文摘报等。同时报纸讲究"新"、"奇"，故切忌将隔日的报纸摆在摊上。

（2）亮开嗓子吆喝。先把报纸浏览一遍，找出最吸引人的文章，把它们的题目编成顺口溜，大声吆喝来吸引顾客。另外再琢磨一下报纸的摆放方法，把文章的大标题、照片等醒目的地方露出来，有了听觉和视觉的双重冲击，对行人就有一定影响。

如何经营音像店

对音像店来讲，位置极为重要，应该在人多的商业区、购物中心等人们常来常往或者学校这种潜在顾客较多的地方开设,最起码也得让人们能够看到。

音像店可以经营音乐磁带、激光唱盘、唱片、录像带等,品种要齐全。在品种的比例上,流行歌曲应占有相当大的比重,因为音像店的顾客以年轻人为主,他们是流行歌曲的爱好者。当然了,假如你确定只经营民族音乐或西方古典音乐同样可以获利的话,也可以不为其所拘。唱片的比重可以占较小的位置,如果你懂得音像制品的发展趋势,就会知道唱片势必会被激光唱盘所取代。虽然激光唱盘目前价格偏高,但其未来的价格肯定会降低,如今在大城市里已经比较普及了,所以对激光唱盘的经营要加以重视。

音像店的装修应以明快的风格为主,可以在商店的橱窗中用磁带布置,粘贴歌星的宣传海报、贴画等。若是播放与店经营相适应的音乐,也可以改善店氛围,从而有效地吸引顾客前来购买。

在经营方法上可以多种多样。经营者采用会员制,凡参加者均可以享受优惠价,也可以优惠顾客,凡购买几次者可以赠送一些小纪念品。你付出不多,却可以赢得顾客。所以,经营方法是关键。另外,可以经营与音乐有关的物品,比如,空白磁带、清洗剂、录音机、激光唱盘播放机、音乐图书等,它们也能带来利润,这就是所谓的附带价值。

此外,价格是一个影响营业收入的因素,可以寻求稳定的货源,以期在价格上击败竞争对手,另外要紧密关注市场动态与音像潮流,抓住热点,只要有卖点的音像制品就要迅速买进。

如何经营鲜花店

时下鲜花店在中国已非罕有之物,尤其是随着观念的更新,收入的增加,送花已经成为国人交际来往的常用之物,尤其在情人节,到处可见花童手捧鲜花以图发一点"爱情财"。

鲜花店的位置最好选在商业区和文教区等地,有的选在上班族流量大的路边,生意也不错。

鲜花店特别讲究风格和品位。因此鲜花店的布置及花艺设计师的手艺特别

第三篇 管店六堂课——摆、采、销、人、财、物

重要。而一般店主对花艺技术都有一定掌握,其插花手艺也比较高。假如你并不擅长此道,可以买一些这方面的书籍先学习,或请一位师傅教你,亦可向其他花店学习,最终掌握并在鲜花店的经营中应用。

花店的布置、基调要温馨、浪漫或优雅。因此花店门边的装饰和花卉的摆放就特别重要,透明的玻璃也必不可少,要让人们从路边一眼就能瞥见里面耀眼夺目的鲜花,当然花店的业务不必局限于只卖些鲜花、花盆、盆栽和插花材料等。婚丧吉日、公司开业、宴客会场等场合时间也是花店重要业务来源。鲜花店还可以开展电话预订鲜花业务,而那些足够规模的鲜花经营店,除有专人设计、采购、运送以外,还有专门联系业务的人员。如果你已经营花店多年,资本、技术都到位,那么,你就可以多争取大宗而稳定的业务,比如为宴会会场以及展览中心等准备鲜花。

鲜花店的经营有两个方面值得关注:

(1)由于鲜花寿命短暂,易凋谢,若不能及时卖出,经营者损失会较大,但若用冰箱会影响鲜花的新鲜度。因此,唯一能采取的办法就是少批量,多批次,而在特殊节日,比如情人节,尽量多批发一些以供需求。

(2)鲜花的来源问题。通常花店经营者都需要有自己的供应者,并且经营一般不太稳定,像情人节、母亲节,以及一些吉祥的日子,都是花店旺季。在这些日子,进货量必须增大,而供应商却不一定增加,使得花材价格猛涨。而有的顾客在情人节坚持要用红玫瑰,母亲节要用康乃馨,所以鲜花店要努力解决处理好顾客及供应者的关系问题。

如何经营乐器店

随着物质生活的丰富,我们对艺术文化的追求越来越重视。近年来这一潮流更为明显,尤其是音乐方面,乐器的销量大增,这就为经营乐器提供了一个很好的契机。

乐器店经营者要坚持以顾客为导向,指导顾客,提高对音乐的鉴赏能力,并定期开设乐器研究讲座,以吸引更多的人参与,在介绍乐器的过程中,使之

产生浓厚的兴趣,进而购买乐器。

举办这类活动时,聘请乐师的费用必定不菲,但切勿因着眼于低投入而聘一些学艺未精的人士任乐师,这会大大损害店铺的声誉,店每年均应请乐师调校音色,以免费或折扣的方式为顾客服务,提高顾客满意度。此外要使店成为名店,必须推荐员工或学生出外比赛,为了争取人们的注意,亦可自行举办一些比赛,以较丰富的奖金和奖品吸引参加者,另一个比较好的办法是为中、小学提供乐器学习课程。在双方共同培养学生的大前提下,对店铺名声有极大的宣传作用,对以后他们选购乐器的行为将有显著影响。

如何经营典当店

典当业是古老的行业,在市场经济条件下的今天,却被赋予了新的内容。许多市场经济海洋里的弄潮好手,都在有意运用典当业充作自己的企业润滑剂。因此,随着市场经济的深入发展,典当业将更红火。

目前典型的典当业分大典和小典两种。

对于小本钱经营者,宜以小典为主,但若手段高强,从事大典亦无不可。

典当业能否经营成功,关键在于处理死当与活当这两种当口上。若死当过多,而又缺乏处理办法,就无法维持下去了。

典当业开业资金不需太多,但要巧妙处理好时间差,才可借以发财。

可接受典当的物品,应分为两种:一种是时效性较强的,使用期限较长但不能保值;另一种没有时效性,没有期限制约,能保值。前者如各种家电用品、各种生产器材等;后者如各种艺术品、各种珠宝饰物、古玩等。

因此,在确定受典与否之前,首先要弄清物品本身特有市场特性,弄清物值及万一成为死当之后如何出手的问题等。

若无足够的魄力,尽量不要涉足典当业。

第13章 选人、用人、管人

如何选择销售人员

店铺对销售人员的选择,应当不仅是指接受去商店寻求工作的人。事实上,很多店铺为了降低人力成本,往往临时找一些人来填补缺额,这些人没有受过系统的培训,是导致销售人员业务能力不高的一个原因。

要恰当地选择销售人员,店铺必须确定选择标准。对销售人员所期望的是什么?店铺寻求的是流动性不大、缺勤少、销售能力强的劳动力吗?除非你懂得对售货员的要求,否则,肯定会得不到具有相当水平的销售人员的。

一旦确定了选择标准,就可以鉴别申请人的素质。在选择店铺的销售人员中,最流行的鉴别方法是考虑申请人的性别、年龄、个性、知识、智力、文化程度和经历,从中挑选适合的人员。

1. 性别、年龄标准

鉴别、挑选销售人员的工作中,对申请人的性别、年龄的考虑是相当重要的。而不同的行业,对销售人员的性别、年龄的要求是不相同的。比如,音像商店的主要供应对象为一二十岁的青少年,必须选用30岁以下的销售人员,因为他们更容易与一二十岁的青少年沟通,获得他们的信任,而且容易掌握他们的消费需求的变化。高级妇女时装商店的主要供应对象,是18～30岁的、有职业的和上层社会的妇女,所以,要求销售人员具有一定的素养和气质,并能了解时代的最新潮流。

对上述这些要求,所有零售店都是无例外的,对于专卖店来说,更是如此,店铺可以根据本身的业务经营需要,从应聘人员中予以筛选。

2. 个性标准

一个人的个性也在一定程度上反映了他的潜在的能力。店铺多倾向于选用那些开朗、自信、待人友好,又比较稳健、精力充沛的人作为其销售人员。这些个人的品质,可以通过零售策划者与申请人的个别交谈,或有关个人的个性的记载材料来了解。

3. 知识和技能

店铺销售的许多产品在技术上是比较复杂的,比如微型计算机、电视机、微波烘箱、35毫米照相机、VCD机等等。所以店铺提供的服务很大程度是来源于技术方面。所以要求销售人员具有一定的文化水平,能快速掌握商品的技术知识,这样面对顾客技术方面的询问和要求才能游刃有余。

4. 经历标准

考察销售人员的业务能力的最可靠的依据之一,是他以前的工作经历,特别是从事销售工作的经历。因为在零售行业、经验和积累是一个人业务能力强弱很重要的因素。当然,这不是绝对的。还有,许多谋求销售人员工作的申请人为年轻人,他们在此以前是没有任何重要的经历的。对这些申请人,可以根据他们个人的特点,以及显露出来的雄心、干劲和职业道德,来做出评价。

如何科学招聘员工

与顾客直接接触的销售人员是店铺商品及相关服务提供系统中的主导因素,他们的行为对顾客将产生极大的影响。在选择这些前线员工时,不能像招聘普通员工那样只看重经验和技能,除此之外,还应考察态度、资质和个性等能为服务人员带来成功的因素。一般的招聘方法不适用于选择前线员工,因为在这些招聘过程中,招聘人员的决定常常只是由他们直觉和应聘者的书面材料产生,而经调查,60%的简历中有不真实资料,大多数推荐信只提供正面的意见。面试也不是一种可靠的方法,招聘人员通过面试,一般只能对应聘者的外表以及在面试中表现有一个大致的了解,这就足以说明,选择店铺销售人员,需要更科学、更合理的方法。

下面介绍的方法是通过计算机化的问卷测度来进行人员选择,具体步骤如下:

(1)研究人员决定一个合格的前线员工所应有的素质。这项工作是通过与管理人员的交谈以及通过对原有的顾客满意度研究进行总结,大致勾勒出符合店铺需要的有利于顾客服务的方面。

(2)从中选出对店铺成功有重大影响的行为,针对这些行为制定标准化的测试内容。

(3)在店铺选几个工作出色的员工进行测试,对测试结果进行分析,选出得分高的条款综合而成最终的测试内容。

如何启动员工招聘程序

如果企业需要招聘员工,那么现在就应该开始了。一般来说,60天时间足够雇到合适的人了。

1. 工作描述

工作描述是对企业需要雇人来做的工作的简短描述,主要侧重于所需的技能、学历和经验。

工作描述是极为重要的人事工作。撰写工作描述可以让创业者注意到该项工作(真的需要这项工作吗?优秀的求职者应具备哪些特点?)的要求,避免求职者的条件达不到规定要求。创业者可以不必雇用任何不愿意或不能做好该项工作的人,但是创业者不能歧视求职者。工作的限制条件必须运用得公平、公正。如果有基于种族、性别、年龄或其他因素的双重标准,就说明招聘中就出现了歧视问题。

工作描述也会帮助创业者决定可接受的工资范围,从而缩小可以雇佣的雇员的范围,并在雇用后与员工顺利进行沟通。工作描述不会束缚创业者的手脚

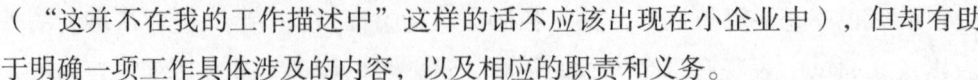

("这并不在我的工作描述中"这样的话不应该出现在小企业中),但却有助于明确一项工作具体涉及的内容,以及相应的职责和义务。

2. 在3个以上的应聘者中挑选

3个是必需的数目。如果企业中某项工作的合格应聘者少于3人,那么创业者就在冒招聘决策不力的风险了。求职广告、国家或私人就业机构、职业学校、大学、口头交谈和时间都能是提供足够应聘者的有利因素,它们有助于创业者作出正确的招聘决策。

3. 确定面试时间

由于创业者必须同时处理许多事情,因此确定面试时间成了问题。但是创业者不能指望有人会自动提供帮助,自己制定一个时间表,然后严格地按其行事。对许多创业者来说,招聘都是存在问题最多的领域。在这个领域犯错误的代价是巨大的(就时间和金钱而言),然而并不是很多人都有犯错误的经历。面试时要分外留意:创业者很容易草率地录用第一个应聘者。千万别这样做!尽量设计一个招聘研究会,借此进行招聘。最重要的是,创业者应记得检查应聘者的简历。

如何与他人竞争招聘员工

招聘员工是件需要慎重处理的事情,创业者不希望支付没有必要的工资,然而在企业正式启动前有必要雇用人选,并培训他们。最后一个月可以开始员工的选拔和面试过程,并且创业者可能已经作出了一些决定。这个月的问题就是招聘员工(包括商议工资),让应聘上的员工尽快工作,准备开业。

广义上说,企业提供给员工的报酬包括月工资或周工资、工作条件、晋升机会、额外福利、培训甚至社交机会。作为一名小企业主,创业者在向雇员提供具有吸引力的条件上有一定的灵活性,但还是不能同世界500强的企业在提供给员工的工资和福利上直接展开竞争。

创业者可以在提供工作趣味性、革新性、充满关爱和便捷的工作环境上与他人竞争。以下是一些参照性意见。

1. 工资范围

通常，人们付了钱才能拿到想要的东西。创业者可以通过咨询其他企业主、留意招聘广告、与国家就业机构协商甚至询问私人就业机构来确定本地工资范围，有时，创业者所处商业领域的大企业也会泄露一些工资范围信息。每项工作的工资范围都应确立一个最低值和最高值。在此范围内，工资会随应聘者的工作经验、创业者的需要、劳动力的供给情况和其他一些因素而变化。提供比其他企业更高的工资并不一定就会雇用到最好的员工，而且还会确立一个难以维持的先例。这样做只会招聘到最急于得到这份工作的应聘者，他会一直留在企业直到下一个更好的机会到来。

2. 员工福利

创业者可以提供灵活的工作时间、工作分工、补偿时间或其他福利。这些福利对创业者来说成本不高，但对雇员来说却很重要。可能的额外福利的范围覆盖了从带薪度假、带薪节假日或教育和培训、保险和退休金计划及照顾员工子女和允许请病假等各种内容。小企业比大企业更具灵活性——这是创业者的一大优势。

创业者应该记住，福利一旦给出就难以收回。为此应考虑：其他本地创业者提供哪些福利？成本是什么？企业所提供的福利能视业绩而定吗？

如何组织员工培训

员工招聘只是店铺人力资源管理的开始，如何使新员工成为符合店铺要求的合格的销售人员，这是店铺内部培训要解决的问题。许多企业为培训员工开办了专门的学校，比如假日酒店大学，麦当劳的"汉堡包大学"等等。这些学校为本企业的员工培训制定专门的培训计划，配置专门的培训人员。学校的一切活动都围绕着培训企业需要的人，只要是企业的需要，哪怕是细微的方面也会配合以精心的计划。

业务能力培训仅仅是对销售人员进行业务上的教导，这对于店铺是不够的。店铺的服务质量依赖于员工向顾客提供服务过程中的表现，顾客是各不相同的，依靠业务能力培训不能解决员工为顾客服务时遇到的所有问题。由于员工在与顾客交往中可能遇到的问题难以预先料到，因此很难在培训中对这些问题加以模拟解决。在店铺的培训中，交往技巧的培训在某种程度上比技能培训更困难。

在店铺的培训中具体而言，对于店铺对与顾客有直接接触的销售人中的培训主要有以下内容。

1. 商店经营政策

销售人员往往是店铺的代言人。在绝大多数情况下，顾客与店铺是通过售货员来联系的。因此，重要的是售货员要通晓商店经营政策，特别那些与顾客直接有关的政策，比如商品经营利润、对偷窃商品的人的处理、赊销业务、商品储藏、送货和议价等。除此之外，销售人员还应当了解关于营业时间、休息时间、午餐和晚餐时间、酬金和定额办法、非售货任务，以及定期考核标准等政策。

2. 商品知识

店铺应培训它的销售人员使他们对店内商品的性能、使用方法及优点、缺点有详尽的了解。支持销售人员协助顾客选购最能满足顾客的需要，并提供给顾客各种合理的建议。此外，销售人员还应当了解竞争对于供应的商品的优点和缺点。

销售人员更需要熟悉店内经营的商品的保质期以及商品的耐用性。这意味着销售人员还应当了解由商店来代表的各加工、制造厂商的信誉的情况。

3. 顾客类型

销售人员就如何鉴别和适应不同类型的顾客的要求受到训练。这一点非常重要。如果销售人员能懂得如何接待这些顾客，使他们感到满意，将大大提高店铺的销售额。

4. 顾客选购标准

销售人员应当学习如何发现顾客的选购标准，以及如何对他们的要求作出反应。

第三篇　管店六堂课——摆、采、销、人、财、物

培训的内容有哪些

1. 兼职人员

人员短缺是店铺常面临的问题，通常店铺在尖峰时段（来客数量多的时段）都会雇用兼职人员，以缓和人力的不足，而且兼职人员的费用也相对较低，再者，兼职人员也是日后专职人员的最佳人选。

兼职人员的工作内容为实务性的操作，故培训时间较短，时间为2、3小时即可，课程内容包含：标价机的使用，补货时应注意的基本事项以及基本的清洁管理概念。

2. 门市职员

门市职员除学习实务操作外，还须学习一些观念性的课程，时间以20～28小时较为适当。

课程内容应涵盖以下内容：

（1）经营理念（时间：1.5～2小时）。商店运作顺畅，必要条件是经营者与员工的经营理念必须一致。因此，经营者在店职员训练时，应将经营理念导入课程中。

（2）顾客应对技巧（时间：1.5～2小时）。有技巧且适时与顾客应对，是与顾客建立感情最佳的方法，其内容可涵盖各种常用礼貌用语应用时机、仪态、顾客抱怨处理、促销技巧等。

（3）设备的操作、维护及清洁（时间：3～4小时）。一般生产经营设备是指冷冻碳酸饮料机、汽水机、冷气机、冷冻冷藏冰箱、招牌、照明设备等直接或间接与销售有关的设备，教导门市职员正确的使用方法，并经常做一些基本的清洁及维护，可延长其寿命。

（4）收银机的操作、维护及简易故障排除（时间：3、4小时）。操作收银机要求速度要快，误打率为零，并熟悉其各项功能。对于不曾操作收银机的新进人员，应将此课程列入首要的训练。

（5）商品陈列技巧（时间：2~3小时）。商品陈列技巧直接影响到商品回转率，经营必者须灌输店职员商品陈列的观念，如商品陈列的目的及原则，各类商品最佳的陈列位置等。

（6）店头安全管理（时间：2~3小时）。经营者必须提高员工对在工作中所可能发生意外灾害的防范技巧，如防抢、防偷、防骗及搬运商品时应注意事项等。

（7）报表制作（时间：3~4小时）。报表是经营者管理职员的工具之一，故应教导店职员填写基本的报表，如交班日报表、现金记录表、误打、销退、自用记录表等。

（8）简易的包装技巧（时间：2~3小时）。

（9）简易POP制作（时间：2~3小时）。

员工培训应该从哪里开始

教育与训练之初是很重要的，它应该从哪里开始着手呢？

1. 使员工习惯于工作场所

教育与训练应该学习的课题很多，想要一口气全盘实施并收到很好的效果，是绝对不可能的。

现在，让我们来回想一下小学时代的游泳训练吧！若一开始就教他们蛙式、自由式、蝶式的话，必定没什么效果。最初的阶段是让他们习惯于水。

工作场所的教育与训练也如同学游泳一般，首先必须使员工习惯于工作环境。这是第一阶段也是最重要的课题。如果没让职员习惯于工作环境，而直接要求他做一些高难度的技能的话，就好像还没有习惯于水而要求做长距离游泳一般，这可能使他沉于水底而再也浮不起来。

2. 使员工了解商店的做法

那么要如何使他习惯才好呢？

首先必须让他从了解自己商店的做法开始。谈到自己商店的做法，最初应该从营运方面开始，换句话说，是从开店之准备、清扫的做法，店内的整理等加以介绍。但这些工作绝对不是用强迫的方式,而是采取因势诱导的方式,使其慢慢地习惯于自己商店的文化。

3. 使员工认识到自己是组织的一分子

任何一件事情,不论其如何单纯,从开始到工作完成为止,它必须通过不同的作业与互相合作才能完成。如果职员们总是认为那份工作是自己一个人所能完成的话,那么这工作就不能进行得很好。

在最初的教育和训练中,其中大课题便是使每一位工作人员都了解到,商店是一个组织体,每一位工作人员所从事的工作只是整个工作的一部分而已。

为什么说道德品质是教育的基础

良好的礼仪、节约的意识及对每一件事物都非常注意等方面的学习,是教育的根本。

教育的内容以知识的学习、商店制度的学习以及销售技术的学习为主要课题。但如能在使学员学习这些技能之前就先做好道德品质教育的话,将会有双重的效果。

(1) 知识、制度、技术是能在良好的环境下培养的,换句话说,不管你投入多少的精力来从事教育,但如不能做好道德品质教育的话,也就不能培育出一个一流的销售人员。

(2) 在完全地学习到知识、制度、技术运用之前,很难把业务成绩提高。但是可以有以下两个效果:

第一,店员会了解到,商品是商店的重要资产,经常要注意别把商品弄脏或损坏了。因为若做好道德品质训练的话,很快地便能改变销售人员的行动,所以经理或店长一定要经常将道德品质的训练放在心上。

第二,每一位客户都很希望从一位很懂得道德品质的销售员手中,购买自己所想要的商品。如果B店的销售员比A店的销售员的道德品质好的话,客户所反映的就是:

店是感觉很舒服的商店。

店对客户已经尽全力在作服务。

店的商品较有价值感。

这种印象会深深印在客户的心里。

在客户对商品及品质的选择都很挑剔的今天，店员良好的道德品质就成了商店是否能生意兴隆之本了。如果商店的销售人员，被客户评论很好的话，那么该商店的商品品质也一定会获得好评。如此就成为该商店生意兴隆的条件了。

如何提高员工的沟通能力

店内的沟通是否良好，对经理或店长而言是一大课题。沟通好的话，店内的活动会很顺利地进行，店员之间的合作关系也会很好。这样工作上的错误和纠纷也会比较少。相反的，如果是沟通不良的店，不但店内的协调工作无法顺利进行，连一些必要的活动也无法去做。可是，当工作上的问题及纠纷多的时候，经理或店长才会去寻求解决之道。

实际上，经理或店长该怎么办呢？我们依次介绍三位经理的意见。

甲店长——要在店内传达指示，像早晚打招呼之类，可以做个联络簿来实施。看过联络簿的人，就在上面签个字。没有在联络簿上签字的人，就要提醒他注意。用这个方法实施公司的方针及经理或店长的方针。我想这是身为经理或店长一天当中的一项重要工作。

乙店长——在我的店里，晨会是沟通的一个重要时刻。大约在开店前15分钟进行，除了指示各种要传达的事项之外，也可以统一店员的意识。有时在闲暇之余就在卖场聊聊，指示店员该注意的事情。

丙店长——沟通的重要性，我们都十分了解。即使日复一日地做，也是对自己的一项检讨。晨会中，沟通是非常重要的一环，一定要实施。一旦中止晨会，就很难有时间与全体员工进行工作沟通。所以晨会以传达公司事项为主，再去做店内的联络事项。

其中两位店长都异口同声地说出，活用晨会，可以让员工彻底地了解公司及店里要传达的事项。

店内的沟通，还有两个方面意义：一是一定要将组织的活动以及业务的相关信息传达给组织中的成员。二是以经理或店长为首，可以交换并了解彼此的思想。这两项沟通一定要圆满地进行。

业务汇报也可以在晨会中做，如果经理或店长没有领导能力，会造就店里形成某个"亲密小团体"。所以，身为经理或店长，要对任何人都公平，并且要能广纳众人的意见。

如何培养员工的自我学习能力

1. 指导部属自我学习

即使了解终身学习的必要性，一旦被要求去参加公司或店里的企业研修及训练时，如果自己很乐意参加，效果之大，自然不在话下。部属若能将属于自己自由时间的一部分，用来自我学习，对工作大有益处。

2. 帮助部属自我学习

经理或店长在让部属使用自由时间自我学习的时候，应该表示关心，不要开玩笑，也不要抢着发表自己的意见。否则就有失经理或店长的职责。不喜欢部下成长的狭隘人格，就不能领导别人。这可由很多例子来证明。

经理或店长要帮助部下积极地去自我学习，包括如下几点：

（1）经理或店长要从部属有兴趣及关心的事情上去指导，才是教育的重点。自己要去研读部下关心及感兴趣的东西。但是，店长只是领导，在看部属的时候，不要认为我比你先习得这个东西，将来的发展就一定比你强。虽然最后的选择还是凭他本人，但是部属说出自己没有注意之处，也要表现出欣喜的样子。

（2）一面介绍函授教育的途径，一面和部属商量他的选择。零售业的函授教育是必要的。像有些函授大学、商业大学等，其内容非常丰富。可以一面介绍一面和部属聊一聊选择的途径。

（3）部属取得对零售业工作有用的资格。由第三者认定的知识、技能资格的取得，具有一定的水平，可以增加部属的自信。这样，就能使其对工作更有信心。

经理或店长要激励部属朝这方面努力，并帮助他们成长。这就是经理或店长对部属指导的方法。

如何提供员工的学习兴趣

对于讨厌教育与训练的部属应该如何处理呢？这就要提高员工的学习兴趣。

教育、训练的成果与部属接受教育、训练的意愿有着很大的关系。因此，为了提高教育、训练的成果，首先，最重要的就是使这些学员能对教育、训练具有相当的兴趣。

即使学员的能力相同，但对教育、训练的兴趣不同的话，那么其结果将会有很大的不同。告诉他们如果把这个教育、训练学好的话，会有什么好处。

我们经常可以听到，在学校的教育里，因担任的老师改变，而学生的成绩就突然变好的事。这固然与老师授课努力的结果有相当大的关系，但是这与老师巧妙地提高学生学习兴趣也是有很大关系的。

如何活用教育训练的时机

在日常繁忙的业务里，有些店因为忙而放弃教育、训练，而有些店却认为时间很短，必须用最有效的方式来实行教育、训练。

在此提醒一些因为忙而不重视教育、训练的经理或店长，如果将教育、训练持续半年或1年的话，那么它的成果（业绩）必定有很大的提高。

在什么时候做才能够取得最佳效果呢？

1. 新进人员在接任职务之前

如前面所叙述，新进人员的教育重点在于使他了解自己商店并习惯这种环境，这些事情是使他顺利从事实际业务之前不可或缺的、重要的教育与训练。

2. 商品售出之前

教育的重点是提高斗志。

第三篇 管店六堂课——摆、采、销、人、财、物

商品售出之前,为了使商品能出手,而实施教育、训练的话,将可以马上发挥战斗力。

在此,并不是要将商品知识、待客之道都一并教导,而重要的是,针对重点来训练,以提高其效果为目的。

另外,说明销售的目标是公司全体员工的目标,使他为了实现此目标而提高斗志。

3. 新的竞争对手加入时

平常的服务相当重要。当新的竞争对手加入市场时,为了使本身的服务品质不低于竞争者,以上所提出的教育、训练非常重要。

如果新进来的竞争者,其服务品质比我们好时,那么,本店的固定客户必定一个个地流失。

因此,在有竞争店加入时,为不使原有客户流失,商品知识的教育就成了相当必要的课题。

此外,利用早上或下班时,以10分钟左右的时间针对重点来做教育、训练。如果持续这样做的话,也是会有效果的。

4. 多次发生错误时

另外,在公司外如有讲习班时,也应依不同的题目派适当的人去参加,这种有计划地来实施教育、训练是很重要的。还有,经常性地发生业务无法推进时,适时地作教育、训练,其效果也是很好的。所谓的趁热打铁就是这个道理吧。

培训为什么要反复实行

教育训练如果是想到的时候才来做的话,那么必定没什么效果。只有持续实行,才能使它充分发挥作用。

一流的马拉松选手,必定是每天不断地跑几公里,慢慢地使他有很好的体力,假设一个月只练习一次,而一次就要求他跑几十公里的话,这样的计划是不可能的,很难有效率。

1. 持续是力量所在

不管怎么样，教育、训练必须持续实行，才能表现出他的力量。此外，在教育、训练中，必须视实际情况需要，再给予其他的课程。

2. 别做无理的计划

为了使教育、训练能持续地实行，所以在做计划时不要让他连喘息的机会都没有。

没有一位马拉松的跑者是在一开始的时候就猛冲，那会使他还不到半程时便会改成走的。所以为了使教育、训练能持续在设定计划时，应该以八分左右的时间比较适当，只有如此，才能很容易地提高教育成果。

3. 反复地实行

即使认为是一项很简单的工作，只做一次教育、训练就想完全掌握其要点，也是一件不可能的事。如果认为这件事很简单，而没有必要作教育、训练，或者只教导一次就算教了，这样往往会产生一些问题。

例如说"谢谢"这句话，要教导部属把这句话从内心说出来，似乎很简单，但是，如果要将这句话说得很好的话，必须再三地训练才行。

对于相同的事情必须再三地重复才能发挥它的力量，这是一个秘诀。

如何配备和安排店铺员工

店铺需要配备的销售人员的人数，取决于顾客流量，以及商店打算为顾客提供的服务水平。商店的买卖越大，每天、每周和不同季节的买卖起伏越大，那么需要配备的销售人员也越多。与此同时，越是要减少顾客等候购买的时间，需要配备的销售人员也越多。后者有关商店服务水平的决策，在相当大的程度上，取决于竞争上的需要。如果竞争对手提供了高水平的服务，那么，你也就很少有其他的选择。

在一定的顾客流量的条件下，销售人员越多，顾客进入商店后越能很快得到帮助（如果他们需要帮助的话）。这样，顾客等待的时间就很少。这对商店的年销售额将产生积极的影响。因为随着顾客等待时间的减少，帮助顾客选购

第三篇 管店六堂课——摆、采、销、人、财、物

增多,那么,多半顾客发现所得的商品也会增多,因此,店铺的销售额也会随之增加。还有,随着等待时间减少,那些因为等得不耐烦了而一走了之的顾客也少了。最后,减少顾客等待时间,可以消除拥挤,而等待时间过长,店中即会变得相当拥挤,给店内带来不愉快的气氛,给业务经营带来损害。

如何安排销售人员工作时间

根据销售人员不同的实际情况,安排其相应的工作时间,不但避免了销售人员的抱怨,而且,能让他们感受到商店对他们的照顾,促使他们努力工作,提高销售额。

销售人员是不会允许仅仅为了商店的经济效果,使他们的工作时间完全由店铺店长来操纵的。然而,每一个销售人员对他们的工作时间的偏爱是不相同的,因此,这里就可以利用这些不同的偏爱。有些售货员愿意每天只工作4小时;其他一些销售人员只愿意在工作日工作(指星期一至星期五);有些销售人员宁愿在晚间工作;其他一些销售人员愿意午后在家中照顾学童;还有一些销售人员愿意每周只工作4天,但是,如果每周能离开3天,那么,他们愿意在周末工作10~12小时。因此,这就需要了解和分析你店销售人员的时间偏爱情况,然后,据此进行最优的工作时间安排。

差不多在所有情况下,销售人员的时间偏爱不会完全与零售店配备销售人员的需要相一致。这样,就只有两种选择,这两种选择可以分别地进行或是共同地进行。一种选择是制定某些优先制度,工作时间越长的员工,越是可以优先考虑按他们个人喜爱来安排他们的工作时间。另一种选择是慢慢地用那些表示愿意在指定的时间内工作的人来取代辞职不干或被解雇的销售人员。比如,如果你发现商店在周末和晚间人员不足,而现有的销售人员中没有人愿意在这些时间工作,那么,就会对新的销售人员进行筛选,以使弄清楚他们间否愿意或者实际上愿意在周末晚间工作。

团队精神对店铺经营有什么作用

团队精神的培养是店铺员工教育和培训最重要的一个方面，一般来说，店铺店面不是特别大，相应的员工配备也不多，容易形成比较融洽的关系；但另一方面，如果处置不当，会产生严重的内耗，甚至分化形成小团体，使店内员工人心不稳，影响员工的工作情绪，给专卖店的员工管理带来很大的困难。从这个意义上讲，应培养一种团队精神，使员工之间互相交流、互相沟通，形成一个富有活力的团队，使每个员工都意识到自己是整个集体中的一分子，和大家同舟共济。总的来说，团队精神有以下几大功能。

1. 目标导向功能

团队精神的培养，使店内员工齐心协力，拧成一股绳，朝着一个目标努力，对单个店员来说，团队要达到的目标即是我所努力的方向，团队整体的目标就分解成各个小目标在每个员工身上得到落实。

2. 凝聚功能

任何组织群体都需要一种凝聚力，传统的管理方法是通过组织系统自上而下的行政指令，淡化了个人感情和社会心理等方面的需求，而团队精神则通过对群体意识的培养，通过员工在长期的实践中形成的习惯、信仰、动机、兴趣等文化心理来沟通人们的思想，引导人们产生共同的使命感、归属感和认同感，反过来逐渐强化团队精神，产生一种强大的凝聚力。

3. 激励功能

团队精神通过员工一种自觉的要求进步和团队中最优秀的员工看齐。通过员工之间正常的竞争来达到激励功能，而且这种激励不是单纯停留在物质的基础上，而且为了得到团队的认可，获得团队中其他员工的尊敬。

4. 控制功能

员工的个体行为需要控制，群体行为也需要协调。团队精神所产生的控制功能，是通过团队内部所形成的一种观念的力量、氛围的影响，去约束规范，控制职工的个体行为。这种控制不是自上而下的硬性强制力量，而是由硬性控

第三篇 管店六堂课——摆、采、销、人、财、物

制向软性内化控制，由控制职工行为转向控制职工的意识，由控制职工的短期行为转向对其价值观和长期目标的控制。因此这种控制更为持久、有意义，而且容易深入人心。

如何培育团队精神

团队精神的培育是培训一项重要的基础性工程，团队精神的缺乏，必然使员工人心涣散，或者严重内耗，从整体上削弱了店铺经营的活力，严重影响到店铺的生存和发展。人的问题，始终是必须优先解决的问题。

而团队精神的培育的责任应落在店铺店长的肩上。可以说，整个店铺就是一个整体，而店铺的每一个员工都组成了一个团队，店长作为店铺的经营者，应该有意识地培育团队精神。

店长不只是单独指导，也可以将几个部属组成小团体指导。特别是管理阶层或中坚分子，在指导新进人员的小团体或部分团体的时候，要将目标、目的明确化，如此一来在店里实施上，也较具正面意义。

店长在做团体指导的时候，应该注意的事项如下：

（1）要倾向去形成同阶层或有共同立场的同事，具备连带感——把同阶层、有共通立场的人集合起来，形成团体，让他们去学些东西，并且让他们形成彼此帮助的连带感。如果规划过度，店长反而难以实行，与其让部属去乱做，倒不如把他们组成小团体，也比较容易在日常生活中进行。重点是，要唤起团体中每个人的荣誉感和自觉。如此一来，就可以让成员自然地具备相互扶持的精神。

（2）从店的活动目标中，让他们拥有团体目标——让团体中的成员去意识到并了解公司的目标或店的活动目标。在公司或店的目标之下，让部属提出对自己职务上的目标，这样问题会比较少。但是也有不是全然如此的时候，有时反而无法提升部属对工作的欲望。但是不管怎样，如能在团体中让他们拥有共通连带的目标，对工作也有助益。例如，在事务管理上"达成营业目标是管理者和全体员工的共同目的"的团体目标之下，当卖场忙碌不堪的时候，要去支援。提高营业管理员的连带感，可以让彼此的关系明朗化。

（3）明示对团体设定的问题及期待——对于团体，应该设定改善及克服的问题，并将之解决，这是身为店长的期待。即使从个人的场合来说也是如此，明示上司的期待，在因应其心情的同时，可能也会产生反感。像这种矛盾，就必须在团体讨论的同时，检讨应对之策，店长可以在旁予以协助。

如何建立员工绩效考核制度

1. 考核的意义与目的

员工绩效考核是每一位店职员日后的升迁及发展的重要依据，当力求客观及公正。员工绩效考核制度，将有助于店主一目了然地掌握旗下每一位员工的工作绩效。

近来，欧美等先进国家甚至通过一种所谓的"目标管理"制度及期望成果作为考核员工的依据。其方法为：确定每一位员工的主要职责范围，然后再利用此标准，指导员工的日常工作，并作为日后评估员工绩效及其贡献程度的依据。该方法不仅充分发挥了考核的意义，同时也达到了考核制度设立的目的。

2. 考核制度的评定标准

考核制度除了影响员工日后的升迁外，也关系调薪、奖金的分配。通常，店铺经营者为了鼓励员工按规定出、退勤均会设立所谓的"全勤奖"。如果两名员工在1个月内除正常休假外，没有额外请假，迟到的次数、时间也在公司规定的额度以内，可以领到全勤奖，作为辛勤工作的奖赏。

除了出、退勤记录、请假次数，员工平日在店内的工作表现、工作情形、工作能力及态度，也应列为考核的项目，才能真正达到赏罚分明的目标。

如何建立按劳取酬的薪资制度

1. 各级职员薪资给付办法

一般来说，薪资是吸引人才、鼓励员工努力工作的关键，薪资对员工的意

第三篇 管店六堂课——摆、采、销、人、财、物

义,含有"按劳取酬"和"保障生活"这两大原则。也就是说,薪资公正的条件必须是与劳动等值,且能保障基本生活。

因此,薪资具有劳动力价格的性质,通常员工是根据自己能产生多大的价值(即生产力)而定;而雇主则是由作为创造劳动力成本的生活费用所决定,所以薪资给付若想在雇主与员工间取得协调,就是要在这两个原则中间去寻求平衡点。

"按劳取酬"意味付出越多,理应得到报酬愈多。当然所谓"付出",不单是指体力,还有脑力上的付出。不同职位的员工,因为付出的体力和脑力不同,承担的责任也不同,因此产生了"不同工、不同酬"的薪资制度。

通常兼职人员的薪资计算以小时为单位。具体价格可参考行业平均价,另外,也可以有全勤奖以及清洁奖金等作为鼓励。

正式店职员的薪资以"月"为单位,而且还有许多的福利及津贴(如伙食费、交通津贴、房屋补贴、夜班津贴、全勤奖等),各项合计才是真正的薪资。

除了一些共有的基本津贴之外,有的店主还会加发给员工清洁奖金、业绩奖金、工作奖金等,不但达到"保障生活"的原则,同时也兼顾到"按劳取酬"的原则。

2. 加班费及各项奖金的给付办法

以排班方式轮调的店铺,比如碰到商店新开业、年节或是月底盘点等特别忙碌的时候,员工有时也需要留下来额外加班,基于劳动法相应的规定,只要确实由于工作上的需求而加班者,资方应给付相应的加班费给劳方。

另外,遇到法定假日或是礼拜天,轮职当班员工当天的薪资,也用加班费的方式来计算,计算原则为底薪乘以一定倍数,如2个小时以内为底薪的1.33倍,2~4小时为1.66倍,4小时以上则为1.99倍。

至于业绩奖金,是为了鼓励创造比平均目标更高的业绩。计算方法是,超出部分的金额乘以5%为其业绩奖金,如:假定早班平均每日应为10 000元,而达成15 000元,则以多出来的5000×5%=250元,就是该班人员的业绩奖金。店主可以根据各营运状况制定业绩目标,而且可以隔段时间(如3个月)调整一次,以鼓励各当班人员不断努力创造更高的业绩,连带提升员工工作士气。

如何建立利益共享的福利制度

福利制度的建立，充分体现了劳资双方的利益共享、双赢原则。应该考虑到店铺的每一份子，上至店主、下至店的兼职人员，都应享有完善的福利措施，以保障员工的工作安全及生活无虞。

1. 劳保、意外险的必要性

根据劳动法的规定，雇主有义务为员工保险，以作为工作上的一项保障。除了劳保外，店铺职员还应该得到意外险的保障。原因在于店铺的现金收入，常让歹徒虎视眈眈；另外加上24小时营业，大夜班正值夜阑人静，危险几率较高的时段；另外补货上架、清洗设备等，也易发生货伤人的意外。为员工支付一定数额的保险费，虽然增加了雇主的一定成本，但要想到，一旦事故发生，雇主则不堪拖累，另外保险有抵税作用，抵销了部分成本增加，最后有保险的保障，员工可更安心工作，也显得店方有诚意，有人情味。

2. 各项津贴及补助费的给付办法

薪资中的物价津贴、交通津贴、房屋津贴及夜班津贴等，在食、住、行等方面给员工一些实际的补助，津贴的额度也非固定不变。店主可视当时的物价或是交通费率的高低起伏，来调整物价津贴及交通津贴额度的多寡。

第三篇　管店六堂课——摆、采、销、人、财、物

第14章　财务管理
——小店经不起大手大脚

如何掌握敏锐的金钱感觉

金钱感觉是经营者必须掌握的一个部分，是非常重要的感觉。经营者对公司的金钱必须严格把关。公司的金钱不仅限于现金、原材料、商品、设备，必须把这所有的一切都反映为金钱。企业主动用的金钱数目越大，人对金钱的感觉就会变得越麻痹。公司的规模越大，必然其金额就会增大。日常动用巨额金钱时，小额钞票常常显得像垃圾一样不予重视。如果每天操纵着10万元、100万元那样巨额的现金，那么对一两万元变得无所谓，则并不足以为奇。

有一位经营者在公司资金筹措紧迫时，却每天将1 000～2 000元的钞票扔在酒馆里。一边说着还差二三百万元，一边却将公司的钱如汤水般抛撒。的确，对于100万元来说，1 000元算不得什么。那一天即使节省了1 000元，对于筹措的100万元算不了什么，但是如果人们探究其资金筹措紧迫的原因之后，必然会考虑借或贷款的风险，而断绝借其款项的念头。

果然，这位经营者最终使公司倒闭了。

俗话说，一分钱憋死英雄汉，不会珍惜小钱的人干不了事业。不是说要吝啬，也不是说对金钱总要精细打算。对自己囊中的金钱稍微大方一点没有什么关系，但是，对公司的金钱一分也不能浪费。

一分也不能浪费并不仅限于现金。不用说商品，就连原材料、燃料、劳动力都不能浪费。它们虽然没有露着金钱的面孔，但在公司的经营活动中与金钱相同。

对金钱以外的东西，不少人都不具备以金钱的眼光去看待的感觉。因此，不少人看重金钱，却在不断地浪费商品和原材料。这些人也属于金钱感觉薄弱型。

举一个身边的例子。假设某人借给了邻居1万元，到了约定的日子却没有还，心情非常坏。不论过了多久仍然没还，于是此人怒上心头，"从此不再理那邻居"。

再者，假设某一家商店向邻家赊了1万元的商品。赊物的邻家因为听到"什么时候付钱都可以"，不久就把这事完全忘记了，没去付钱。这家商店不久也忘记了，到决算的时候才想起。但是，已经是好几个月前的事了，碍于面子难索取。于是，店主便说："唉，算了吧！"不了了之。

前一例子中的主人公因现金得不到偿还怒上心头，后一个例子的主人公因为不是现金是商品而变得慷慨大方。可以说这完全是感觉的问题。实际上两者都遭受1万元的损失。后者由于不是从金库支出的1万元，没有感到那么心痛。店主在计算损失时，不是1万元，而是进价的6000元吧！从金钱感觉来说，太过于迟钝。

把商品看作与标注的价格相等的现金，才是敏锐的金钱感觉。1万元的商品货款呆账了，必须看做是1万元的现金呆账了。一般在货款不能收回时，经营者常以进价和制造成本来计算，这种感觉实在太天真。如果接受了100万元的票据，应该有借出了100万元现金的感觉。如果具有了这样的感觉，就不会那么简单地接受票据了。

退货也一样。如果有100万元的商品退货了，那么就等于是从公司的金库支出了100万元现金。这样的感觉往往使企业主有一种深刻的危机意识，将会更为谨慎地面对自己企业的经营活动。

第三篇　管店六堂课——摆、采、销、人、财、物

怎样合理使用启动资金

任何商店在开业前都必须注入一笔启动资金，实际上就是初始投资。

初始投资一般可分为两大部分：一是一切开店前的资金，如租店面所需的押金、保证金以及先期租金，外部装潢、内部装潢、固定设施的费用及人员招聘的费用等等；二是营运中所需的费用，如采购费用、开业宣传费用等等。

不同的地段，店面的租金和押金差异非常之大，其金额会受店面所处的环境、离闹市的距离、建筑物的结构等多种因素的影响。地处繁华地段，客流集中，自然租金十分昂贵；而偏僻一点的地段，租金自然就降下来了，在租到店面后，外部装潢和内部装潢的费用，也会随行业的不同而有所差异，像高级店铺和大众化商品店其所需装潢费用就不同，高级店铺就目前的行情看，每平方米要3 000～5 000元，同时也和店铺的规模大小装潢标准的高低有关。而在设备费用方面，如果是商品店铺，应该有专用于某点商品专门和配套设备，体现其专业化的销售，像精品服务店，则主要设备有商品专门配套的陈列架、POP、橱窗、空调、灯光音响设备，需要3万～10万。

现在假设所开设店面面积是5平方米，租金每平方米每月1 000元。装潢费用每平方米3千元，设备费3万～10万元，那么自己应准备多少资金，应有一个大致的计算。

同时，还要至少准备一个月的进货资金和营运周转金。特别是店铺是新开业，各种供货渠道都是新开的，和供应商的合作关系刚刚形成，所以，一开始进货打的折扣不会很高，而且不一定能享受到各种购货的优惠，考虑到这方面因素，运用资金要留有一定的余地。

开业的介绍、宣传日行销活动，可以通过报纸夹带广告、传单等方式。需对各种方式进行评价，如果认为只要把传单递到附近住户就万事大吉了的话，无异于将钱丢到垃圾筒。实际上，为了达到预期的效果，每家店都有必要对各种顾客进行筛选，找出目标顾客，然后有针对性地传递给他们信息，这样花费少效果反而更好。

怎样合理使用有限资金

当营运资金有限时，要获得最大的利润，就必须加快资金周转速度。资金周转速度的加快，就相应地要求物流速度也加快，各种调查的工作就必须跟上。

一般顾客都是以现金、信用卡支付，特别用信用卡支付时，店铺要及时把款项划过来，加速资金回流。

需要周转金时，即使是挂账，进货之后开始销售，如果回收货款的期间能和进货到付款之间的期间一致，就不会产生付款困难的情况。当回收销售货款的期间长于进货付款的期间时，这段相差的期间，就需要周转金。一般来说，店铺应该有一定的周转金，以备不时之需。

如果实在已经没有周转金可供周转，但又想增加营业额时，那就非得缩短库存时间，将回收销售货款的时间提前，或是延长进货货款的支付的时间。

在筹措资金方面应该掌握什么商品的周转期较长，哪位顾客或进口商较长用现金交易。最好是做一张资金筹措表（分预测、实际两种），才能避免周转金不足的情况发生。

如何制定资金运用计划

在筹备足够资金之后，首先要有周密的资金运用计划，当然资金运用计划可能随用地计划与建设计划的变更而发生变动，因此在实际进行时，应力求向计划目标进行，以免造成太大的出入，影响资金的运用，另外在制订计划时，也要考虑临时应变措施。

资金运用计划可以分成收支计划、利益分配计划、资金计划三个部分。其中值得注意的是，开店前可能需要大量的资金，而在开店后收支的情况对资金的运用也有很大的关系，所以对于经营环境、业内动向和公司本身的经营状况等，在制定收支资金计划时，均要多方面地考虑，并慎重地拟定计划。此外，需拟定开店后5~10年的中、长期计划。

1. 收支计划

（1）营业额估算。开店的第一个年度的营业额，需依照市场调查、卖场构成、商店实地条件、经营能力与同行加以比较后进行估算。次年度以后则根据收入所得与消费支出成长状况，配合已设商店的年度变化情形予以估算。中途若再有扩建计划时，对于营业额的预估亦要予以计入。

（2）收入估算。毛利额计算，一般依据毛利率及营业额进行估计，其他收入方面，如利息收入、租赁收入等，则依可能发生情况予以列入。

（3）经费支出计算。按照经营之需，分为变动费用与固定费用。变动费用是依营业额的高低比例所确定，如包装费、广告费、营业税等。固定费用则包括人事费、水电费、邮电费、日常用品费及其他各项管理费等。固定费用内也有部分费用与营业额的高低有连带关系。固定资产等折旧的提列及开办费的摊提等，应列入经营费用。

2. 利益分配计划

公司的利益分配，除了缴纳各项税款外，可依营运的需要提取公积金，或是作为股东、员工的股利分配之用。

3. 资金计划

资金计划可以分为资金使用计划和资金调配计划。

（1）资金使用计划。资金使用计划分为开店前计划和开店后计划两部分。开店前计划费用有用地费、建筑费、硬件设备及设备费、保证金、入股金及商品准备金等。开店后计划费用则可包括经营运转资金、商品采购费、贷款利息或扩建、维修等各种费用等。

在资金的运用计划上，需针对各费用必需时期、金额内容等作明确的界定。

（2）资金调配计划。资金调配计划同样分开店前计划和开店后计划。开店前调配计划是配合开店前资金使用之需而准备，若能调配得当，对于投资成本的降低有很大作用。开店后调配计划是根据营业活动情形，扣除经营费用后的剩余金、折旧额以及各项应收、应付费用等做统一调配，以求灵活运用资金。

如何筹备与运用资金,是每位经营者应当深入了解的,只要能参照以上重点,朝原定目标的额度,确实谨慎执行,一定能顺利完成开店的目标。

怎样计算损益平衡点

1. 什么是损益平衡点

不论是想开店或已经开店,计算精确的损益平衡点(以下简称损平点),可以帮助店铺有效地推展销售计划及控制成本。所谓损平点,就是成本和营业额相等的点,每个月的营业额只有超过损平点,店铺才能赢利,以免亏损。损平点是店铺的营业额的底限。

但很多人在计算损益平衡点的固定成本时,常常未将装潢的折旧算进去。如果是自有房屋或无租期限制,可以5年计算;但如果有租期限制,就要以实际租期作为分摊年限。

但单纯以损平点仍无法准确估计应达成的营业额。店铺常只从成本去估计营业额,而忽略当地商圈的消费实力,造成"一厢情愿"的经营盲点。例如依据成本算出每个月的营业额要20万元才能打平,但如果当地商圈根本不可能有20万元的消费能力,则必须千方百计地把固定成本降下来,使损平点营业额尽可能符合实际的消费能力,否则,亏损将不可避免。

2. 损益平衡点的计算

损益平衡点=固定成本÷(1-毛利率)

由于店铺经营的服饰有很多种类,因此,毛利率的估算通常是依销售经验取约略值。如售价100元的商品,成本80元,则其毛利率为20%。

例:李先生和3个朋友合开了一家茶艺馆。(单位:元)

(1)每月固定成本60 000元;

水电费12 000元;

薪水(每个合伙人35 000元,未雇其他员工)140 000元;

装潢折旧(装潢费租期×12月)17 000元;

各项费用合计229 000元。

（2）毛利率50%。

（3）损平点为229 000÷（1-50%）=458 000（元）

所以李先生的店每个月的营业额至少要达458 000元，收支才能平衡。

损平点只能预估不赔钱的营业标准，如果想要有更多利润，就得计算投资报酬率。如果每年营业净利未达到开店总资本的8.5%，则宁可将资金投向其他领域以获取更高的报酬。

如何估算回收期

估算损益平衡点可得知需达成多少营业额，才可和成本打平，而计算回收期则可预估营业多久才能"回本"。投资金额除以每月营业净利，就可约略估算出回收期。

回收期=开店资金÷每月营业净利

如果开店资金400万元，每月营业赢利80万元，则回收期为400÷80=5（年），即近5个月才能收回成本，但此项没有考虑现金的时间价值。

安全存量=平均一天销售量÷订购前置时间（不同商品的安全存量须个别计算）

如果该店商品每个月平均可卖出500件，则每天的销货量为500÷30≈17（件）；

若订购前置时间为一周，则其安全存量为17×7=119（件）。因此店里应随时备妥119件此商品。

存货周转率=每月营业额÷店里库存金额

如果每月营业56万元，目前库存金额为15万元，则其周转率为56÷15=3.73（次）

表中公式以一般的店铺为适应对象，某些情况特殊的店铺可以选用自己的财务指标。

如何做现金流量预估表

有了翔实的账目即可做出正确的现金流量预估表。而现金流量预估表则可清楚何时有闲置资金可运用,何时资金会短缺需要调度,确实掌握每月现金的收入和支出情形。

大部分卉店者没有考虑实际的现金流量,因此常在生意很好时无限制进货,或将赚的钱花在添购设备上,而没有考虑在下个月可能要付出大笔款项。因此开店者要做整年度的损益预估表和现金流量预估表,搭配运用,可避免资金短缺、周转不灵的危机。

损益预估表呈现的是经营的盈亏,只能预估整年度各月经营状况值;而现金流量预估表则是对实际现金收支状况做预估及管理。

在损益预估表中,开店者可依据过去销售经验,订出下一年度各个月的销货收入、销货成本、固定成本分摊及其他营销费用,并估算出每个月的营业净利:

营业净利=销货收入−销货成本−营销费用

但在现金流量预估表上,应完全把现金收支作为标准。所以,只要是未实际收到现金的销售收入,一般就不计收入;而未以现金支付的款项就不作为支出。例如,在固定成本中,装潢折旧的摊销基本上未动用到现金的支出。因此在现金流量预估上就不必列入支出项,但在损益预估表上必须列为费用项目,因此现金流量预估表和损益预估表会有差异。

如何预估营业额

一般来说,要估算1年或6个月内的营业额已很困难,若要预估10年的营业额,困难度将更高,因为其中变数太多,不可不慎。为何要做10年的营业额预估,因为10年间会影响营业额的因素,大概包括以下几种。

1. 物价上涨指数

每年物价将因原料价格上涨，人工薪资上涨，土地、房屋成本上涨而上升，此上升指数即一般所称的通货膨胀。

2. 人口数、户数的异动

商圈内因居民住宅的兴建而搬入一些外来人口，生育率提高或人口移出等。

3. 市场的没落

传统市场因后继无人，消费趋势改变。

4. 竞争店的加入

市场被竞争店瓜分。

5. 道路交通体系的改变

导致交通更为方便或阻碍频生。

6. 消费行为改变或产生业态发展新趋势

营销费用包括哪些项目

（1）房地产取得成本的前提，必须按有关法律规定。一般土地不列折旧，房屋则须提列折旧。

（2）租金按照租屋合同规定做调整。

（3）开店成本（贷款）的利息应包含押金利息负担。

（4）保险费用（产物保险）依承保金额按月计算每月保费。

（5）有些店附属于大楼地下室，需按使用面积数提列管理费用。

（6）依税法规定，材料及办公设备皆有不同的折旧年限，这些也应列入管理费用。

（7）薪资费用按调薪幅度调整，但需注意薪资在管理费用中所占的比例有限，超过时生产力将出现危机，故薪资水准的管理和职员、兼职打工的比例需依年度调整，以保持生产力的提高。

（8）水电费用也有调整的可能，因为在长达10年内难保没有能源危机事件。美日等先进国家，目前已有法令强制规定设备制造业者要加强省电设施。

（9）单店促销费用较高，多店则较低，但促销费用以不超过营业额的1.5%为主。

（10）新开店可少列些修理费用，而3年以上的旧店则需多加预提。

（11）其他，如电话、教育培养、文具、印刷、制服、包装、损耗品标签、油墨、差旅、劳保、伙食津贴、员工奖金、交通和杂项费用等。

应该具有什么样的成本意识

现代企业中销售和利润的增长很重要，但是同时不能缺乏成本意识。多大数量的销售要花费多少成本，成本率是上升还是下降等等，必须经常装在大脑里。

当代市场经济中，竞争对手拥挤，顾客争夺战激烈。如果不是十分有特色的商品，争夺往往会通过价格来进行，另外，独特的商品一经销售，即使当初买卖红火，但不久类似商品登场，结果还是靠价格决定胜负。

在流通世界，廉价商店急速抬头。特定的商品用现金大量买进，以此降低成本，进而极端地降低卖价，即所谓的薄利多销，为降低商店总体的成本，不讲究商品的陈列，有的商店将装着商品的纸箱重叠着卖，还有的商店省略包装。总之，彻底地降低成本，靠低价格战略来招揽顾客。

不论如何，现在的企业竞争以成本决胜负已变得非常浓厚，从这个意义上来说，成本感觉是经营者最为重要的经营感觉，毫不夸张。

经营的基本原则是以最小的牺牲获得最大的成果，换言之，即以较少的成本获得较大的销售额。但销售额不论怎么提高，成本花费过大，不出丝毫利润的经营毫无意义。相反，只关心降低成本，疏忽了增大销售额也会让人伤脑筋。

企业降低成本的努力，是为了在扩大利润幅度的同时，提高销售。通过降低成本来降低价格，由此把顾客拉到本公司。即为了提高销售额而努力降低成本。

第三篇 管店六堂课——摆、采、销、人、财、物

当然，经营变为价格竞争并不是令人高兴的事，这样一来，不管怎样说规模大总会占上风，中小企业没有获胜的优势。因此，为了以最小的牺牲获得最大的成果，与自己的公司置身在哪一行业，进入哪一种事业有密切的关系。在此暂且不谈这个问题。

总之，确实希望企业主在考虑成本的时候，不要只看与成本有关的数字，必须具有包括销售额在内的经营整体视点。这是成本管理负责人与经营者的基本不同点。成本管理负责人应倾注全力降低成本，而经营者去关心此事却是错误的。有的经营者只会经常一个劲地喊："要降低成本，降低！"应该考虑一下是否说得太过头了。

如何看待有关成本的各项数字

1. 相对于销售额花费了多少直接成本

企业主不应该看直接成本多少，而应该看相对于销售额的比率。在其意义上，把附加价值比率作为指标最合适。附加价值即企业活动所产生的新价值。一般来说，包括零售和批发业的商业是指销售额总利润（销售额减去销售成本），制造业等工业是指加工额（生产额或销售额减去材料费、外协费），建设业是指完成加工额（完成工程额减去材料费、劳务费、外协费），这些数字相当于附加价值。附加价值与销售额之比为附加价值比率。这几年的大致平均值，制造业为41%～42%，建设业为27%～28%，批发业为18%左右，零售业为大约30%。如果本公司的数字比这些平均值低，说明直接成本花费过多。在这种情况下，努力降低进价、降低对外协作成本等等，将成为经营的重要课题。

2. 直接成本以外的成本花费了多少

指标为销售管理费。销售管理费是指销售员工资、包装运输、广告宣传、接待交际等销售费加上事务员工资、董事报酬、福利保健、办公用品、差旅、通讯、房租等管理费。销售管理费与销售额之比即销售管理费比率。平均值：制造业大约19%，建设业大约14%，批发业16%~17%，零售业大约28%。超过

了这个数值，则说明比其他公司销售管理费高。因此，必须展开节俭经费的运动。

3. 人事费的大小

简而言之，人事费是指关系到人的经费，合计为工资、奖金、福利保健费等。人事费与销售额之比，即人事费比率。平均值：制造业17%~18%，建设业12%~13%，批发业超过6%，零售业超过13%。人事费过大时，由于不能降低工资，只有削减人员或在现有人员的基础上努力提高销售额。也就是提高劳动生产率，必须关注每一个人提高了多少成果。

以上三个数字是经营者应该看的最为重要的数字。另外，更细的是支付利息比率（金融成本）和广告宣传费比率、福利保健费比率等。通过各种成本，可以看到各种指标。

经营者的成本感觉，还有一个不可缺少的视点，即单位小时成本和成果，即公司每小时花费多少成本，获得多少成果。时间是人平等拥有的资产，要从这个资产如何有效地利用的视点去看待成本和成果。

具体来说，就是将销售额和毛利润及有关成本的数字除以实际工作时间。重要的是从其视点上经常检查整个公司和每个职工的动向。以这样的感觉环视公司内部的情况，会意外地发现浪费时间的现象。例如，五点钟为下班时间，经常在四点半左右工作效率就已经开始下降。其实毫不夸张地说几乎所有企业的实际情况都是如此。

如果五点钟为下班时间，那么在到五点钟之前的时间以内，全体员工对工作全力以赴才是本来的姿态。但事实上在大约30分钟之前就已经在开始整理，在与同事聊天，这30分钟几乎没有什么成果可言。

加班时又怎么样呢？当然，也有人在继续全力以赴，但也有些人一到加班便拖拖拉拉。这种人一般是没有必要加班却在加班，即不外乎为了挣加班费的"生活加班"。仔细检查的话，会发现成果只有白天的1/2或1/3左右的情况不少。这样一来，加班费使人事费猛涨，大大压制利润，导致所谓的人事费破产。

比起表面上出现的数字，严格地关注单位小时成本和成果更为重要。

一个立志成功的企业主为了养成这种感觉，不妨首先计算一下自己单位小时的人事费是多少,可能的话以10分钟,不,以1分钟为单位来计算看看。而且,也算算单位小时产生了多少成果。再者,经常检查一下,到终点的下班时间为止员工是否在全力冲刺,是否在拖拖拉拉地加班。

如何向商品购买者预收货款

对于单件价值高或者批量大的产品,生产企业可以向商品购买者预收一定数量的购货款,这也是企业筹集资金的一条渠道。预收货款在我国有其存在的客观基础。从消费者方面看,随着我国经济的不断发展,人们生活水平的不断提高,手中的积蓄不断多起来,现在全国城乡储蓄总额已达到1万亿元以上,这部分资金暂处于闲置状态,是一部分潜在的购买力,人们一旦有自己喜爱的产品出现,就会去购买,他们需要物美价廉的商品来改善生活水平。在这种形势下,对一些供不应求的商品,如果生产企业能够保证在一定时间内,保质保量地向消费者提供,并在价格上给予相当于存款利息的优惠,则消费者就会乐于将存款取出来,作为购买商品的预付款项,预付给企业,从而使社会闲置资金投入生产。从生产企业来看,企业为了取得紧缺原材料以及设备的供应,有时也乐于向供货企业预付一定的购货款项。预收货款对于周转资金不足或要进行扩大再生产而没有足够资金的企业来说,解决了资金紧缺的矛盾,还利于企业生产扩大。

企业要顺利地采取预收货款的方式筹集资金,必须具备如下条件:

(1)要通过经营取得较好的商业信誉,使客户有一种依赖感。

(2)做好产品的生产计划。以产品产量作为预收货款的上限数额,保证向预定客户按期如数提供产品。

(3)原材料、燃料、动力等有充足保证,不能由于材料不足而影响企业的正常生产,影响预定产品订货。

(4)制作产品样品。购货者是要看样订货的,要有供用户鉴赏的样品。样品的质量应与未来生产的大批产品相一致,不能"挂羊头,卖狗肉"。交货时的产品样式、规格型号、质量与样品不符,应允许客户退货,并退回预收的款项，赔偿经济损失。

（5）有出证机关签证，使预收活动合法化，从法律上保护购销双方的合法权益，监督双方履行合同条款。

（6）必须签订预购合同，以经济合同的形式确定双方的权利和义务。合同条款由销售单位拟定，由出证机关鉴证。

如何采用赊购方式购进商品

企业在资金不足，而又急需劳动对象和劳动工具时，可以采取赊购的方式，获得需要的商品。企业在赊购商品时，先从卖者手中获得商品，并不向卖者支付现款，而是在一定的期限内付清货款，即货款的延期支付。在这个过程中，由于从赊购商品到支付货款，有一段或长或短的时间间隔，所以对赊购商品的企业来讲，实际等于获得了一笔贷款，只是这笔贷款不是从银行获得，而是从出卖商品的企业那里获得的。

赊销商品是商业信用的一种形式，又可称为未清账信用。这种信用通常是在卖方对买方的信用可靠程度作了充分调查了解之后才提供的。卖者在提供信用后的唯一证据只是购买者的购货定单，一份表示货已交运的发票和一笔登记应收款分户账的记录。如果在赊购商品时卖方为了安全，可以要求卖方自己开具，买方承诺。这种票据就是商业票据。商业票据可以转让与抵押，也可以贴现，这样卖方就不必担心因提供信用而发生资金短缺。

企业可以利用赊购方式获得急需的商品，在一定时期解决了资金不足的问题。同时企业在赊购商品时，必须考虑赊购成本高低。因为赊购商品的金额是按照商品的销售价格来支付的。表面上看，是债务人"无偿"占用了债权人的资金，实际上，提供信用的企业已经把这笔款项的利息加到价格中去了，利息已随价格转嫁给买者了。有些企业在赊销商品时，规定了现金折扣的办法，即购货方若在货款到期前提前付款，可以按发票金额享受一定优惠（折扣）。购买者若能提前归还贷款，就可以减少一笔支出，若不能提前归还，则只能放弃优惠价格，而多支付款项。但是企业有时为了筹资，常常延长对货款的占用，利用这笔款项进行生产周转,获得优惠价格,要具体问题具体分析,看怎样做更有利于企业的利益,有利于企业既能降低成本,又能筹集到足够的生产资金。

如何控制成本

勤与俭能让人成功致富,也可以使商店变成名店或老店。

勤是比别人更加倍努力,只要有恒心就不会比别人差,而俭并非一毛不拔,是要经过经营分析达到经费的控制。

每当我们与店老板探讨经营管理问题时,就强调要每个月将经费做一份分析表,其内容包括:项目、预算、实支金额、差额、理由、店主意见(对策)等,并实施追踪制度,这样才能杜绝浪费。

由每月经费分析来实施经费控制,应有六项基本观念:

(1)店员薪资总额不得超过经费之一半:薪资总额/经费总额×100%<50%。

(2)人事费用与销售总额比例要小于6%:人事费用/销售总额×100%<6%。

(3)经费与销售总额之比例要在15%以内:经费/销售总额×100%<15%。

(4)经费与销售总利益之比例,要维持在80%以内:经费/销售总利益×100%<80%。

(5)固定费用占经费之比例,应为85%以上:固定费用/经费×100%>85%。

(6)变动费用占总经费之比例应小于15%:变动费用/总经费×100%<15%。

火车行驶要有轨道,飞机飞行要有固定航线遵行,经营商店也要按上述六点来控制。

第15章 安全管理和异常情况处理

如何进行打烊的安全管理

以下事项需特别注意：

（1）晚上用餐时间过后，将打烊工作人员的车子全部移到店的前门，这样员工离开店到上车，较为安全。

（2）打烊后，员工离店需以2人或2人以上或一群人的方式离去。

（3）打烊前，确定所有的顾客都已离开餐厅。

（4）检查厕所天花板有没有被潜入的痕迹，查看天花板有无移动的迹象，或有无残屑掉在地面上。

（5）确定餐厅所有的门、窗都上锁，且固定良好。

（6）打烊后即打开夜视灯，且不允许任何人留下。

如何防止外部人员偷窃

1. 店铺灯光照明管理

充足的灯光可以阻止店内和店外犯罪行为发生。

在阴雨天和天快黑的时候，要打开外围的灯光。

在天黑时，要打开屋顶招牌灯。

照射灯需能照到通道、后门、前门及外围景观。

营业时间选购区需打开灯光。

坏掉的灯应随时更换。

2. 门窗

后门要加装"猫眼"，利用"猫眼"来确认想要从后门进来的任何人，并且后门最好保持锁闭的状态。

如果后门没有"猫眼"装置，则请欲从后门进来的人改从前门进入。

后门的门面不要有把手或其他类似零件，务使后门只能从店内打开。

检查门窗有无玻璃破损及任何螺丝脱落的情况，并及时找人修理。

控制餐厅钥匙的数量，持有人只限经理、副经理或开店及打烊的人员。

建立钥匙记录簿，务必要求钥匙持有人签名。

当钥匙数量多到无法控制时，应立即换锁。

储藏间需上锁，巨型铁质垃圾桶确认维修良好，并保持紧闭。

3. 店面外的景观

经常检查建筑物的前后及室外垃圾处理区（如果有的话），尤其有庭院的店铺还要检查是否杂草丛生，一旦植物生长过高或过于茂盛，不但影响视野，更易成为歹徒躲藏之处。

4. 还要做到以下五点

（1）扩大通道。

（2）消除卖场死角。

（3）加强明亮的照明设备。

（4）陈列物排列整齐、井然有序。

（5）考虑店员的分派。

另外，有很多大型商店的超级市场都有反射镜和店内摄影机的装备，这种因防范少数不良分子的做法，会引起大多数顾客的不愉快，因此，中小型商店不必装设。

如何防止内部人员偷窃

店铺中人多事杂，员工的偷窃行为发生时，其处理通则如下：

（1）明令规定贵重物品严禁携至店中，如有必要，则交由柜台保管。

（2）发薪日现金或支票锁于保险柜中，下班的员工方可领取，领完钱后收好立即离店，勿在店中无事逗留。

（3）抓到偷窃者立即开除，绝不宽恕。

顾客的哪些行为需要注意

下列几种客人必须多加注意：

（1）虽然很从容不迫，但是在店里走过来又走过去，看起来似无目的地逛来逛去。这中间，视线并不放在商品上面，反而十分留意周围的动静。一旦和店员目光相接的时候，眼睛露出畏惧的眼神，马上装作拿起商品看看。

（2）两三个人同时进来，其中一个人和店员交谈，其余的人则分散到店里，到处走来走去物色东西。

（3）穿着不合时节的大衣、外套等衣服，硬往卖场上不易被人看见的地方去。还有，用手抱着外套、大衣，装作是在看东西的样子，而且都站在阴暗的地方。

（4）很不自然地拿着杂志或报纸在店里踱来踱去。

（5）故意把很大的包巾放在商品上面，或者是购物包半开着晃来晃去。

（6）事先预备好容易放进去、容易藏起来的口袋或包，一边慌慌张张地环视四周围，然后很快隐藏起来。小偷在把偷到手的东西藏起来之前，外表看起来有点怪异，一旦目的达成之后，会有两种不同的表现：一种是小偷和普通客人一样，在店里走着；另外一种是小偷急急忙忙地离开商店。

餐饮业如何防止食物中毒

食物中毒对餐饮经营有极大的危害性，因此，厨房安全最重要的是防止食物中毒。防患于未然应该成为餐饮经营的安全工作宗旨。国外和国内中毒事件的资料说明，食物中毒以其种类来看，以细菌造成的最多，发生的原因多是对食物处理不当所造成，其中以冷藏不当为主要致病原因。从行业来看，大部分发生在饮食业，主要是卫生条件差，没有良好的卫生规范的生产场所。

从事故发生的时间来看，大部分在夏秋季节，高温、潮湿的环境易使微生物繁殖，造成食物变质。从原料的品种看，主要是鱼、肉类、家禽、蛋品和乳品等高蛋白食物，因为这些食物最容易生长微生物，因此这些都应作为预防食物中毒的重点。

食物中毒是由于食用了有毒食物而引起的中毒性疾病。造成食物中毒的原因如下所述。

1. 食物受细菌污染，细菌产生毒素致病

这种类型的食物中毒是由于细菌在食物上繁殖并产生有毒的排泄物，致病的原因不是细菌本身，而是排泄物毒素。对此必须有清晰认识，因为食物中细菌产生毒素后，该食物就完全失去了安全性，即使烹调加热杀死了细菌，但并不能彻底使毒素失去活性。这种毒素通常又不能通过味觉、嗅觉或色泽鉴别出来，因此采取尝味道、肉眼观看食物有没有坏的办法是无效的，不能辨别食物是否安全。

2. 食物受致病细菌的污染

由于这类细菌在食物中大量繁殖，食用了这样的食物就会引起食物中毒。

3. 化学污染和食物本身的毒素

另外，食物中毒的原因还有化学物质的污染和食物本身具有致毒素。一般要注意：马铃薯发芽和发青的部位加工时应去除干净；不能食用鲜黄花菜、苦杏仁、未腌透的腌菜和未煮熟的四季豆、扁豆等。

发现小偷时该如何处理

小偷必须是现行犯罪才成立。如果不能确定是否为小偷时，可以小声告诉同事、上司或负责人员加以监视，并派人跟踪，注意其有没有偷窃行为。大部分小偷如果在该店偷窃成功而不被发现的话，都会再继续来偷第二、第三次。如果小偷发觉不对劲，知道有人在监视、跟踪，他就不敢再下手。如果他真的偷了东西，一定会慌慌张张，会找机会把东西放回卖场，或者干脆拿到收银台去付钱。

小偷的犯罪行为成立时，处理原则如下：

（1）在自助式超级商店的情形是，不付费而擅自通过柜台的时候。

（2）在面对面销售商店的情形是，把商品放入口袋或包里面，却没有付钱的表示，而移动到店外或其他卖场的时候。

因为一般人没有调查的权限，所以站在管理自己商店商品的立场，要求小偷把东西还给店方，才是最基本的处理对策，这一点要铭记在心。

如果自己很有把握地确信是小偷行为，确实有偷东西的情况，应该和上司协同处理。

自助式超级商店发现小偷如何处理

（1）务必请客人购物时放入规定的购物篮里，宣传使用购物篮。

（2）如果购物篮放不下的时候，要把品名、数量、价格等项目很详细地与收银员说明。

（3）收银员把拿出来的全部东西的价钱都算完后，要说一句"还有没有忘了结账的东西呢？"

（4）若客人没有完全把商品拿出来算账的时候，在他经过收银台要踏出店外的时候，应该把他叫住："因为刚才的结算发生错误，很对不起，麻烦您到这边来一下。"

而在（3）阶段，如果问了之后仍没拿出来，只能把它想作已经放回原来的商场上，或者藏在其他卖场的商品下面，只要是不能千真万确地断定各种怀疑的情况，而移到（4）阶段处理的话一定会发生问题，所以应该谨慎处理。

面对面销售时发现小偷如何处理

（1）看到客人把商品放进口袋或袋子里的那一刹那，马上走过去招呼说："欢迎光临，帮你包起来好吗？"

（2）错失时机的时候，可找机会靠近客人说："欢迎光临。还需要什么东西吗？"然后再离开，制造放回商品的机会。

（3）不但不把东西放回去，而到其他卖场或踏出店外一步的情况时，不要犹豫，马上上前对他说："很不好意思。有点事情想问您一下，能否麻烦您到这边来一下？"然后把他带到办公室。

这种情形也必须十分注意，在（2）的时候商品到底是否放回原位，必须先确认清楚，否则是不应该采取（3）的处置，宁可跟踪他到别的卖场，努力发现他再次行窃的机会。

如果已经确定了有偷窃的行为，为了妥善地处理，下列是处理的注意事项。

1. 带到办公室

带到办公室的时候，可以让顺手牵羊的客人走在前面，也可以由两位职员一前一后带路。假如只有一个店员在前面带路，小偷可能在办公室的途中把偷拿的商品丢掉，或者隐藏在途中某个卖场。如此一来，一旦带到办公室的时候，可能就查不出有偷拿东西的真相，反而因为带路的疏忽而给小偷脱罪的机会。

2. 交谈

最好的方法是把小偷交给附近的派出所去处理，如果是自己店内处理的话，你毕竟不是警察的身份，主要意思无非是希望小偷把商品还回来，绝对不可以过分盘问，否则反而会造成更严重的问题，这一点一定要注意。

3. 尽量避免在人多的场所

因为店方恐怕会毁坏对方名誉而被指控强迫将客人关在密闭房间里。所以盘问小偷的时候，应该打开门，最好是从外面看不到的地方。

4. 双方都坐下交谈

不可以让客人坐在椅子上，而店方的人三四个都站着讲话。应该是双方都坐着，端出茶来喝，很心平气和地进行谈话。处理人员大约两名，如果小偷是女性的话，店方也加派女职员为宜。

5. 注意问话的方法

"刚才在卖场上拿到的商品，是不是还有尚未付钱的东西呢？如果有冒犯之处请见谅"。"如果是忘了给钱。那么，麻烦您将那商品拿出来，好吗？""如果方便的话，能不能请您把那个袋子里的其他商品给我们看一下？"切记，这个时候必须由客人亲手取出，否则有侵犯人身之嫌。

6. 采取软化措施

最难处理的是，不说出自己的名字，并且反抗说"钱给了就没事"的客人，以及不知反省自己行为的客人。这种时候，除了立即把它当作罪人移交警察之外别无他途。事情演变到这种地步时，如果临时起偷窃念头的是位女性客人，不妨将话题引到小孩子或其先生身上，那么大概可以软化她，而不再反抗。

7. 找不到被偷商品只能道歉

虽然确信偷窃行为，但也有可能找不到被偷拿的商品，在这种情形之下，无非是因为对方狡猾而脱罪，所以除了向其道歉之外没有其他方法。不然的话，搞不好则反被客人指控为强迫、人权侵害、损害名誉并索取精神赔偿金等。

处理小偷问题必须相当慎重。做好事前预防小偷是最上策。

遇抢该如何应变

抢劫多发生在打烊后或深夜时，面对发生的抢劫案，当事人第一就是要想办法尽快让歹徒离去，因为歹徒停留在店内的时间越久，对员工及顾客造成伤害的几率就越大。所以抢劫案发生时的处理方式，首要目的是避免暴力发生。其处理如下：

（1）保护收银、出纳人员，并趁机记下抢匪的容貌、口音、身高、身材、服装及所持器械等。

（2）若问及保险柜位置及号码，一概推说不清楚。

（3）以保障人身安全为第一，财物损失其次。

（4）注意匪徒逃离方向，如其使用交通工具，记下车牌号码及车型、颜色。

（5）尽速作报警处理，并向总公司或负责人报告。

遇抢时员工有哪些注意事项

1. 收银人员

不可与歹徒争执，以免引发其杀机。也不必主动提供消息，只需简短回答其问话即可。

2. 其他员工

保持冷静，不要乱跑，以免歹徒受到惊吓，引发其暴力倾向，当然更应尽可能地离歹徒越远越好。

要机警，并仔细观察记下歹徒的特征。

3. 所有人员

如果店内有人被绑架为人质，要尽量配合歹徒的要求，不要显露出惊慌失措的模样。

如何注意防抢讯号

许多时候只要防范得宜，不给歹徒留下可乘之机，则抢劫案自无发生的风险。所以店铺日常营业时，应教育员工密切注意防抢警讯，防患于未然。

1. 在酷热气候下，穿着外套者，可能藏有器械

应变措施：

（1）通知其他工作人员注意观察他（她）。

（2）礼貌性地上前问候交谈，并询问店内的温度他（她）是否满意，让他脱去外套。

2. 车子停泊在店门口或停车场上，而有人在车上等候

应变措施：

（1）试着确认车上的人是否为正在等候店内的顾客。

（2）如有可能，观察并记录该车之牌号、车型、颜色及停留时间。

3. 单独购物的顾客，购完物品后还伫立在店内不肯离去

应变措施：

（1）请服务人员上前礼貌地问候："请问还需要点什么东西吗？"

（2）与顾客寒暄并闲话家常，此举可以吓阻歹徒打消犯案意图。

4. 有人或一群人在店铺门外闲荡、逗留

应变措施：

（1）密切观察具有无可疑的行为，并记下身材特征。

（2）如果有充分理由，可礼貌地请对方离开，以确保安全。

（3）如果对方持续在店外闲荡，则可视情况通知警方。

5. 当你在处理金钱的时候，有顾客总是在你面前出现

应变措施：

（1）与这位顾客寒暄，设法打听其住处、姓名、工作地点等，让他（她）知道你已在注意他（她）。

（2）避免钱财外露，切勿在顾客面前数钞票。

6. 顾客在营业高峰时刻，进出店铺好几次

应变措施：

（1）通知其他工作人员，注意加强观察。

（2）礼貌地问候顾客有什么可以效劳的地方。

（3）上前寒暄与问候。

7. 打烊后还有车子停在店外或停车场
应变措施：

（1）观察驾驶人并记下该车的车号、车型、颜色及停留时间。

（2）确认车上的人是否在等候店内同伙。

8. 打烊后，有人敲门
应变措施：

（1）应装设保安系统。

（2）打烊后，勿让任何人进来（如借用厕所或借打电话等）。

被抢善后处理有哪些原则

1. 经理、副经理

（1）立即通知警方抢劫案发生的地点及时间，并提供有关抢劫案事件发生的始末，及任何有关歹徒的线索，如面貌、口音、身高、身材、服装、所持器械、交通工具的车号、车型、颜色及歹徒逃逸方向等。

（2）确定损失的金额。

（3）把门锁上，尽量保持案发现场的完整，直到警方人员抵达。

（4）要求员工镇静，不要议论所发生的事件。

2. 所有员工

（1）远离案发现场，不要触碰任何东西。

（2）不要彼此议论所发生的事件。

一般性意外事故该如何处理

1. 意外事故的种类

（1）滑倒及摔倒。踩到地上的汤汁或食物、通道存在障碍物、有缺口的家具及有尖角的设备都可导致人滑倒、摔倒。

（2）扭伤。起因是搬重物、攀高不慎、没有使用正确的搬运技巧。

（3）烫伤。起因是碰触滚烫的东西，如炉子、锅子、热开水、热汤、热食、热盘子或加热的物品。

（4）割伤。起因是碰触到店铺尖锐的装潢物、不当地使用刀叉、尖锐的器皿或厨房用具。

（5）触电。起因是碰触破损的插座、插头、电线或不当使用电器设备。

（6）其他。其他机械伤害、食物中毒、瓦斯中毒等。

2. 如何防止意外事件的发生

（1）一旦地面有油渍、水渍、汤汁或食物，必须马上清理干净。

（2）清除在工作区、通道、储藏区及进出口的障碍物。

（3）修理或更换有缺口的桌、椅和其他安装物。

（4）修理破损的地毯。

（5）确保高脚椅十分稳固。

（6）训练员工正确地搬货举物技巧。

（7）笨重物品正确储存及稳固放置。

（8）训练相关人员正确使用各项电器设备的方法。

（9）定期检查插座、插头、电线、电源开关，万一有破损，应立即请专人修理。

（10）去除装潢物、家具及工作台的尖角外缘，或加装一些保护装置。

（11）更换有缺口或破损的器皿、器具或设备。

（12）刀叉等尖锐用具及厨房器具正确使用及储存。

其他意外事故如何处理

顾客中以儿童发生意外伤害的比例最高，因此，如有儿童在店内跑跳、吵闹，或在沙发椅上跳闹，则应立刻规劝小孩，并将其带回座位交予其父母，告知父母看管小孩。餐厅业桌角、玻璃、镜子很多，加上工作人员上菜、收盘，万一撞到小孩，很容易发生危险。

第三篇 管店六堂课——摆、采、销、人、财、物

此外，还要注意防止儿童在门口玩耍时被大门夹伤等类似情况发生，如有工作人员发现儿童在门边玩耍，最好立即带他回座或告之其父母。

无论是工作人员不慎碰撞顾客或顾客不慎碰撞工作人员，皆可造成顾客受伤，店方应视情况予以处理，并向总公司汇报处理结果。

若工作人员不慎碰撞顾客，一般店经理会视情况给予顾客适当优惠，但无须告知客人，等到客人买单时再告知他："为表示歉意，可视具体情况，免费或打折"。对顾客稍做安抚，消除其内心的不快。

如餐饮工作人员上菜时不慎将热食泼洒至顾客身上造成烫伤，或其他因工作人员不慎而造成伤害，店方应视情况及顾客意愿送医，并陪同伤患者至医院诊治，并将诊断结果报请总公司处理，万不可随顾客一面之词小题大做，造成无意义纷争。

要注意加强服务语言的训练，以减少顾客发生伤害的可能，如在店面明示"小心烫伤"或"大理石地板很滑，请您及小朋友下楼时小心！"的标语。容易发生危险的建材及设计，在发包工程时就应注意避免及改善，如楼梯需加防滑边条，桌角需磨圆等。

如是顾客自己不慎造成的伤害，店方并不负责医疗赔偿，但可立即提供店方所有的医疗用品，如绷带、万金油等等。所以在店内应常备急救箱。

急救箱内的摆放和其中物品应注意以下原则：

店铺急救箱应摆放固定的位置，以备意外发生时迅速可以取用。急救箱大致放置下列医疗用品：

（1）胶布、胶带。

（2）急救手册。

（3）纱布。

（4）创可贴。

（5）擦伤药水。

（6）棉花、棉花棒。

（7）烫伤药膏。

（8）剪刀及小钳子。

（9）过氧化氢。

临时停电停水该如何处理

1. 临时停电

（1）查明停电原因和修复时间。

（2）切断总电源及所有分电源。

（3）停止所有项目营业。

（4）待顾客疏散后，在未供电前，可做些不用电的工作，如整理纸巾、纸盒、仓库或清扫工作间、员工休息室等。

（5）供电恢复后，分次开灯及其他电源，检查电路、冰箱、冷气、制冰机，处理方式同停水处理。

（6）若停电时间很长，无法营业，应派遣两名男性员工保护出纳人员，并派遣员工站立于后门出入口。

（7）若停电时间过长，则需由营业人员先安抚顾客（因无冷气，顾客容易发怒），并为要离去的顾客买单。因收银机无法使用，而手开发票费时较久，若顾客急于离去，又一定要求索取发票，则可留下其姓名、地址，事后给他邮寄发票。

（8）若在营业时间供电恢复，则各项需预热的电器如烤箱、煎板等，需达到预定温度，才可制备食品，其所需要等候的时间向顾客说明。

（9）收银机善后处理。应将开关置于关闭状态。

2. 临时停水

（1）查明原因，区分自来水厂地区性停水或大楼停水或本店停水。

（2）停水后洗碗机、冷气、水冷式冰箱、生饮水系统、制冰机、汽水机、咖啡机、巧克力机等均无法使用，唯独啤酒机、冰红茶、冰咖啡不受影响，可继续贩卖。

（3）水来后，应检查冷气系统，水塔需先补满，才可开冷气。

（4）水冷式冰箱需重新开机，并设定温度，待气温下降至设定温度时才可开门。

（5）制冰机重新设定，并循环一次后，再开始制冰。

（6）立即处理所有脏碗、碟等。

（7）需将冰箱电源切断并上锁，以防因进出冷气不停外泄、造成菜蔬腐坏。

（8）关掉冷气系统，只留送风。

（9）如可能，所有餐点、饮料用外带纸盒、纸杯包装，供应顾客，以减少杯盘使用，可避免因停水无法处理脏杯盘的苦恼问题。

如何防暴

（1）防范歹徒放置爆炸物恐吓勒索、扰乱秩序，将损害减轻至最低程度。

（2）各部门办公室门应随时保持关闭状态，尽量不在办公室内接待访客，遇有访客至办公室需验明身份。绝对不可接受寄存物品，如必须接受寄存物品时，应了解寄存人身份，记明寄存时间，于该寄存物上标示明白。

（3）离开办公室，如非短时间可返回时，抽屉及经管的橱柜务必加锁。

（4）接到歹徒恐吓电话，除立即报告店长外，不得向任何人透露（包含所属主管），绝对保守秘密，以免招致慌乱，发生其他意外。

（5）任何人员发现可疑物或可疑情况时，应立即通报店长，对该可疑物或可疑情况严密监视、不触摸、不移动，尽可能保持原状，等待警察等有关人员前来处理。

（6）下班后务必关窗、关门、关灯。

（7）办公室、仓库随时保持整洁，一切公私物件均需有固定位置，发现可疑物，或发现不属于本餐厅的可疑物件，切勿移动，应立即通报店长。

（8）电话总机、主管办公室、秘书小姐为最可能接到恐吓电话者。如接到歹徒恐吓电话，要保持镇静，切忌慌乱，尽可能延长通话时间，以轻松、和缓的语气与其周旋。

第16章 加盟店——借力打力成功更快

投入加盟店要注意哪些问题

1. 加盟店的成功率

要考察其他同一系统加盟店的经营状况,如果一个加盟系统出现关店的情形,一定要谨慎;如果一个加盟系统出现多个关店的情形时,无论是个体经营的失误,还是其他什么原因都应考虑放弃。因为一个成熟的加盟系统需要长时间的经验积累和管理系统的不断完善,在正常经营的情况下,关店的情况并不多。

2. 加盟店的加入门槛

如果一家加盟店的加入门槛很低,没有任何要求,只要付加盟费用就可以加入和营业,这种情况下一定要三思而后行,实际上这基本上可以说是一种卖名字的生意,加盟者几乎得不到任何专业培训和管理、技术、人员及财务上的支持。

3. 加盟店的管理系统

这个对于投入到加盟店的人来说是最重要的一个问题。目前市场上有一些急功近利的人,在刚开始不久的项目上急于扩张加盟,目的不是要把加盟系统建立完善,而是要快速赚取加盟的费用,之后就撒手不管,或者是根本就没有能力管理。如果一个加盟系统不能提供非常具体的加盟企划、前期培训和在职再培训、完善的管理系统和后援机制、详细规范的业务操作手册、稳定规范的供货系统等等,这样的加盟系统是不宜考虑的。

4. 直接与总公司接触

如果想投入到加盟店中去,应该直接与总公司联系,或与当地的总代理联系,不能经过第三者签署任何文件,否则不能保障应有的权利和待遇,还有可能要支付不合理的费用。

5. 加盟费用是否合理

加盟费用是否合理,首先要看这家加盟企业的知名度和管理系统是否健全,同时还要看这个加盟企业所提供的条件,包括硬件和软件支持等,最重要的是要看投资回报率,参照其他加盟店的回报率,如果觉得此系统加盟店的回报率达到自己的要求,那么加盟费用就基本是合理的。通常每个加盟企业拥有自己的加盟费用标准,一般情况下是不可讨价还价的。

开加盟店为什么要慎重

不少人起步做生意都看好加盟店。选择加盟店有两大好处:一是本钱较少,二是可以照搬成功模式。事情真像人们想象中的那么容易吗?许多失败的例子告诉我们,并非如此,如果事先没有做足充分的准备工作,盲目地进入加盟行业可能会导致"血本无归"。

在上海连锁加盟创业展上,一些低成本加盟成为展会亮点,吸引了众多加盟族。

看着身边的"董事长"、"总经理"、"小老板"日益增多,不少人也动了自己做生意的念头,他们认为这是提前进入小康生活的途径之一。于是整天头脑里盘算着如何选一个低风险、高收益的创业方式。

但老板并不好做,看似丰富多彩的创业之路远不像看到的那样精彩,尤其是对那些承受风险能力较低的家庭来说,能放手一搏的更是屈指可数。思来想去,以家庭为单位开一家加盟店应该算是风险和收益都比较稳定的路子之一。俗话说"背靠大树好乘凉"。毕竟,加盟店成熟的经营模式,较好的市场信誉以及统一的进货渠道，能让初涉商海的家庭最大限度地降低经营风险。

因此，近年来加盟店越来越受到人们的关注，加盟市场也显现出不一般的"热闹"，从餐饮业、服务业到服装业等，加盟店的身影几乎无处不在。同时，也引来了不少商家利用虚假广告和违禁商品拓展加盟生意，让许多不知底细的人深受其害。记者在采访中了解到，不少曾经经营过加盟店的人都有过类似的经历，由于经营前没有经过仔细的调查研究，加盟之麻烦百出，不但店铺没钱可赚，还让辛苦积攒的本钱打了水漂。

理财专家提醒正准备经营加盟店的家庭，事先一定要做足充分的前期调查，对商家的信誉、产品来源、市场发展潜力都要有充分的认识，否则，后悔事小，搭上多年的家底就有点得不偿失了。

如何为加盟店选址

店址的选择，是加盟者的一项长期投资，关系着加盟店未来的经济效益和发展前景，两个同行业同规模的商店，即使商品构成、服务水平、管理水平、促销手段等方面大致相同，但仅仅由于所处的地址不同，经营效益就可能有很大的区别。

选址一定要注意因行制宜。营业地点的选择与营业内容及潜在客户群息息相关，各行各业均有不同的特性和消费对象，据乔伊丝饰品市场选址部门介绍，黄金地段并不就是他们开店选址唯一的选择，他们通常为加盟商提供较多开创性的选址指导培训。在加盟总部的指导下选择最合适本行业本品牌的店址才是最重要的。有的店铺开在闹市区，生意还不如开在相对偏僻一些的特定区域。例如卖油盐酱醋的小店，开在居民区内生意肯定要比开在闹市区好；又如文具用品店，开在黄金地段也显然不如开在文教区理想。所以一定要根据不同的经营行业和项目来确定最佳的开店地点，要选择合适的店面，并不是越热闹的地方越好，关键是要因行制宜。加盟者一定要知道自己的顾客是属于哪一类型，哪一地点能吸引哪些消费者，做到心中有数，才不会盲目选择。

第三篇　管店六堂课——摆、采、销、人、财、物

加盟店如何进行前期宣传

宣传是现代商战中必不可少的手段，同时也是加盟店先声夺人的最有力武器。开店的宣传活动是经营者根据营业方针的设定，并配合营业的具体策略，在开店前所展开的一系列活动。宣传活动的内容包括宣传主题、宣传标语、媒体的运用、企划活动的配合等等，针对消费者进行诱导，以塑造新店铺的形象。

一般来说，加盟品牌自身会有一系列的宣传活动，以保持其品牌的知名度。但是，每家加盟店开业前，仍然需要相应的前期宣传，使加盟店开业后达到最好的营业效果。加盟者通常需要在开店前一段时间就展开加盟店的宣传，以便将整个开店信息告知消费者，使开店当日就能有一个很好的销售状况。

怎样选择餐饮业连锁店

目前，我国的连锁加盟经营正处于高速发展阶段，机会与风险并存，投资者既可能从中发掘出令人惊喜的金矿，也可能掉进险恶的陷阱。

如何选择一家优良的餐饮连锁特许商，成了欲加盟餐饮业连锁店的中小投资创业者的成败关键。

优良的餐饮连锁特许商应有组织合理、职能清晰、科学高效的经营管理组织，使各连锁店能高效运转。具体可从以下方面评价：是否有健全的财务管理系统，完善的人力资源管理体系，新产品研发与创新能力，完善的物流配送系统，整体营运管理与督导体系，以及先进、科学、标准化且可复制的产品生产管理支持体系等。

1. 要对餐饮连锁特许商进行特许经营资质审查

国家内贸部的《商业特许经营管理办法试行》第十七条规定："特许者开展经营活动时应按本规定第十二条所列材料提交中国连锁经营协会备案"。因

此，投资加盟者应该向餐饮连锁特许商索要并审查其备案资料，以确定其合法性。

2. 对餐饮连锁特许商的企业品牌知名度进行准确评估

如今餐饮企业竞争已经不再直接以产品与产品间的竞争来表现，而是以品牌竞争的形式体现出来。换句话说，当消费者决定进餐时，他往往要先决定去哪家酒店或餐厅吃，然后才决定吃什么；即使他先做出了吃什么的决定，也必须决定在什么地方吃。因此，选择一家拥有良好知名度和优秀企业品牌形象的餐饮连锁特许商，是创业成功的必要条件。

具有良好知名度和优秀品牌形象的餐饮连锁特许商必须具备如下四个基本特征：①较突出的风味特色和较高的技术工艺含量；②较大的辐射空间和较好的社会口碑；③较长的传播历史和较多的文化内涵；④较好的经济效益和较大的社会影响。

3. 考察餐饮连锁特许商的发展历史和发展阶段

目前我国餐饮企业的平均生命周期为2.5～3年，其中投资回收期为8～18个月，成长期为18～28个月，而连锁加盟体系建立和完善期需要24个月。显而易见，选择较长历史的餐饮连锁特许商，能让人放心不少。但这也不是一个绝对的参照标准，因为确有一些新兴业务有很大的发展潜力。另据近年的相关资料获悉，餐饮连锁特许商的发展阶段也可以从加盟店数量上反映，一般情况为：探索阶段店数为1～10个；成长阶段为11～40个，这个时期，面临的风险最大；初步成熟阶段为41～100个；完全成熟阶段则在100个以上。餐饮连锁特许商发展越成熟，投资者承担的风险就越会降低。

4. 考察餐饮连锁特许商已运行的直营店、加盟店是否正常运行

在选择良好的餐饮连锁特许商时，应充分了解其直营店、加盟店的经营状况是否良好，有无稳定营业利润，利润前景是否具有后续性等。

5. 餐饮连锁特许商应具备完善的企业经营管理组织结构体系

优良的餐饮连锁特许商应有组织合理、职能清晰、科学高效的经营管理组织，使各连锁店能高效运转。具体可从以下方面评价：是否有健全的财务管理系统，完善的人力资源管理体系，新产品研发与创新能力，完善的物流配送系统，整体营运管理与督导体系，以及先进、科学、标准化且可复制的产品生产管理支持体系等。

对于食品质量问题,投资者在考察过程中,无论其是否通过ISO9000认证,都应按照如下标准予以判断:第一,是否具有独立的质量控制与管理部门。第二,是否有以下的质量管理文件系统:①全面翔实的质量手册文件;②详细的质量控制计划文件;③标准化的质量控制程序文件;④真实的质量记录文件;⑤专职的质量内审人员;⑥完善的食品安全管理体系等。

6. 餐饮连锁特许商应提供开业全面支持

其良好的支持应有:

(1)地区招商加盟市场和市场商圈选择。

(2)人员配备与招募。

(3)地区招商加盟市场和市场产品定位与地域性产品开发。

(4)业前培训。

(5)开业准备。

所谓"地区招商加盟市场和市场商圈选择"支持,包括:提供如协助加盟者完成所在地的商圈调查;提供给加盟者适当的商圈区隔保障;餐饮连锁特许商在针对精华商圈多点加盟时,在同区域增加新点应提供迁店保障;为加盟者预留同行业竞争出现时的竞争保障空间等。

7. 餐饮连锁特许商应有合理完整的加盟契约和加盟手册

加盟契约是规定特许商与加盟店的关系以及加盟权利义务的法律文件,也是特许经营业务发展形式的基础,是特许体系得以发展的依据。而加盟手册则是加盟店日常经营的纲领性指导文件。

按照惯例,餐饮连锁特许商应同意投资者带回审阅7个工作日,投资者可从以下方面加以判断:公平性,合理性,合法性,费用承受性,地域性限制,时效性,可操作性等。

开饰品店该不该加盟

开饰品店要不要加盟?这对新开店者来说是个关键问题。近几年来,轰轰烈烈的饰品加盟，曾经一波高过一波，加盟店一家接着一家开，然而现在慢慢要降下帷幕，有的加盟总部带着遗憾离开，有的加盟总部还在做着梦想。

这一切都是饰品本身的属性决定的，一个饰品店，商品几千种，不可能来自同一个厂家，饰品生产厂家十几年来，一直是通过批发走向零售店，加盟总部实际上就是一个批发商，这是无法改变的事实。

所以很多人加盟后，慢慢就会在就近的饰品批发招商加盟市场进货来满足自己的货源需要；一些大的批发商慢慢取代了这些加盟总部，也就是说，这些加盟总部其实就是一个领进门的作用。

饰品店无论大小，都会有自己的生存之道，难的不是如何经营，而是如何入门，很多饰品创业者失败就失败在无法规避开业风险。

常见的开业风险有以下几方面。

1. 选址失误风险

对于饰品专卖店来说，选址是第一大风险，很多创业者没有做过店面生意，基本的选址都不会，难免出现重大失误，选址失误是无法弥补的，也是不可改变的。

2. 首批配货风险

一个30来平方米的饰品店，首期配货要达到四五万元，面积大一点的要七八万元之多，品种有几千种，面对招商加盟市场上几十万种商品，如何选择合理的品种？如何能保证你选择商品能够让消费者认可？自己选的货卖不掉怎么办？卖不掉就是风险，一半卖不掉，就是几万元！！由于以前没有从事过饰品生意，只是对饰品有爱好，开业选货完全凭自己的感觉，首批选货可能有一半以上存在滞销风险，这也是一笔不小的损失。

3. 店面形象风险

店面形象也是饰品创业者的开业风险之一。店面形象的功能就是吸引顾客进门，由于没有专业的店面形象，店面形象五花八门，消费者对饰品目前还没有形成品牌意识，所以店面形象成为最大的识别系统，很多店面就是一张苦瓜脸，如何迎客？如何加盟销售？

另外，一个饰品店开业，除了配货外，琐碎的事比较多，例如：店名用什么？如何装修？用什么主色调？店内如何布置？灯光如何处理？还有一些陈列的小道具去哪里买？包装袋卡片哪里有？购物袋要不要，别的店都有，要不要印？要不要用贵宾卡，那么小的量怎么做？产品坏了，如何维修？哪里去找维修工具与材料？这些都是你所考虑的范畴。要让自己的店短时间火爆起来。而且要立于不败之地，就得在进货上超越别人。多进一些新颖的款式，同款少拿，这样才不怕货物积压。这也就是饰品批发网为什么层出不穷的原因。这是符合饰品业的发展规律的。随着饰品业的发展网上批发也走上正规化，大部分网上批发都可以少量拿货。有的还可以一样一样拿货。几百块的货款也可以交易，这样既可以拿到新的款式，又省去了不必要的麻烦，比如时间、路费、精力等。

开女装加盟店要注意什么

1. 加盟产品的调查

（1）产品价格在你选择的商圈中的竞争优势如何？

（2）产品的整体性、延续性如何？看看前几年的与后一季的产品

（3）定位清晰吗？

（4）产品品质与价格差距大吗？

（5）还是多选择一些不同风格的品牌公司做考察。

2. 对厂商的调查

（1）信用度如何？

（2）生产基地的出货能力如何？

（3）经营实力如何？

（4）目前店铺经营状况，与销售政策特别是与你城市接近的店铺如何？

（5）利润空间与厂商对价格保护的重视程度如何？

（6）服务支持是有比较多还是只有一点点？这对新手来说成功的几率相差就很大了。而教育训练又是现代商家必不可少的管理程序，唯有如此，员工素质才能提高，实在没有办法至少自己要非常清楚如何提升业绩与服务顾客。

3. 店铺的选择

（1）位置。把握"客流"就是"钱流"原则，女装店的选址很重要，几乎可以决定店面的生存状态。一般情况下，女性购物时会选择服装店集中的服装城和商业街，因为那里可供选择的衣服多，有比较。这也是由女性购物心理决定的。所以应该要考虑选择前者。

（2）进口要开阔。这样可以更好地宣传店铺，女装的宣传其实最重要的是在店铺，其他的广告之类就可以省省了。要考虑顾客进入卖场后是否能自由地、舒适地浏览商品，主要通道的距离要在1.2M以上。

（3）租金与租期。高租金诚然增加了经营成本，也增加了经营压力和风险，必须得好好盘算投资项目，看奖金决定做不做黄金旺铺的生意。如果没有金刚钻，就不要揽瓷器活。如果实在是初期资金不足，且其他地区也还有好店址，只要能经营得当，也一样有利可图。

（4）客流统计与营业预计，同业竞争情况。主要是经营业绩的情况、商品的价格水平。考察同一地段同类商店的经营业绩，可以初步测算出租此店面可能产生的利润状况；而考察他们的商品价格水平，是为了据此确定自己今后的商品价位。这些都是十分必要的。

（5）设计与效果要抓好。不要为了省5 000元而不去做好，卖场之于服装，不仅仅是销售的场所，更是一种个性的展示。卖场的设计风格、道具、灯光等等都烘托出服装的品质，提高了服装的附加值，并且给员工与顾客带来愉悦的感受。外部照明与橱窗也是近年来各个品牌店铺重视的着眼点。

试衣间是个不得不提的地方，试衣间可以说是决定了服装是否能够被销售出去了一个重要环节，所以细节一定要注意，建议要注意隐私问题；放一双比较方便拖穿的高跟鞋；可以照到头部的镜子与梳子；挂衣钩与凳子这个是很早就在说的东西了。

4. 自身的注意事项

（1）要亲力亲为，也就是我们常说的你的眼光要好。

（2）首次进货要算好，不要盲目进太多货。

（3）选好方向再努力，要知道自己要什么？市场需要什么？

（4）多想办法，多做准备，记住：每件事情有3种以上的解决的方法！

（5）资金准备要充分，这个是成功的必备后盾。

（6）开始做的季节最好在旺季来之前。

（7）开业日期的选择在星期五、六、日，或者节日期间。

（8）企划合作伙伴与销售伙伴要慎重选择。

（9）财务统计分析一定要做好，其实你只要问一句你做日报表了吗？85%以上的女装经营者会告诉你没有。更不要说做货品分析与客购分析，说出来的东西所以全是大概或者夸张的。你做的决定呢？自然就不准。

怎样开好洗衣店加盟店

要想开好一家加盟店，首先要把为顾客"服务"放在第一位，要用人性化的服务、满足客户需求的服务，能让顾客感到在你店里洗衣是物超所值的，才能更好地生存和发展，才能赚钱。面对激烈的竞争，顾客越来越分散，利润越来越薄，对于一个刚刚开张的加盟店，怎样才能在洗染业分到一块蛋糕，生存下去并且发展呢？

1. 了解有关知识

你要通过专业的培训了解一些关于干洗、水洗的有关知识，再掌握一些基本的服装洗涤技术。到当地的市场走走，摸摸洗衣价格情况，知己知彼才能百战百胜。这是开店最基本的要求。

2. 要熟练掌握洗涤技术和熨烫技术

洗涤技术包括干洗、水洗和洗前去渍处理，这些最好找一个工作比较仔细或用心的员工来做。这是你能否开好加盟店的主要环节。

3. 选择技术高的熨烫师傅

熨烫的水平是给顾客的第一感观认识，所以说熨烫师傅也是一个很主要的角色。

4. 前台服务要热情

前台收衣服的人是决定你加盟店经营好坏的第一环节。前台服务是传送给顾客的第一感觉，热情规范的服务工作还要加上专业知识才能留下第一次光临你店的顾客，最后把简单的满意服务提升为超值服务，这样才能留住你的"钱源"。另外，由于现在的服装面料越来越多，新品层出不穷，加上款式变化多样，有同类面料相拼的，有不同面料相拼的，更有不同面料、不同颜色组合的变化，作为店主，要不断向总部沟通学习。只要方方面面都做到，才能把你这个加盟店开好。

第四篇
王牌店铺王牌店员——导购就该这样做

第17章 如何欢迎顾客

当代世界最富权威的推销专家戈德曼博士强调,在面对面的销售中,说好第一句话是十分重要的。顾客听第一句话要比听以后的话认真得多。听完第一句话,许多顾客就自觉不自觉地决定是现在就买,还是到处转转再说。因此,顾客进门后,店员要尽快抓住顾客的注意力,才能保证交易的顺利进行。

好的开场白可以说是顾客对店员第一印象的再次定格,虽然经常讲不能用第一印象去评判一个人,往往顾客却经常用第一印象来评价你,这决定了顾客愿不愿意给你机会继续谈下去。因此,你要把握住顾客进门的时机,来一个精彩的开场白。好的开场,就是交易成功的一半。

当顾客说随便看看之时,店员该怎么说

在一些服装、家具、手机及电器店经常遇见这样的顾客,我们笑容满面地迎接顾客进门,并问她:"小姐(先生)你好,打算买点什么?"对方却冷冷地回应一句:"随便看看。"

错误应对

店员:"好的,那您随便看吧。"

第四篇 王牌店铺王牌店员——导购就该这样做

店员:"那好,您先看看,需要帮助的话叫我。"

店员:"那你就看吧。"(脸上懒懒的表情,外加一个白眼。)

"好的,那您随便看吧",是比较消极的回应方式。顾客感觉不到你的热情,可能看一圈就走了。

"那好,您先看看,需要帮助的话叫我。"这种说法虽然比前面的说法好一些,但是也是暗示顾客随便看看,没看到合适的就算了。

"那你就看吧。"说这句话的时候,如果再把反感挂在脸上,甚至翻一个白眼给顾客。顾客无论捕捉到哪种信息,都会气呼呼地抬腿就走。

正确应对

一旦我们以消极的方式应对顾客,要想再次主动地接近他,与他进行深度沟通就非常困难。所以,顾客用什么样的态度、语言对来对待我们是我们所不能控制的,但是我们可以掌握自己的态度、语言,应该好斟酌一番!

销售过程中遇到问题不能回避,而要积极地解决问题。作为店员,要主动地、有意识地去顺势引导顾客并将销售过程向前推进,从而影响顾客购买的可能性。

任何人进入一个陌生的环境时难免都会产生一种戒备心理,具体表现为他们一般都不愿意主动回答问题,更不愿意多说话,因为他们担心一旦自己说得太多,就会被对方抓住把柄而落入店员设计的圈套,他们可不希望自己被销售人员缠住而难以脱身。所以,顾客认为保护自己的最好方式就是:进店后尽量少说话。

知道了顾客说"随便看看"的心理状态后,作为销售人员怎样化解与顾客的这种冷淡关系呢?其实,在顾客走进门的时候,要根据顾客的心理来设计自己接待顾客的行为,可以参考以下方法:

别急于开口询问

多数顾客不喜欢自己一进店时,店员就给自己施加有形或无形的压力。

当顾客说"随便看看"的时候,请务必不要用提问的句子与顾客打招呼,比如"你好,买东西吗?"以及"请问需要我服务吗?"等。因为用这种压力比较大的问句招呼顾客会给顾客制造必须回答问题的压力,而通过对顾客入店前的心理分析，我们知道，其实顾客是不希望在入店时就开口说话的。所以，顾客还没进门，就急于询问的话，顾客就会很容易地以"随便看看"，或者干脆不回答的方式来保护自己。如果顾客从始至终都带有这种情绪，买卖成交的可能性很低。

别急于上前

有些店员喜欢在顾客进店时前去迎接顾客，或者是顾客进店后在后面尾随，这两种情形态度热情可嘉，但是方式方法值得商榷。因为有很多顾客，非常讨厌像跟屁虫一样跟着自己的店员，这让他有一种压迫感。所以，我们一定要明确接近顾客的最佳时机是在顾客对商品有兴趣的时候，而不是客人一进门，还没有选中商品的时候。

进行积极地引导

如果客人已经进店一段时间了，顾客仍说"随便看看"这种敷衍的话，你可以也可尝试做些积极的回答，但一定要引导顾客朝着有利于活跃气氛并促使顾客成交的方向努力。

店员："小姐，想买点什么？"

顾客："随便看看。"

店员："没关系，你现在买不买无所谓，您可以先了解一下我们的产品。来，我先给您介绍一下我们的产品……你觉得这件怎么样？"

我们在引导的时候要先顺着顾客意思，以轻松的语气来缓解顾客的心理压力，同时简单介绍商品的特点，然后话锋一转以提问的方式引导顾客回答问题。只要顾客愿意回答我们的问题，店员就可以深入展开发问，使销售过程得以顺利进行。

总之，面对说"随便看看"的顾客，要注意别给顾客压力，巧妙将顾客的借口变成接近对方的理由，然后向顾客提一些他们非常关心且又易于回答的简单问题以引导顾客开口说话，从而将销售过程积极地向成交方向推进。

第四篇　王牌店铺王牌店员——导购就该这样做

当顾客犹豫不决的时候，店员该怎么说

我们还会遇见这样的顾客，顾客进门后，拿起商品看来看去，感觉到他对商品还是比较满意的，但就是无法做出决定。最后可能犹犹豫豫地以"回家与老婆商量一下"、"我再考虑一下"等为借口要离开门店。

错误应对

店员："你看多适合你啊，还商量什么呢！"
店员："相信自己的眼光，就别再考虑了。"
店员："那好吧，希望你们商量好了再来。"
店员："……"（沉默不语）

"你看多适合你啊，还商量什么呢！"这句话，会给人特别强势的感觉，容易让顾客产生排斥心理，如果顾客买的是比较贵的商品，与家人商量一下也是很正常的事情。

"相信自己的眼光，就别再考虑了。"这句话，显得牵强附会，表白空洞，顾客就是怀疑了自己的眼光才说要跟家人商量商量，所以这样的说法没有什么说服力。

"那好吧，希望你们商量好了再来。"这种说法就更不可取了，相当于没有做任何努力，并且有驱逐顾客离开的感觉。只要这句话一出口，顾客为了避免留在原地的尴尬，就只有顺着台阶离开门店。

当然也有的店员，听到顾客说回家商量商量的时候，什么也不说，就开始收拾东西。这是非常消极的做法，顾客都看见你在收拾东西逐客了，他当然不会再停留。

正确应对

当顾客说出"考虑考虑"、"与老公（老婆）再商量商量"、"比较比较"的时候，多数时候是为离开找一个借口。但是顾客心存"仁慈"，不愿意

直接拒绝店员的热情。当然也不排除有的顾客确实不希望现在作出决定。无论哪种情况，大多因为购买信息不透明或者对购买决定不是非常有信心的缘故。所以作为销售人员首先要知道顾客这种说法到底是单纯的想走，还是一时下不了决定。也就是说一定要知道顾客说"考虑考虑"的真正原因，然后对症下药。

如果能判断出顾客就是想找借口离开，还是想买但是做不了决定，店员就可以进行以下的努力了，促成交易的成功。

激发顾客的购买热情

当顾客有要离开的意思的时候，店员应该抓住最后的机会推动顾客做出购买决定。因为毕竟顾客还在店里，你可以尝试去影响并激发他的购买欲望和热情，一旦他们真的离开店面的时候，那可真是鞭长莫及了。

所以，优秀的店员不会轻易让顾客离开，他们会抓住一切机会去努力。

给顾客压力或诱惑

（1）给顾客施加压力。在言辞给顾客营造一种紧迫感。在这种小小压力之下，如果顾客确实对商品很满意，而商品也不是特别昂贵的话，他可能就会先买下来再说。

顾客："我还是回家跟老婆商量商量吧。"

店员："先生，这可是最后一件了，卖完这件，我们可能很长时间次才能进这种款式的。"

（2）给顾客以诱惑。人人都是有逐利的心理，在顾客在买与不买之间犹豫的时候，有时候，只需要一点点的诱惑，他可能就做了购买的决定。

顾客："我还是回家跟老婆商量商量吧。"

店员："真巧，我们正在举行优惠活动，买此件商品，我们可以送给您一件赠品。"

进行恰当的引导

（1）进行问题引导

顾客："我还是回家跟老婆商量商量吧。"

店员："先生，这款手表无论色彩款式还是大小及环保性等方面都非常棒，并且我可以感觉得出来你也非常喜欢，可您说想再考虑一下，当然您有这种想法我可以理解，只是我担心自己有解释不到位的地方，所以想向您请教一下，您现在主要考虑的是……？"

说完上面的话，应该微笑目视顾客并停顿以引导对方说出顾虑，引导对方说出所有顾虑并有选择地加以处理后，应该立即引导顾客成交。

（2）进行动作引导。如果你判断出顾客对商品还是比较满意的，只是一时做不了决定。你可以假装没听见他说的话，边说着"这件商品对你来说还真是合适，要不我就给你装起来？"边做动作。这种直接用动作引导顾客成交，在实践中也是非常有效的。

（3）争取顾客的心理支持。可以认同顾客说法的合理性，争取顾客的心理支持，然后以此为理由顺理成章地为顾客介绍其他几款产品，这样就能延长顾客的留店时间、了解更多的商品，在了解的过程中，没准他就做了购买的决定。

顾客："我还是回去跟家人商量商量吧。"

店员："是的，您有这种想法我可以理解。毕竟买一套家电不是个小数目，肯定要与家人多商量一下，这样买了才不会后悔。这样好吗？您再坐一会儿，我多介绍几款，您可以再多看看，多比较一下，这样考虑起来才会更加全面一些……"

买卖不成，争取回头客

如果该做的努力都做了，但是固执的顾客还是想到其他地方比较一下或与家人商量商量，出现这种情况也不要气恼，而且要停止再强行推荐，否则会让顾客感觉不舒服。这个时候要转换目标，不要心里老想着把顾客留在店里，争取成交，而是争取这个顾客成为回头客。要增加回头率，可以从两个方面来做：

（1）给顾客好印象。在顾客离店之前，可再次用简洁的语言强调我们的卖点，一定要给顾客再次留下深刻而美好的印象。如果你留给顾客的印象不深刻，顾客可能会受到其他店里商品的诱惑导致最后对我们的商品印象消失，但是如果你能给对方留个极好的印象，可能在在众多的商品比较之后，反而印象更加深刻。

（2）给顾客留面子。如果你不但很注重给顾客留好印象，而且在交谈的过程中，也很能给顾客留面子，顾客成为回头客的可能性才会大。如果当顾客说"再考虑考虑"的时候，如果你气愤甚至鄙夷地说："不买摸什么？""不买浪费什么时间？""不买拉倒！"等，会让顾客觉得很没面子，脾气大的顾客可能会跟你吵起来。走出店门的那一刻，他心里一定恨恨地说："下辈子再也不进这个店！"如果不给面子，即使顾客喜欢也不会回头，因为回头就意味着顾客的软弱和没有面子。

当顾客不情愿感受产品，店员该怎么说

顾客走进门，店员总是会习惯性地让顾客感受一些产品，因为一旦顾客愿意感受产品的话，会消除对产品的陌生感，增加对产品的好感，所以销售过程中，店员都会积极地争取顾客做亲身体验，这样不仅可以延长顾客停留时间，更重要的是能促成交易的完成。但是，当有的店员说："小姐，你好，欢迎光临，喜欢的话可以试用（穿）一下？"的时候，有的顾客根本不听店员建议，极不情愿感受产品，这个时候该怎么办？

错误应对

店员："喜欢的话，可以试用一下。"
店员："这是我们的新产品，它的最大优点是……你可以感受一下。"

店员:"这件不错,你可以试穿一下。"

"喜欢的话,可以试用一下。"和"这是我们的新产品,它的最大优点是……你可以感受一下。"这两句话被店员们说得最多,有的店员只要看到顾客一进店或者一看某产品就这么大声招呼,让顾客听得耳朵都起老茧,所以,顾客非常反感店员这样说。

"这件不错,你可以试穿一下。"这句话说得不专业,如果顾客觉察出你的不专业,从心里先小看了你。当你说"这个还不错"时候,会导致顾客不信任你的推荐。

正确应对

其实顾客之所以不愿意体验,大多因为觉得太麻烦,怕东西不适合或者害怕体验后不喜欢,但是不好意思不买。所以,店员要求顾客体验商品的时候应把握如下五点。

自信地给出理由

当顾客很不情愿感受产品的时候,用自己专业的知识给顾客最贴切的建议,这样才可以获得顾客信任,建议顾客体验的时候一定要通过适当兴奋自信的语言来推动顾客去体验,用充分合理的理由使顾客产生一定要亲自试一下的冲动。

店员:"先生,真佩服您的眼光,这是我们的新款,卖得非常好!我认为以您的气质与身材,穿这件衣服效果一定不错。先生,光我说好看不行,来,这边有试衣间,您可以穿上自己看看效果。"

真诚地给予建议

当顾客很不情愿感受产品的时候,首先肯定顾客眼光,然后以专业自信的口吻建议顾客体验,并且用自己的肢体语言很坚决地引导顾客去试用(穿)。整个过程自然、流畅,让顾客有不试都不好意思的感觉。

店员:"小姐,这种饰品每个人戴在身上,效果都不一样。我说得再好,如果您不戴一下，就看不出效果来。小姐，其实您买不买真的没关系，请戴着看一下。"

缓解顾客压力

当顾客很不情愿感受产品的时候，在对话的过程中，可使用"买不买都没有关系"这样可以缓解顾客压力，从而引导顾客体验。并且说出让对方体验的充分理由，并让顾客感觉合情合理，认同顾客选择并用兴奋的语调营造热销的氛围，然后迅速地引导顾客亲自体验商品的优点。

店员："小姐，您真有眼光。这款笔记本，充满理性的设计理念，非常受白领知识女性欢迎。当然，光我说好还不行，您可以试试，您自己觉得好才是最重要的。买不买没关系，如果你愿意的话，请您自己感受一下吧。"

真诚探询，重新推荐

如果建议顾客感受产品，顾客不是很配合，可以通过真诚的探询来了解顾客的真实需求，并重新为顾客做推荐。遇到阻力的时候真诚询问顾客并寻求顾客意见。引导顾客绝对不可以盲目坚持，当两次建议都遭到拒绝的时候，就不要做第三次建议了，否则就会让顾客有反感情绪。

店员："先生，我发现您对这款腰带似乎不是很有兴趣。其实，您今天买不买真的没关系，不过我是真的想为您服务。如果你不介意的话，我再为您推荐一款比较适合您的，您看行吗？"

巧用肢体引导

在顾客对于体验产品犹豫不决的时候，可以运用肢体动作来引导顾客，比如有利的手势引导，拿起商品递到顾客面前，或者转身去试衣间，请顾客跟随。

即使面对越来越挑剔的顾客，也不要灰心丧气。要想在竞争激烈的零售市场争取更大的市场占有率，就必须在很多细节上做得比你的竞争对手更好。特别是不能用一成不变的语言与思维去应对。

当顾客所带同伴不喜欢，店员该怎么说

我们经常会遇见这样的情况，顾客走进门，一眼就看中了自己喜欢的商品。但是跟着一起来的同伴却不喜欢，在旁边说三道四，弄得顾客也犹豫起来。有的同伴甚至说：“我觉得一般，走吧，到别处再看看吧。”这个时候该怎么办？

错误应对

对陪伴说："不会呀，我觉得很好。"
对陪伴说："这可是最新产品。"
对陪伴说："这个商品还是很有特色的，你难道看不出来吗？"
对顾客说："先别听别人怎么说，就说你自己喜不喜欢吧？"

"不会呀，我觉得很好。"这种说法既简单、缺乏说服力，又容易导致店员与陪伴者产生对抗情绪，不利于营造良好的销售氛围。

"这可是最新产品。"好像是在突出商品的优势，其实一点作用也起不了。

"先别听别人怎么说，就说你自己喜不喜欢吧？"容易招致陪伴者反感，并且一般顾客带同伴来就是为自己参考的，他肯定知道同伴是为他好，他不可能听你意见。

正确应对

当顾客的同伴不喜欢顾客所选的商品的时候，你不要急于去美化你的商品，让顾客做决定，也不要把顾客的同伴看作敌人，进行讽刺。那样的话，会离生意成交越来越远，就会可能不欢而散。

如果顾客认同产品，同伴不认同，我们就要想办法说服同伴，而不是一再强调商品，或者类似挑拨离间的让顾客自己做主，别搭理同伴的意见。具体措施可以参照以下四点：

分清角色

顾客进门后，可以通过其相互之间的亲密程度及购买欲望判断谁是顾客，谁是陪伴购买，如果陪伴购买者众多，还要判断谁是第一陪伴购买者，谁次之。购买的顾客与第一陪伴购买者是我们销售中应该重视的两个最关键的角色。如果有同伴陪着一起来买东西，顾客看上了某商品必定会征求同伴的意见，而同伴的意见往往就成了买卖是否能成的关键了。所以，顾客一走进门，就要察言观色，分清角色。

拉拢关系

顾客不相信售货人员的话，但是绝对相信朋友说的话。因此，在销售的过程中千万不可以忽视陪同购买者，不要眼中只有掏钱的顾客，而将陪同购买者晾在一边。因为陪同购买者虽然不具有购买决定权，但却具有购买否决权，其意见对顾客的影响非常大。所以一个优秀的店员，要善于与顾客的同伴互动。

虽然一次只能和一个人说话，但是在说话的时候可以与陪同购买者一些眼神交流，让陪同购买者感受到尊重与重视。

为了表示对陪同购买者的尊重，可以在一些不重要的问题上征求其看法。让陪同购买者感受到你的善意、尊重与重视。如果在销售前期能处理好与陪同购买者的关系，就等于为交易顺利进行做了很好的铺垫。

巧妙施压

如果顾客很喜欢某商品，但是你看出来他的同伴直皱眉头，好像不喜欢，你就可以给顾客的同伴施加一些压力。

店员："这位小姐穿上这件衣服真是很得体，您的朋友对您真是了解，看到你穿上这么高兴她也为你高兴。"

这句话会给陪同购买者一些压力，因为他肯定不太好意思直接说东西难看，或多或少要给朋友一个面子。

再加上你前期与陪同购买者关系搞得不错，此时陪同购买者直接说东西难看的概率就会降低。因为如果陪伴说难看的话，实际上就意味着顾客没有眼光和欣赏水平，因此陪伴或多或少也要给他朋友一个面子，即使心中确实有点反对意见可能也不说了，只要顾客本身喜欢就行。

征询建议

如果销售中出现陪同购买者的消极行为，为了增加销售的成功率，店员可以通过将陪同购买者拉为合伙人的方法，来共同为顾客推荐商品。

对陪同购买的同伴说："这位先生，是不是很精通家居装修知识，看得出您对朋友也非常用心。您觉得还有哪些款式更适合您朋友呢？毕竟您比我了解您的朋友。我们可以交换看法，然后一起帮助您的朋友挑选到真正适合他的东西。"

先真诚巧妙地赞美陪同购买者，然后请教他对购买商品的建议。只要他给出建议，销售过程就可以继续前进。征询意见成功，就意味着我们争取到了他的支持，销售成功的概率将极大地提升。

当顾客要等家人来决定，店员该怎么说

在服装、通讯及小电器等店里，有时候会遇见这样的情况。顾客来买东西，并不是自己用，而是给他人买。因此，顾客常表现得犹豫不决，怕买不合适。遇到这种情况该怎么办？

错误应对

店员："你看着合适就差不多。"

店员："那好，那你就哪天把他带来再说吧。"

"你看着合适就差不多。"这种说法会加重顾客的顾虑。只是自己看着还不错，那受物者不喜欢怎么办？顾客听到你说这样的话，会觉得你很不负责任，只是迅速地促成交易而已。一旦顾客感觉到店员的这种把戏，那么无论店员再怎么说，顾客都会表现得心不在焉。

"那好，那你就哪天把他带来再说吧。"这种说法过于消极，刚好给犹豫的顾客个离开的台阶并很自然地将顾客赶出门去。

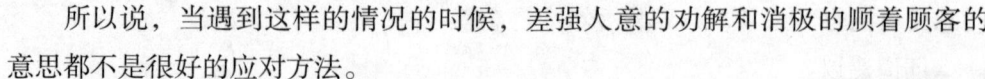

所以说，当遇到这样的情况的时候，差强人意的劝解和消极的顺着顾客的意思都不是很好的应对方法。

正确应对

顾客为家人买东西比如鞋、衣服等，是始于对家人的爱，也源于让家人感觉自己对他们的爱。作为店面销售人员应该把握住这个心理，引导顾客说出现在不能立即决定购买的原因，然后打消顾客的顾虑，语言互动过程中打动顾客并推动顾客当场购买行动。

恭维的探询

面对难以下决心犹豫的顾客，可以先恭维一下他，把他买商品的原因触及一下，这样与顾客的心理距离就拉近了。然后直接探询顾客犹豫不决的原因，并有针对性地解决。

店员："先生，您做事真的很细心！其实您刚才也说了这款手包无论从款式、颜色来说，都比较适合您爱人，您爱人看了一定会喜欢。我想知道，现在主要是哪方面的问题让您难以作出决定呢？"

讲故事进行引导

面对给家人买东西但犹豫不决的顾客，适当的时候可以编个温馨的小故事，故事要真实可信，通过故事非常轻松自然地将你的观点告诉顾客。另外，要学会通过联想性的语言煽动顾客想象她心爱的那个"他"穿上这件衣服时的美妙感觉，女人一般都比较喜欢这种感觉。女人的多数购物只是在一时冲动的情况下发生的。

店员："小姐，真是羡慕您的老公，有您这么一位关心体贴他的老婆。上个礼拜也有位小姐给她老公买了一套特别贵西服，我当时还不理解呢，后来才知道她只是想通过这种方式给她马上过生日的老公制造一份惊喜和浪漫。可能您买这套西装不是为了给你老公过生日，但是您爱人，看到您给他买的西装一定非常高兴，您说呢？"

第四篇 王牌店铺王牌店员——导购就该这样做

解除顾客的顾虑

如果你说了很多，但是顾客还是不确信他的家人是否喜欢。一般来说，当你这样承诺顾客可以调换后，顾客就会放心很多。在一定期限内允许顾客来调换的说法，可以很好地消除了顾客的顾虑，打消了顾客的犹豫，是非常实用的一种应对方法。

店员："其实，这已经不是一件简单的商品啦，它带着你对家人的爱，您说是不是？再说啦，如果他真有什么不满意的地方，只要不影响再次销售，允许您在三天内都可以拿回来调换，您看这样成吗？"

当闲逛的客人顺口插话，店员该怎么说

销售中，有时候也会遇见这样的情况，经过相互的讨价还价，最后达成了一致的意见。眼看生意要成了，甚至顾客都已经把钱掏了出来。但是恰好有个闲逛的顾客经过，顺口说出了自己的反对意见，比如："这件衣服真难看"，"太没品位了"等，遇见这样的情况，究竟该怎么办？

错误应对

对闲逛的人说："哪里不好啦？"
对闲逛的人说："拜托你不要这么说，好吗？"
对闲逛的人说："你不买东西就不要乱说话！"
对顾客说："你不要听他的，他乱说的。"

"哪里不好啦？"只能引导闲逛客进一步详细地说出商品不好的地方，属于一种消极的引导方式。

"拜托你不要这么说，好吗？"表示店员害怕闲逛客说出商品存在的问题，给顾客的感觉就是那件商品一定有问题。

"你不买东西就不要乱说话"以及"你不要听他的，他乱说的"可能导致

闲逛客与自己发生争吵，影响自己的专业形象，并且顾客会认为商品真的有问题，否则他为什么如此生气呢，这将导致顾客的购买热情大大降低。

正确应对

如果你开的店处在一个顾客高度流动的地方。顾客与顾客之间相互品评非常普遍，很多时候闲逛客的一句话可能会让交易更快地完成，但也可能成为交易失败的导火线，这种情况下，是特别能考验店员的智慧与应变能力的。一个成熟优秀的店员一般可以做到以下两点：

镇定自如，不失态

面带微笑与闲逛客的人进行对话。

店员对闲逛的人："谢谢您，这位阿姨，请问，您今天想看点什么？"

如果闲逛的顾客笑笑走了，你可以笑着与顾客对话。

店员："我们不可能让每个人都喜欢我们，您说是吧？其实买东西也是一样的道理。小姐，我做个生意五年了，我可以负责任地告诉您，这个手包完全符合您的气质，您看……"

一般情况下，客气而礼貌地询问会让闲逛客"知趣"地走开。任何失态的语言与行为不仅影响自己在顾客心目中的形象，也会让顾客觉得商品真的有问题，如果你生气的话，那会更加的失态，周围的人都会看你的笑话。

真诚感谢，巧转移

面带微笑着对闲逛客说："这位阿姨，感谢您的建议，请问您想看点什么？"

目光重新转移到顾客身上说："小姐，鞋子穿在脚上舒不舒服只有自己最清楚，您说是吗？我认为这款商品真的非常适合您，您看……（介绍商品优点），您觉得呢？"

第四篇 王牌店铺王牌店员——导购就该这样做

对闲逛人员的话语要诚恳,真诚感谢闲逛客的意见,但应立即通过提问快速转移问题焦点。因为闲逛客对销售过程产生消极影响,所以不可以与之纠缠,也根本没有必要在闲逛客身上花费更多的时间,通过一定的技巧将闲逛客支开,这才是最重要的。

要记住,顾客永远都是我们工作的重心,店员在不得罪闲逛客的情况下,想办法引导顾客思维,让顾客感觉到闲逛客的观点其实不重要,重要的是自己使用中的实际感受。

当顾客怕买与人重复的,店员该怎么说

顾客进门以后,店员应积极地向她介绍一款比较适合顾客的商品,比如服装。但是顾客这样说:"这件衣服很好看啊,我也喜欢,但是我的朋友有一件,我不想和她穿一样的。"这个时候我们该怎么办?

错误应对

店员:"她穿不一定有你穿好看。"
店员:"要不给您换个颜色看看?"
店员:"那就看看别的吧。"

"她穿不一定有你穿好看。"没有去正面解决问题,显得缺乏说服力。如果顾客的朋友穿上就是非常好看的话,这种说法自然让顾客觉得你过于虚伪。

"要不给您换个颜色看看?"和"那您看看别的吧。"都相当于认同顾客的说法,其实是一种消极销售的行为,没有进行任何的努力。

正确应对

店员随顾客摇摆,或把自认为好的货品硬推销给顾客,都是缺乏灵活应对的策略,不正确的应对方式。

如果顾客看好的商品,但是因为她的朋友已经有了一件同样的商品,销售人员可以在款式、颜色、规格方面进行推荐,或者巧妙地引导到其他的商品上。

说明这款产品大受欢迎的原因，巧妙引导顾客考虑其他颜色或者规格。

当顾客说出不想跟朋友买一样的商品时，你可以引导顾客转换一下角度，既然你朋友都买了，说明这款产品非常受欢迎。然后巧妙地告诉顾客其他某种颜色或者规格更适合顾客需求，并引导顾客体验。

顾客："我不想和我朋友买一样的。"

店员："是吗？这款产品的特点是……所以很多人都很喜欢。昨天就销售出去十多件，现在比较流向用（穿）这个。既然你朋友都选择了，你何不换一种颜色，我个人认为白色跟红色都比较适合您，您试一下就知道了。"

肯定顾客看好的货品，顺势向顾客推荐其他类似款

如果顾客的朋友已经有了一件，正好证明了这款产品卖得好。但是也应该理解顾客的顾虑，两个人买一样的确是有些尴尬。所以应该认同顾客的观点，这样就拉近了与顾客的心理距离。然后顺势引导到比较相似的款型上，推动交易成功。

顾客："我不想和我朋友买一样的。"

店员："是吗？我非常理解您！我们这款产品确实卖得非常好，当然两个人买同样的东西，见面确实有点尴尬。不过这款产品其实还有其他类似款，我觉得都一样适合您，您可以感受一下。"

顾客想请人来帮参谋时，店员该怎么说

一些决策力偏弱的顾客，看完商品之后，即使他们感觉比较满意选中的商品，但是一时也下不了决心。他们会对店员说："我觉得这个手链还不错，但是我想等下次我带朋友一起过来，让她帮我看看。"遇到这样的情况，究竟该怎么办？

第四篇 王牌店铺王牌店员——导购就该这样做

错误应对

店员:"又不是你朋友买,自己喜欢不就行了。"
店员:"别再等了,看好了就今天买吧。"
店员:"好吧,那您下次过来再说吧。"

"又不是你朋友买,自己喜欢不就行了。"这样的说法容易让顾客产生反感,很明显,你反驳了顾客的话,话里话外的意思是顾客没有主见,自己喜欢的为什么要听朋友的呢?让顾客很不舒服也很没面子。

"别再等了,看好了就今天买吧。"你说出这样的话,顾客心里可能会这样反驳你,为什么不可以等了?为什么就要今天买?你的说法显得苍白无力。

"好吧,那您下次再过来吧。"这样的应对,是消极的行为,这等于没有做任何努力就放弃了,也没有做任何努力去促进顾客成交,顾客可能认为你实际上是在驱逐他离开。

正确应对

店员要分析,顾客说"下次带朋友来,让他帮我看看"是不是只是为了找一个离开的借口,还是本身就属于犹豫不决型的顾客,顾客喜欢这款货品但对自己的判断不是非常有信心,或者可能由于他以前有过一冲动购买了商品,事后后悔得不行的经历,所以害怕再次上当受骗,于是在决定购买的时候总想找个朋友来给自己参谋一番。所以,只有摸透顾客的心理,才能对症下药。

了解顾客不能马上做决定的原因

遇到这样的问题,我们应该尊重顾客决定,然后话锋一转带出产品的卖点来,并带有自责的语气探询问题,向顾客请教是否自己有做得不到位的地方,其真正目的是拖延顾客的停留,了解顾客不能马上做决定的原因,用这种谦逊的方式,一般都能获取顾客的配合。

顾客:"下次带我朋友来,让他帮我看看。"

店员:"那好吧,我尊重您的决定。只是我觉得这款产品的款式非常适合您,我在想,是不是我解释得不够周全,还是有怠慢的地方?所以我还想请教一下,除了你相信你朋友的眼光之外,还有什么原因让您现在下不了决心呢?"

认同顾客想法,表示惋惜,顺势引导顾客

对待这种顾客,店员首先要取得顾客的信任,真心诚意地给他一些参谋与建议,适当地用利益去推动对方。先认同顾客想法,并表示出顾客今天不买真的是挺遗憾的,然后强调产品的卖点,并且给顾客施加适当的压力,最后顺势引导顾客购买。

顾客:"下次带我朋友来,让他帮我看看。"

店员:"那您今天不带朋友来真是太可惜了!这款产品简直就像为您量身定做的一样,价位又不高,而且我们今天刚好又有促销活动,过几天我们促销就结束了,所以我建议您还是今天买比较合适。"

讲故事的方式强化压力

顾客一旦离开,他们的购买欲望与热情就会大幅度下降,再带朋友来买的可能性小之又小。所以,听到顾客这样说的时候,首先你应该想到的是,不能让他走掉!可以先认同顾客的想法,然后转换话题,强调产品卖点,给顾客施加压力,同时用讲故事的策略营造产品很紧俏的气氛,最后顺势引导顾客成交。

顾客:"下次带我朋友来,让他帮我看看。"

店员:"是这样啊,只是我比较担心您下次来的时候还有没有这个款型,因为我们这款产品一直卖得很快。上次有个顾客看好一款,第二天来买,结果就没有了,我们向总部调货吧,一时也调不到,害她懊恼了好久,搞得我们也很不好意思。所以我建议,您要是确实喜欢的话,还是今天买吧。"

当顾客说东西少没买的，店员该怎么说

我们总是翘首企盼顾客的到来，好不容易来了两三个顾客，进门扫视一圈，然后说道："东西太少，没什么好买的。"转身欲走。遇到这样的情况，究竟该怎么办？

错误应对

店员："我们的货卖得比较快。"
店员："新货过两天就到了。"
店员："少吗？够多的了。"
店员："你想买多少啊？这么多东西你买得完吗？"

"我们的货卖得比较快。"和"新货过两天就到了。"这两种说法等于承认了顾客的观点，货品确实很少，没有什么好选的，这样消极的反应，势必会让顾客走掉，没有什么好买的了，还看什么呢。

"少吗？够多的了。"给人的感觉就是，要么销售人员睁着眼睛说瞎话，要么顾客自己在睁着眼睛说瞎话，无论是谁睁着眼睛说瞎话，并不重要，重要的是你说出这句话之后，生意肯定做不成了。

"你想买多少啊？这么多东西你买得完吗？"这种说法很没有礼貌，也显得店员很没有素质。这种非常有攻击性的质问语言，可能会导致顾客与你大吵一架！

正确应对

有的店员很讲究个性，一旦发现顾客的不对，马上进行反驳，甚至抨击，他们以为这样直来直去的性格会得到欣赏。即使他们在与顾客的争辩中每次都是获得胜利，但是销售业绩却是一落千丈。所以，面对顾客说店里的东西少，没什么可买的时候。一个成熟的店员会做出以下比较妥当的回应。

强化货品"样样精品"

实事求是地承认顾客的说法,要比遮遮掩掩好得多,但是实事求是也要讲策略。如果顾客认为商品少,就要强化我们的货品"样样精品"的观念,并顺势引导顾客体验产品的功能。

顾客:"东西这么少,没什么好买的。"

店员:"是的,您很细心,我们这个专卖店摆放的货品确实不多,不过件件都是我们精心挑选的精品款式,每款都有自己的特色。来,我帮您介绍一下吧。"

引导顾客进行体验

真诚认可顾客说法,然后简单说明理由,接下来有意识地去引导顾客体验我们产品的优势卖点,只要顾客肯体验商品,那离交易成功的路已经不远了。

顾客:"东西这么少,没什么好买的。"

店员:"您说得很对,我们这儿的款式确实不多,因为我们想把最有特色的东西卖给顾客,不过我们有几款产品我觉得非常适合您。来,这边请,我帮您介绍一下。"

给顾客足够的面子

在销售的过程,一定要给顾客足够的面子,如果我们让顾客感到丢了面子,那即使你说得再有道理,顾客也不会接受。比如顾客说,店里的东西少,没什么可买的,但事实上店里的很多。这个时候,千万不能鄙视顾客,心里带着"你瞎啊"的态度与顾客对话。如果顾客觉得没面子,会马上走人,并会给你做负面宣传。

当顾客听完介绍后就走,店员该怎么说

有的店员,非常的职业化,顾客一走进门,马上迎上去,把早已经说了

第四篇 王牌店铺王牌店员——导购就该这样做

千百遍的开场白一股脑地倒给顾客。有的顾客会认真倾听，而有的顾客根本不愿意听，即使勉强听一下，还没有等你说完，就迈步走掉了。遇到这种情况，许多店员很困惑，摸不透顾客心里到底怎么想的，不知道该怎么办？

错误应对

店员："看看吧，这个真不错。"
店员："小姐，稍等，还可以看看其他的。"
店员："如果你诚心要，可以再便宜点。"
店员："你是不是诚心买，看着玩啊？"
店员："好走，不送！"

"看看吧，这个真不错。"一般店员说这句话时顾客已经转身离开了，说明他对该商品不感冒，可是店员仍然说效果很好，显得很滑稽。

"小姐，稍等，还可以看看其他的。"这样的说法说明销售人员根本没有了解顾客的需求点是什么，其他的东西很多，你难道指望顾客会很耐心的都看完？这样的介绍做得越多，顾客越没有兴趣。

"如果你诚心要，可以再便宜点。"这句话我们听得比较多，但是一般都发生在讨价还价的阶段。如果顾客听完你的介绍就要走的情况下，你这样说，顾客会联想到商品肯定不怎么样，要不然怎么自己就这么快急着降价。

"你是不是诚心买，看着玩啊？"一个专业的店员，一定要注意自己的修养，不可以遇到问题就挑剔顾客以原谅自己的过失，并且这种语言将激怒顾客，并可能引发双方争执。

"好走，不送！"很多店员说这句话的时候是带着一些不满情绪，这样的语言和语气让顾客感觉受到嘲讽和侮辱。如果没有带这样的情绪，同样是将顾客推出店铺。

正确应对

店员在接待顾客时，最忌讳一味地不顾顾客感受，只顾自说自话，这种喋喋不休的待客方式令顾客非常讨厌。

作为销售人员，一定要注意自身修养的提升。管好自己的嘴巴，多说顾客喜欢听的话，不要意气用事地信口开河，去伤害顾客。其实说出去的话就好像泼出去的水，逞一时口舌之快只能给自己招致更大的损失。

即使遇见比较尖酸刻薄的顾客，也不要忘记自己的形象。当你介绍完产品之后，顾客并没说什么，转身就走的情况发生以后，你要做的不是发牢骚，而是采取积极的措施。首先要检讨为顾客介绍货品的时机是否正确。一般而言，当顾客对货品有兴趣或者需要帮助的时候，店员及时为顾客进行介绍，交易成功率会更大。

如果时机没有问题，接下来应该反省自己是否没有针对顾客的真实需求来介绍。找到真正的原因，完成交易。

寻找顾客离开的真实原因

用简洁的语言，不卑不亢的语气请教顾客，往往可以获知顾客离开的真实原因。只要她说出离开的真正原因，就可以对症下药。

店员："这位女士，请您先别急着走，好吗？我想问一下，是不是我们这几款产品，您都不喜欢，还是我的服务没有做到位？如果真的是这样，我可以立即改进。真的，我是诚心想为您服务好。"

放低身段，抬高顾客

在销售的过程中，店员要学会主动放低身段，这样会无形中抬高顾客身段，使顾客感受到尊重，从而使顾客更加配合店员。

店员："这位先生，能不能请您留一下步，您买不买东西真的没有关系。是这样子，我只是想请您帮个忙。我刚开始做这个品牌，麻烦您告诉我，是不是我哪方面做得您不是非常满意？这样也方便我改进工作，真的非常感谢您。"

总之，销售人员要学会真诚道歉，主动承当责任，真诚地询问顾客，以求得为顾客再次服务的机会。

金玉良言：作为销售人员，一定要注意自身修养的提升。管好自己的嘴巴，逞一时口舌之快将招致更大的损失。

第四篇　王牌店铺王牌店员——导购就该这样做

第18章　做好产品介绍
——精妙言辞震撼人心

店员接触顾客的目的就是把产品推销出去，在此过程向顾客介绍产品就是最为关键的一个环节。自己都不了解自己的产品，还要一厢情愿地向顾客兜售自己的产品，实在是很荒唐的事，因此，店员必须熟悉自己的产品，这是对店员的最低要求。介绍产品之前应该了解顾客的需要，有针对性的介绍才能产生深刻的影响。所以，通过销售人员的产品论述，让顾客对产品及销售人员本身有所了解，才能更有助于交易顺利完成。

顾客认为商品为贴牌之时，你要怎么做好介绍

的确，现在有些品牌通过贴牌加工、境外注册或者起个外国名字，就美其名曰国际品牌，但是产品品质、服务质量等又跟不上，导致许多顾客对该类品牌不信任。因此，在销售这样的品牌产品的时候，有些见多识广的顾客就会说："我知道，你们就是贴牌或者挂国际知名品牌而已。"这个时候应该怎么应对？

错误应对

店员："我不是很清楚。"

店员:"我们这个确实是合资的品牌。"

店员:"只是进口他们的技术。"

"我不是很清楚。"作为店员,你说这样的话,真的是说不过去。你这样说,顾客会觉得你实在太糊涂,连自己所卖商品的情况都不知道,其实说这种话就是在默认顾客的观点。

"我们这个确实是合资的品牌。"这样的说法过于简单的直白,显得缺乏说服力。

"只是进口他们的技术。"虽然说的是"只是从国外引进技术",也就等于承认牌子确实是挂靠的。

正确应对

作为店员应该一开始就想方设法去改善与顾客的关系,而不是拼命地抵抗和说服顾客,承认自己的缺点往往更有利于问题的解决。认同和赞美是快速改善与顾客关系的好方法,店员在处理顾客提出的问题时,一定要形成认同与赞美顾客的习惯,然后再强调自己商品的特点。

先认同顾客的想法

顾客:"我知道,你们就是贴牌或者挂国际知名品牌而已。"

店员:"小姐,您说得对,我们确实是与国外品牌合资的,也难怪您会这样问。但是,我们只是合资的关系,其实我们在产品质量、服务以及管理上实实在在有了很大的提升。我们的产品设计和做工、卖场氛围与售后服务,都会让您非常满意。"

强调品牌的独特特点

顾客:"我知道,你们就是贴牌或者挂国际知名品牌而已。"

店员:"先生,您真是内行啊,确实就像您所说的一样,现在有些品牌确实会让人产生这样的误解。虽然我们是与国外公司合资的品牌,不管是在款式设计上,还是在品牌理念、经营管理上都受到了该品牌的影响,但是,我们品牌更有自己独特的特点……"

认同顾客的想法并不难，但是有些店员就是不喜欢那样做。其实认同之后，可以话锋一转告诉顾客该品牌最独特的特点。

顾客认为是去年的旧货时，你要怎么做好介绍

服装、鞋子等难免会存在着款式变化而产生库存的问题，一些店铺为了处理库存会将上季或跨年的产品拿出来做活动。另外，有些店会将往年款式拿出来重新包装后投放市场。此时，比较精明的顾客可能会一眼就看出来。这个时候该怎么办？

错误应对

店员："我们的新货过两天就到了。"

店员："这些款式今年还是很流行！"

店员："是的，这是去年的货，就剩下这几件了。"

店员："哪有，这全是新的。"

"我们的新货过两天就到了。"这样的说法认同了顾客的观点，但没有进一步说明解释，顾客肯定会这样想，既然过两天到新货，我何必买现在的旧货。

"这些款式今年还是很流行！"是不是流行款，顾客可能已经不关注，他们关注的是货是不是旧款，你这样的解释有些模棱两可。

"是的，这是去年的货，就剩下这几件了。"这样回应，认同了顾客的观点，但却没有做出任何进一步的解释和说明，无法吸引顾客的注意力，属于非常消极的销售行为。

"哪有，这全是新的。"顾客想把货卖掉的心理是可以理解的，但是不能睁着眼睛说瞎话欺骗顾客。

正确应对

任何事物都有两面性，旧货有旧货的缺点，但也有其自身的优势。作为店员要学会从不同的角度来寻找自己产品的特点并转化为亮点来凸显，从而为顾客提供购买理由，比如可以强调旧款价格实惠、款式适体等优点来刺激顾客购买。

找一个比较贴切的说服理由

既然顾客已经认出是旧货，就不要再藏着掖着。可以先赞美顾客的眼力，然后为旧货找到一个最贴切的说服理由。比如，东西不在于款式是否新颖，关键要看是否适合自己。并且用提问的方式获取顾客首肯，最后，再次具体强调该款货品的优点，并主动引导顾客体验。

顾客："这不是去年的旧货吗？"

店员："看来您是内行，一眼就看出来它是去年的货物。不过正因为它是去年的款，所以现在便宜出售，而且您也知道，现在买东西最重要的还是要看东西是否适合自己，如果不适合买回去反而浪费，您说是吗？该商品的优点是……先生，光看是看不出效果来的，来，您可以先亲自试用（穿）一下。"

直接强调旧货的优点

可在赞美顾客眼力后，直接强调旧货的优点，并且以非常合情合理的口吻告诉顾客现代人消费理念的变化，让顾客感觉你是真诚地站在他的角度思考问题，最后以促销等话题来给顾客施加一定的压力，推动顾客购买的欲望。

顾客："这不是去年的旧货吗？"

店员："您真是好眼力，一眼就看出来了。咱先不管它是不是去年的旧货，最重要的是这款产品确实非常适合您的……（主要介绍商品的优点）再说，我们都是理性的消费者，现在搞促销，这么好的东西才卖这个价格！如果您现在下手买还有，你看，销售情况这么好，到明天可能都卖完了呢。"

第四篇 王牌店铺王牌店员——导购就该这样做

争取顾客的理解与支持

顾客都希望自己被认为是老顾客、大顾客。所以,店员可以以感谢本店老顾客的口吻真诚地谢谢顾客长期一贯的支持,这么做,往往可以更容易地获取顾客的理解与支持,然后给顾客强调现在买这些老款商品的优点,最后引导顾客体验货品。

顾客:"这不是去年的旧货吗?"

店员:"您对我们的产品真是熟悉,看来您一定是经常光顾本店,那您一定明白现在买这些商品非常划算。首先商品的风格款式一点也没有过时,其次该货品工艺与做工都很好,质量也有保证;最后我们现在以最优惠的条件做促销活动,这么好的商品可从来没有卖过这个价格!真的很划算。"

总之,店员一定要学会从不同的角度看问题,寻找商品的亮点,从而为顾客提供购买的理由,引导顾客积极成交。任何事情都有两面性,即使是旧货也有闪光点,比如质量稳定、款式经典、技术成熟、价格实惠等。

顾客对商品做工不满意时,你要怎么做好介绍

高档品店里的店员,每天面对不同的顾客,解决各种各样的问题,在众多问题中,一定会有这样一个问题:"还是高档品呢,做工这么粗糙。"这个时候要怎样应对呢?

错误应对

店员:"这种小问题是难免的。"

店员:"弄一下就好了,没关系的。"

店员:"哪里粗糙了?"

"这种小问题是难免的。"这种说法给顾客传递的信息是顾客太挑剔、不

讲道理，让顾客非常窝火。

"弄一下就好了，没关系的。"小瑕疵是可能弄一下就好了，但是顾客的怀疑却不能一起消除。

"哪里粗糙了？"这种明显带有情绪化的语言一出口，必将将交易的路切断。店员一定不要忽略语言暗含的意思，很多时候我们可能是毫无意识地脱口而出，但却可能让顾客感觉非常不舒服。

正确应对

如果顾客质疑高档品的做工，店员首先应该真诚地感谢顾客提出的建议与意见，将顾客的角色由批评者转变成建议者和朋友，同时迅速地将话题的焦点转移到请顾客体验上去，毕竟即使是个别的小问题对销售也是不利的，所以不必在此纠缠。

询问顾客，转移话题

顾客："还是高档品呢，做工这么粗糙。"

店员："小姐，谢谢您的提醒。对于这个问题，我会立即作出调整，真的是非常谢谢您。我们店的商品还是比较齐全的，特别是新进的这批女包，你看颜色款式都是今年在欧洲比较流行的……"

引导顾客体验

顾客："还是高档品呢，做工这么粗糙。"

店员："小姐，真的非常感谢您，由于我的工作疏忽，没有发现这个细节，真是给您添麻烦了！谢谢您告诉我这个情况。我帮您换一件试试吧，来，这边请……"

如果商品确实存在问题，店员要敢于承认自己的错误，承认错误不是羞耻的事，往往可以获取顾客的理解，从而使问题变得更加容易解决。如果一味地为自己辩护或推卸责任，会让顾客产生鄙视，使交易更加的难以完成。

第四篇 王牌店铺王牌店员——导购就该这样做

顾客质疑商品不是新的时,你要怎样做好介绍

有时候我们会遇见极其挑剔的顾客,即使是当着他的面扯开的包装,他看完之后,商讨完价格之后,仍然要求你给他拿新的。这个时候,如果真的有新的,给他拿个没拆包装的也行,但是如果不凑巧的是,恰好就剩这最后一件了,这个时候可怎么办?

错误应对

店员:"只剩这一个了。"
店员:"这款只有这一个,要不您看看其他款吧。"
店员:"如果有新的,我就给你了,确实没有了。"
店员:"这件就是新的,而且是刚当着您的面拆的。"

"只剩这一个了。"店员开始泄气甩摊子了,并且给顾客制造很大的心理压力,意思是说买不买随便你。

"这款只有这一个,要不您看看其他款吧。"这样的说法,是将顾客好不容易挑选到并喜欢的商品轻易否决掉,又要重新开始推荐,显得很轻率。

"如果有新的,我一定给您,确实没有了。"这的确是事实,语气也很真诚,但是这样就能得到顾客的理解吗?

"这件就是新的,而且是刚当着您的面拆的。"这种解释说辞,有理有据,但是,不讲理的顾客可不在乎这些。

正确应对

顾客花钱买东西,肯定希望整个过程都符合自己的心意。他们在试用(穿)满意后,一般都会要求店员拿最新的,即还没有打开过包装的商品,然后再付款结账。在货源充足的情况下,店员很容易满足顾客的要求。但如果商品刚好只剩一件了,顾客肯定会不愿意。这时,店员要怎样推进交易的进行呢?

诚恳地与顾客沟通，解释这款商品很畅销

真诚地向顾客介绍我们的货品属于限量销售，既吊高顾客胃口，同时又给顾客适当地施加压力。

顾客："你给我拿件没拆包装的吧。"

店员："很抱歉，我们每款只进两三件，这款是昨天刚来的新货，目前就只剩这一件了。其实这件也是刚拆包装的，既然您这么喜欢，就快点下手吧，呵呵！"

可以尽量从其他地方调货

顾客："这一件我肯定不要，没新的我就不买了！"

店员："要不您坐一会儿，我们到附近的连锁店给您调一件过来？"

顾客："好的。"

轻松幽默的语言引导顾客购买

顾客："我要件没拆包装的。"

店员："哎呀，真是抱歉，刚刚拆给您的这款产品不仅是全新的，而且刚好是最后一款，之前根本没有人开过。您运气真好，如果晚来一步，即使您喜欢，我还真是没有办法帮您变出一件呢。"

稍稍优惠一点儿卖给顾客

顾客："你还是给我拿件新的吧。"

店员："这件衣服您也试过了，质量绝对没有问题，而且又那么适合您，刚好只剩一件，我也没有其他办法。要不这样，看您真心想买，也为了表示我们的诚意，今天开个特例，我给你打九八折，您觉得如何？"

请顾客留下电话号码和订金，约好取货时间

顾客："这一件我肯定不要，你还是给我拿新的吧！"

第四篇　王牌店铺王牌店员——导购就该这样做

店员："先生，如果您一定要新的，我们只好额外为您下单进货了。这样的话，您需要留下100元的订金，您把电话号码也留下，货一到我就通知您来取，好吗？"

顾客："那也行。"

总之，出现问题，要尽可能想办法弥补并解决问题，并且文明有礼地加以解释，绝不能怠慢顾客。其实每个顾客都有买就买崭新的这种心理，店员应该理解顾客这种心理并且用真诚的态度与对方沟通。

顾客觉得品牌不太有名时，你要怎么做好介绍

如果你向顾客隆重推荐一款产品，但是顾客的回应是："你们的产品不太有名吧，我都没听说过。"这个时候你怎么办？承认商品不太有名，还是嘲笑顾客的无知？还是设计别样的说辞？

错误应对

店员："是吗，这个牌子卖好几年了。"
店员："我们正在很多媒体上做广告。"
店员："我们确实是新牌子，刚进市场。"

"是吗，这个牌子卖好几年了。"和"很多媒体上都有广告。"在暗示顾客的无知，这个牌子已经卖好几年了你居然不知道，另外这种说法也没有说服力。

"我们确实是新牌子，刚进市场。"承认了我们是新牌子，让顾客隐隐感觉质量不够好，品牌可能有问题。

正确应对

如果顾客说："你们的产品不太有名吧，我都没听说过。"不要与顾客一味地争辩，说话的态度要谦虚，要能放下架子，真诚地赞美顾客。这样可以获得顾客认同和好感，然后转入产品推荐阶段！

语言谦虚，承认品牌不太有名

如果顾客说："你们的产品不太有名吧，我都没听说过。"可用谦虚的语言主动承认自己工作没做好，以获得顾客谅解，然后话锋一转，向顾客介绍产品情况，用略带兴奋的语言煽动顾客去了解推荐的产品，从而引导顾客朝着购买的方向前进。

顾客："你们的品牌不太有名吧，我都没听说过。"

店员："哦，这样啊，这是我们的宣传工作没有做到位，真的很抱歉。不过没关系，今天刚好您来了可以先了解一下我们商品，来，我帮您简单介绍一下……"

放下架子，主动引导顾客体验

如果顾客说："你们的产品不太有名吧，我都没听说过。"你首先要放下架子，获得顾客认同，然后主动引导顾客了解产品的特点，最后让顾客直接去体验产品。

顾客："你们的品牌不太有名吧，我都没听说过。"

店员："真不好意思，这是我们的工作没做好。幸亏今天有机会向您介绍一下我们的产品，我们品牌已经卖了五年了，主要特色是……我认为有这款产品特别适合您。来，小姐，这边请……"

赞美顾客，反将顾客一军

如果顾客说："你们的产品不太有名吧，我都没听说过。"店员也不要嘲笑顾客的无知，应该赞美顾客见多识广，然后简单说明情况，并反将顾客一军，用简洁的语言介绍品牌特点，然后顺势引导顾客看我们的货品。

顾客："你们的品牌不太有名吧，我都没听说过。"

店员："您对这个行业真是了解。我们品牌其实做的时间也不短了，只不过最近才进入到咱们这个地区，所以以后还需要您多多捧场、多多照顾呀。该品牌的主要是……先生，请跟我来这边……（请顾客体验）。

如果我们的品牌确实不是很有名的话，店员要敢于承认，这样才会获得顾客的尊重，当然承认也是有技巧的。

顾客怕商品使用期限短时，你要怎样做好介绍

如果顾客问一些比较常见的问题，我们自然很好回答。即使回答得不圆满的话，至少不会出错的，但是如果我们遇到的顾客是个行家的话，他们问出的问题，我们可能一时都不知道怎么回答。例如，一个家电维修人员来买电冰箱，他会问这台冰箱的压缩机的很多详细细节，然后他可能会问，一般情况下能用多久啊？是不是用着用着就不好用了？

错误应对

店员："不会，这种情况不会出现。"
店员："当然，肯定有不好用那一天。"
店员："应该不会出现这种情况。"
店员："您用的时候注意以下几点……"（查看说明书）

"不会，我这种情况不会出现。"这种回答，太过绝对，除非你有百分之百的把握，事实上，没有哪个厂家敢这么保证，这样的回答过于绝对，而且是错误的。

"当然，肯定有不好用那一天。"话虽没错，但作为销售人员，这样说会降低顾客购买的欲望与热情。

"应该不会出现这种情况。"这样的回答，缺乏足够的自信，语言模糊，容易使顾客对产品本身及店员产生不信任感。

"您用的时候注意以下几点……"（查看说明书），这会让顾客感觉这种产品过于麻烦，也显得你不够专业，所以这种说法也不可取。

正确应对

可以说全国的零售从业人员都非常关心如何处理产品的自然性问题,但这类问题却一直没有得到很好的解决。对于我们每天都会遇到的这类问题,如何去有效地加以解决就直接关系到销售业绩的提升。我认为要解决该类问题可以从以下四方面入手:

做认同性心理铺垫

作为店员人员一定要学会认同顾客感受,因为这样可以获得顾客的信任与好感,拉近彼此之间的距离。所以,店员可以先认同一下顾客,并适度赞美顾客,让顾客有一个好心情来聆听店员的话。

店员:"先生,您对买还挺在行的,每个问题都问到点子上了。"

给信心绝不给承诺

在解释的过程中,提供足够确凿与自信的事实,让顾客感觉到这个问题其实不用担心,但不要明确告诉他到底是否会出现他所怀疑的问题,以免断了自己的后路,给自己找麻烦。

店员:"先生,我们以前也有很多老顾客和您一样提出过这个问题,不过,先生,我可以负责任地告诉您,我卖这个牌子五年了,经我手上卖出去的至少也有×件了,只要按照我们的规定方法来正确使用,出现您所说的这种状况的可能性很小,所以这个问题您大可不必过于担心。您真的要担心的是这款商品是否适合您的需求,否则即使东西再好,您也不会要,您说是吗?"

弱化问题并转移矛盾

店员要学会扬长避短,避重就轻,因为考虑到顾客提出的这个问题对我们是相对不利的,所以店员应该简单略过该类问题,并迅速主动地将焦点转移到其他话题上,比如引导顾客体验产品。

店员:"小姐,您这个问题问得很好,您说的情况在我们行业也确实存在。您大可不必过于担心,再说,我卖这个品牌已经差不多有3年了。您现在其实真正要考虑的是自己是否真的喜欢,因为如果东西自己不喜欢,买回去就会有很多遗憾,这样反而是更大的浪费,您说是吗……"

成交之后再给说明

当对方确定要购买产品,并缴款后,店员再用简洁的语言给他介绍产品的正确保养与使用事项。这样更容易提高成交率,并且会给顾客留下好感。

店员:"先生,为了使产品保持良好的性能,像这种高档家电其实保养很重要,您使用时要注意……(用简洁语言强调商品日常保养事项)先生,这样吧,为了不让您忘记,我把这些注意事项写在小票后面,请您稍候。"

当顾客问出,"是不是用着用着就不好用了"的时候,只要我们按照上面提供的思路来做,就一定可以大大地提高店面人员处理该类问题的能力,并同时提高店铺的销售业绩。

顾客觉得别的牌子更便宜,你要怎么做好介绍

这样的情况我们也经常遇到,有的顾客看完商品之后,你问他感觉怎么样?他会说:"×牌子的比你们卖得便宜多了。"如果顾客所提出的品牌风格、款式或材质等与自己的产品都差不多,自己的价格却比对方贵,这个时候该怎样回应顾客?

错误应对

店员:"哦,这样啊。"
店员:"差别不大,就那么几块钱。"
店员:"我们比他们质量要好。"

"哦，这样啊。"是非常缺乏思想的说法，承认了顾客的说法不说，而且表现得自暴自弃，等于没做任何努力就放弃交易一样。

"差别不大，就那么几块钱。"实质上也是已经默认了顾客的说法，但并没有做任何有说服力的解释说明。

"我们比他们质量要好。"解释过于空洞，没有说服力，同时有贬低竞争对手的嫌疑，所以也不可取。

正确应对

其实顾客在相似品牌之间进行价格比较的时候，更多的时候考虑的并非是那几十块钱的差价，关键是这个差价他觉得是否值得真正付出。其实只要商品质量好，你的服务到位，多数的顾客还是宁愿多花点钱买个心里舒服的。

阐述差异性利益点

顾客："×牌子的比你们卖得便宜多了。"

店员："您说得很对，我们的产品跟你刚才说的品牌的档次及消费群体确实差不多，所以很多顾客也在这两个品牌间做比较。虽然我们在价格上确实比您刚才说的那个品牌高一点，不过最后还是有许多顾客选择我们，他们最终看重的是我们的产品具有……（阐述差异性利益点）女士，光我说好也不行，来，要不你抹在手上试一试？感受一下效果。"

加上诱人的亮点

顾客："×牌子的比你们卖的便宜多了。"

店员："是的，因为我们两个品牌在风格以及价位上都是比较接近的，所以很多顾客在比较的时候也都会问到类似问题，其实从风格和款式上来看确实二者差不多，价格也只是一点点的差异。但大多数在比较之后决定选择我们产品，因为更多的顾客希望自己新潮时尚，而我们的品牌是天王巨星×，他可是时尚界的代表，所以很多人更愿意拥有我们的产品。"

总之，遇到这样的问题一定不可以简单化，说一些空洞没有任何说服力的说辞。首先要实事求是地认同顾客观点，然后告诉顾客即便如此仍然有许多顾

第四篇 王牌店铺王牌店员——导购就该这样做

客选择我们的品牌，最后说明为什么会如此，即强调本店品牌的优点并主动引导顾客去体验这些优点。

顾客和别的品牌比较质量，你要怎么做好介绍

精明的顾客在看见喜欢的商品时，也不会表现出兴奋的表情，而是不断地说商品的缺点，拿其他商品与该商品比较，不管真的假的，他们总是会说你的商品这不好那不好，别人的商品又便宜又好，这个时候你该怎么办？

错误应对

店员："差不多吧。"
店员："你没试我们的，怎么知道不好。"
店员："他们的价格肯定比我们高。"
店员："但是，很多人反映那个品牌并不是很好。"

"差不多吧。"这种说法没有正面回应顾客的问题，缺乏针对性。

"你没试我们的，怎么知道不好。"言语中有指责顾客的意思，而且没有强调产品的优势，缺乏说服力。

"他们的价格肯定比我们高。"给顾客的感觉是这个店的店员在诋毁品牌，并主动挑起价格争议。

"但是，很多人反映那个品牌并不是很好。"这样说给人感觉有抬高自己、贬低品牌的意味，显得不够坦诚。

正确应对

如果顾客贬低店里的商品质量，说别的品牌好。店员可以首先称赞竞争品牌，同时强调自己的优点所在，即所谓的他好我更好，用自己的真诚与专业打动顾客，并赢得顾客对自己及品牌的良好印象。

向顾客所说的优点靠拢

顾客："你们的质量一般，还是×品牌好。"

店员："×品牌是不错，也是我们学习的对象。您觉得×品牌什么地方比较吸引您呢？"

顾客："……"（竞争对手的品牌特点）

店员："噢，原来如此！是的，这几点确实很吸引顾客，其实我们也做得不错，很多顾客也称赞过我们的这些部分，只是您以前可能没有太关注到我们，真的是很可惜。不过，今天刚好有机会，您也可以多了解一下我们的品牌。其实你刚才说的那些吸引点，我们都具备，比如……"

强调自己的品牌风格

顾客："你们的质量一般，还是×品牌好。"

店员："的确。它是非常好的品牌，一直是白领丽人的选择，口碑很不错。其实我们的目标顾客定位都差不多，只是我们跟他们的风格不一样。×品牌的风格走的是……而我们走的是……不过以您这种贵妇人的气质来说，用我们品牌非常合适，因为……（强调自己的品牌主张）"

当顾客做比较的时候，千万不要一味地贬低竞争对手，这样只能说明店员的素质差，让顾客瞧不起店员的人品。所以店员一定要心平气和地与顾客沟通。

顾客认为商品质量不好时，你要怎么做好介绍

如果顾客看了半天商品，也试用（穿）了，但是最后却来这么一句："其他的还行，就是觉得质量不是很好。"这个时候你该怎么解释，让眼看就能成的生意圆满收场？

错误应对

店员："不会呀，质量不错的。"

店员："应该不会呀，这种质量很好。"

店员:"怎么会有这样的疑问呢。"

"不会呀,质量不错的。"这种说法属于直线型思维方式。对顾客的不同意见切忌用乒乓球方式予以回应,这种沟通方式会大大降低说服力。

"应该不会呀,这种质量很好。"语气不是十分肯定地在拒绝顾客的不同意见。要让对方被说服,首先要学会让步、学会认同,而不是上来就反驳。

"怎么会有这样的疑问呢。"这种说法会让顾客感觉自己被认为很另类、很怪异。

正确应对

当你跟一个人站在对立立场上时,这个人往往很难被说服,因为任何人都不喜欢被别人说服。销售心理学研究表明:很多时候顾客拒绝的不是事情本身,而是与自己相对的人。也就是说,如果让顾客接受你的商品,首先要让顾客认同你。而使用赞美的语言就是非常好的沟通技巧。

如果顾客对质量存在少许的疑惑,店员首先应认同顾客的感受,并适当地赞美顾客。认同对方是为了更好地说服对方,然后鼓励顾客说出心里的具体感受并加以积极引导,以消除顾客的疑虑。

顾客:"其他的还行,就是觉得质量不是很好。"
店员:"请问先生,是什么地方让有这样的感觉呢?"
顾客:"你看这里合得不是特别紧密。"
店员:"先生,您真是细心,这么细小的地方都可以观察到。其实这款产品的设计是考虑到这个地方经常需要活动,所以在此处采用了一种特殊的、耐磨的材料,这是为了保证您在使用的过程中,更加的灵活自如,这种材料的优点是……"
顾客:"原来是这样啊。"

销售是有针对性地对顾客所进行的工作。如果问题很明显地存在,还非常鲜明地狡辩,很容易造成被动乃至失败。凡事预则立,不预则废,前期的调查研究是十分重要的。

顾客拿不准到底哪家的好，你要怎么做好介绍

在销售的过程中，有些顾客会拿着商品与其他店铺比较，这该怎么办？是直接贬低对方的商品，从而抑制了顾客的购买热情，还是寻找各种各样的原因提升顾客在本店的购买欲望？

错误应对

店员："这很难说的。"

店员："各有特色。"

店员："我不太了解他们的产品。"

店员："他们的呀，你买了就知道了。"

"这很难说的。"是很难说，但是你也不应该把心里的想法这么直白地说出来。

"各有特色。"给人的感觉就是相当于没说一样，让顾客反而更加困惑，这样往往容易激怒顾客。

"我不太了解他们的产品。"只能说明店员不专业，对其他店的同类产品都不了解，这样不专业的店员很难取得顾客的信任。

"他们的呀，你买了就知道了。"言语中有贬低竞争对手的意味，这样做可能在贬低竞争对手的同时也降低了自己的形象。

正确应对

如果顾客在选购的时候犹豫不定，原因是不知道现在看的这件商品，是不是比刚才在其他店里看的好？店员千万不要去极力贬低竞争品牌。应该强调各自的特点，对自己货品的优点应详细说明，并将自己品牌的优点与顾客的个人需求结合起来以激发顾客的购买欲望。

详细地向顾客介绍自己商品的特点

"到底哪家店里的商品好"这样的问题困扰着顾客的话，可以告诉顾客商

第四篇　王牌店铺王牌店员——导购就该这样做

品不在于在哪家店里，关键在于是否适合自己，然后详细地向顾客介绍本店商品的特点，最后告诉顾客该商品才是最适合顾客需求的。

店员："到底哪家的好呢？"

店员："其实我们的商品与您说的那家的那个都挺不错的，只是各有各的特色而已，主要还是要看您喜欢的风格、款式，其实就是适不适合您自己的问题，该商品的特点是……（介绍商品特点）我认为它比较适合您的。"

根据顾客特点需求为顾客推荐自己的商品

先赞美顾客欣赏眼光，告诉顾客刚才他看的那家的商品也不错，这样会让顾客对你的个人品格刮目相看，其次告诉顾客买东西不在地点，关键在于是否符合自己的特定需求，并以此为跳板询问顾客需求。然后再根据顾客特点需求为顾客推荐自己的商品，最后，引导顾客体验自己的商品。

顾客："到底哪家的好呢？"

店员："您真是好眼光，您说的那家店也不错，但是买东西还是要根据顾客各自的需求来决定。请问您一般在选择的时候是比较注重质地，还是品牌、款式、风格？"

顾客："我还是比较看重品牌的。"

店员："如果是这样，我认为我们这款特别适合您的个性化需求，因为该品牌强调的是……特点是……先生，东西一定要自己亲自来体验才可以知道。您可以现在试用（穿）一下！"

如果在销售的过程中四处树敌的话，无疑是断自己的后路。不要在打压竞争对手上浪费很多的时间，有这个时间，可以好好宣传一下自己。贬低竞争对手以抬高自己的做法无法赢得顾客的信任，更无法推动顾客的购买行为，是一个不明智的行为。

顾客认为特价商品有问题，你要怎么做好介绍

由于各种原因，店铺总会定期或不定期的推出一些特价商品，这些特价商品一推出，就会受到很多顾客的欢迎，但是也有些比较挑剔的顾客，选特价商品的时候，总是认为特价的商品质量肯定不好，或者肯定有问题，这个时候，究竟该怎么办？

错误应对

店员："怎么会有问题呢？"

店员："您放心吧，质量都是一样。"

店员："都是同一批货，不会有问题。"

店员："品牌一样，没有问题。"

"怎么会有问题呢？"这样的说法也是没有任何说服力，正确的方法应该是进行解释产品的质量，而不是这样的一语带过式的反问。

"您放心吧，质量都是一样。"这样的说辞，并不能让顾客放心，因为他知道你们的立场完全不同。"质量都一样"的说法也欠妥当，都一样不好是吗？

"都是同一批货，不会有问题。"和"品牌一样，没有问题。"这两句话的解释很有问题，同一批货、同一品牌难道就不会有问题了吗？这样的说法很没说服力，还容易让顾客找到反驳的话题。

正确应对

用简单空洞的直白性语言回应顾客的质疑是没有效果的，也很难取得顾客真正的信任。所以，回应顾客的方式方法一定要得当。

认同顾客的顾虑，以真诚负责任态度着重推荐

如果顾客质疑特价商品就有问题的话，可以认同顾客的顾虑，然后再针对顾虑以真诚负责任的口吻告诉顾客事实，并且强调现在购买的利益，以推动顾客立即作出决定。

顾客："这都是特价商品，质量肯定有问题。"

店员："您有这种想法可以理解，毕竟您说的这种情况在我们行业也确实存在。不过我可以负责地告诉您，虽然我们这款产品是特价，但它们的质量绝对有保障，并且现在价格上比以前又要优惠得多，所以现在买真的非常划算！"

以质量承诺，降低顾客顾虑心理

如果顾客质疑特价商品就有问题的话，在解释前使用认同技巧往往会使店员的说服力大增，然后再给以质量承诺以降低其顾虑心理，顺便可以强调特价品的优点以推动顾客成交。

顾客："这都是特价商品，质量肯定有问题。"

店员："我们以前也有一些老顾客有过类似顾虑。不过有一点我可以负责任地告诉您，不管是正价还是特价，其实都是同一品牌，质量也完全一样，而价格却要低很多，所以现在买这些东西真的是非常划算。您完全可以放心地选购！"

给顾客一个充分、合理的理由

如果顾客质疑特价商品就有问题的话，可以认同完顾客顾虑后，给顾客一个充分、合理的理由，使顾客自己感到放心。

顾客："这都是特价商品，质量肯定有问题。"

店员："我能理解您的这种想法，不过我可以负责任地告诉您，这些特价商品之前其实都是正价商品，只是因为我们为了回馈老顾客，所以才变成特价促销品，但质量是一模一样的，您完全可以放心地挑选。"

总之，一旦顾客质疑特价商品，店员可以坦诚地告诉顾客商品特价的真正原因，以事实说服顾客，同时以特价商品实惠、划算引导顾客立即购买。

金玉良言：销售中如果想与顾客处理好彼此之间的关系，最好将商品与信任一并贩卖，将顾客当成朋友。

第19章　发现销售时机
——赶紧用上说服术

售商品，除了要产品质量高、服务态度好、商业信誉优外，在很大程度上就是销售人员通过自己的语言艺术来说服对方，即通过嘴上功夫来达到推销商品的目的。一个善于用语言艺术说服顾客的店员，他的营销业绩要比不善于用语言艺术说服顾客的店员的经营业绩高得多。因此，销售人员一旦发现销售时机，就要善于用语言艺术来说服顾客购买商品，达到销售的目的。

顾客说，质量看起来不是很好啊，你要这样说

有些顾客，在用（穿）的时候，很在意商品的质量。当他们说出"质量不是很好"的时候，我们该如何应对？

错误应对

店员："不会呀，怎么会质量不好呢？"
店员："这种商品质量就是这样的！"
店员："现在的东西有几个用坏的！"

"不会呀，怎么会质量不好呢？"这样的说法是直接反驳顾客，这样的话

第四篇　王牌店铺王牌店员——导购就该这样做

一说出,顾客心里肯定不舒服。

"这种商品质量就是这样的!"说话的语气很有力度,但是很没有说服力。

"现在的东西有几个用坏的?"这种说法更不可取,你说出这样的话,顾客可能一大堆的话来反驳你,没有反驳的话,也会觉得你这个店员很不负责任。

正确应对

如果顾客质疑质量的话,先看看商品是不是真的问题,如果真的有问题的话,一定要表示歉意,及时更换,不要睁着眼睛说瞎话。如果商品没有质量问题,只是顾客自己感觉质量不好的话,我们一定要积极努力地用以下的两个方法进行销售。

把质疑变成卖点

可以把顾客质疑的问题作为产品的特色和卖点,通过说服使顾客对店员产生认同感和信任感,相信店员所推荐的商品正是自己需要的,从而达到推销的最终目的。

顾客:"这条牛仔裤质量太差了吧?"

店员:"小姐,您是觉得这种面料的颜色不够鲜亮,还是觉得它的质地不够舒服呢?"

顾客:"颜色比较暗,像旧的一样。"

店员:"这是经过特殊工艺处理的效果,是目前最流行的仿旧风格,您穿上之后显得特别有个性,很洒脱,完全跳出了您原来的穿衣风格,给人以年轻时尚、自由奔放的感觉,难道您不喜欢这种感觉吗?"

顾客:"原来是这样啊。"

用真诚与顾客拉近距离

店员在说服顾客的过程中,要注意与顾客拉近感情上的距离,增进顾客对推销品的信任,激发顾客对推销品的购买欲望。这样,通过说服才能使顾客做出主动购买的决策。

顾客:"怎么看上去质量不是很好呢?"

店员："其实我们店里销售的产品，最注重的就是产品的质量，在质量方面你大可放心。我们这个店开了好几年了，也有不少回头客。而且对于质量方面的问题，只要在保修期内，我们都会负责免费保修的。"

顾客说，用（穿）这个我更胖了，你要这样说

现代社会以瘦为美，特别是一些女性，就怕穿戴不当，让自己看起来更胖了。在试穿衣服的时候她们可能会说："穿上这个怎么这么显胖啊？"在试戴帽子的时候，她们也会说："这个帽子怎么戴上去显得脸这么大啊？"只要和穿戴有关的店里，我们经常能听见抱怨显胖的顾客。我们要怎样应对这样的顾客？

错误应对

店员："挺好的，这还胖？"
店员："我感觉不显胖，显瘦了！"
店员："是有点！"

"挺好的，这还胖？"这样的说辞很没有说服力，而且要是真的显胖的话，这样话就像睁着眼睛说瞎话。

"我感觉不显胖，显瘦了！"这样的话过于主观，你感觉是个什么概念，现在是顾客在说自己的感觉。你如果过于主观地说"显瘦了"，可能顾客会反着想你的话。

"是有点！"说这样话的店员，非常的不成熟。这样的话一说口，交易必败。本来顾客就犹豫，你再认同，那岂不是生意泡汤。

正确应对

顾客都希望通过穿戴修饰自己的身材，让自己看起来更苗条。所以，顾客在穿戴产品时都很注重是否让自己显瘦，身材比较胖的顾客尤其如此。当顾客试用（穿）这些产品时，很可能非常关注出来的效果。身材比较胖的顾客可能不管试什么，习惯性的第一句话就是显胖，身材匀称的顾客，也会假惺惺地嚷

第四篇 王牌店铺王牌店员——导购就该这样做

嚷有些显胖,而那些瘦骨嶙峋的MM们,甚至也怕显胖。在这个女性都在追求"瘦"的年代,我们怎样成功交易?下面给你一些指导:

从专业的角度解释

如果一位小姐选了一件套裙,穿上后就说显胖。这个时候你可以这样进行引导:

店员:"小姐,其实这套套裙穿在您的身上非常大方得体,而且确实非常显身材,因为它的上衣主色调是灰色,深色的上衣本来就比较显瘦。另外,它的裙子是纵向的窄条纹,也可以起到显瘦的效果。真的很不错,您自己看看镜子里的自己,是不是苗条很多?"

在你非常专业的讲解下,顾客可能就会改变自己的观点。

把话说得圆润、动听一些

如果遇见真的是比较胖的顾客来买东西,这些顾客试用之时,最常说的就是显胖了。你心里可能会想,本来就胖,还说是显胖,你穿什么不胖啊?但是,这样的话万万不能说出口。你可以这样引导:

店员:"阿姨,您这叫做富态,不叫做胖,只是胸部比较丰满而已,这是多少女人梦寐以求的事情啊,只有像您一样生活无忧、健康快乐的人才有这样的福气呢!"

顾客:"可能再大一号会好一些,至少宽松些,不会显得紧。"

店员:"其实,穿衣服最重要的是合身,不要怕显胖而穿特别宽大的衣服,或者为了显瘦刻意穿小一号的衣服,否则会适得其反。这套衣服穿在您身上正好合身,上衣充分凸显了您的曲线美,让您看起来非常性感呢,而且整体来说也很适合您的气质,您自己觉得呢?"

总之,在顾客说出感觉显胖时,店员不可以违心地敷衍顾客,可以从专业的角度解释衣服确实显瘦的原因,可以把话说得圆润、动听一些,让顾客感觉顺耳、舒服。

顾客说，这个颜色不太适合我，你要这样说

顾客在试用（穿）商品的过程中，常常会提出各种各样的问题。而对于商品的颜色，也是常被提及的。当顾客说"我觉得这个颜色不适合我"的时候，你会怎么办？

错误应对

店员："那您觉得什么颜色适合你呢？"
店员："这种颜色很好啊！"
店员："这款只有这个颜色！"

"那您觉得什么颜色适合你呢？"这样的说法显得店员缺乏主见。即使顾客穿上该颜色的衣服很好看，可由于店员的"软弱"也无法将商品售出。

"这种颜色很好啊！"这样说法很没有说服力，什么叫"这种颜色很好啊"，"颜色好不一定对每个人都适合"，顾客可能会这样反驳你。

"这款只有这个颜色！"即使真的是事实，你也不应该说出这样的话。你这样的话无疑是在拒绝顾客，让顾客走出你的店。

正确应对

当顾客说"我觉得这个颜色不适合我"的时候，店员既不能为了迎合顾客的意思而丧失自己的立场，也不能不顾顾客的需求和实际情况而盲目自信，而应该用自己的专业知识和技巧引导顾客做出正确的选择。

寻找顾客表示异议真正原因

如果你并不知道顾客不喜欢某颜色的真正原因，那么你永远都无法真正被说服顾客。店员一旦遇到顾客说某颜色不适合，首先要学会探询和聆听，只有听好才能说好，只有了解顾客真正的抗拒原因，才能有针对性地加以说服，否则很难成功交易。

第四篇　王牌店铺王牌店员——导购就该这样做

店员："女士，您是不喜欢这种颜色，还是觉得这种颜色不适合您呢？"

顾客："这种颜色太艳丽了，不适合我这个年龄。"

店员："你觉得黑色或灰色怎么样？我拿来你再试试好吧？"

顾客："好的。"

店员："这件灰色的非常合适，我看您肯定是一位女强人。在职场上，灰色是比较内敛、最不容易出错的颜色。您还可以配上其他颜色的服饰，通过局部变化来增加一些跳跃的感觉。"

顾客："我感觉也好多了。"

一步步引导，让顾客选出喜欢的颜色

店员："那您喜欢什么颜色呢？"

顾客："不知道。"

店员："这款有紫色、蓝色、米白色、浅粉色和淡黄色，您喜欢哪一种颜色呢？"

顾客："我好像比较喜欢浅一点的颜色。"

店员："那您可以告诉我您准备在什么场合用吗？"

顾客："上班的时候用。"

店员："如果您想在上班时让人感觉有活力又不失女性的温柔，我建议您选择米白色和淡黄色。您的肤色属于秋天系列，米白色和淡黄色是最适合您的，您觉得哪种颜色最好呢？"

顾客："哦，那就选米白色吧！"

当顾客对颜色提出的异议时，店员要通过正确的询问和倾听，冷静、沉着地辨别出顾客异议的真伪，并且引导顾客向正确的方向思考，这样做往往可以赢得顾客的尊重与信任，同时又可以极大地提升销售业绩。

顾客说,我觉得这个款式太……,你要这样说

顾客在使用(穿)商品时,通常对款式也会挑出很多的意见,例如:"这个款式太老土了","这个款式太普通了","这个款式太旧了"等等。遇到这些情况该怎么办?

错误应对

店员:"不会呀,这个款式挺新潮的。"
店员:"普通的才是大众的。"
店员:"这很正常啊,厂家不可能每款生产一件吧!"

"不会呀,这个款式挺新潮的。"简单否定顾客,没有说服力。你要说新潮的话,应该摆事实讲道理,而不是一句"这个款式很新潮的"一语带过。

"普通的才是大众的。"无疑是默认了顾客的说法。另外,这句话听起来很具哲学性,但是你不是一个哲学家,是个销售人员。

"这很正常啊,厂家不可能每款生产一件吧!"就像是在狡辩一样,顾客听完你这就话会很不舒服,难道你是在嘲笑顾客幼稚吗?

正确应对

没有人愿意和周围的人用(穿)着相同的东西,每个人都想与众不同。在这个张扬个性的年代,更是有人把追求个性发展到了极致。追求个性、追求新潮的人,把一切他认为老土的东西拒之门外。更有的顾客本就是喜新厌旧的人,即使不普通也不老土的商品,他可能还会嫌它不够新。针对这些顾客,究竟该怎么办呢?

针对嫌款式普通的顾客

顾客试用(穿)的时候,提出款式太普通的话,店员首先要对顾客的感受表示理解,然后向顾客推荐有特色但重复率较低的款式。另外,优秀的店员还可以指导顾客通过搭配组合创造出自己的风格和个性。

第四篇　王牌店铺王牌店员——导购就该这样做

顾客："这件针织衫也太普通了？满大街都是。"

店员："要做到与众不同，就要注意和其他服饰搭配组合，或者根据自己的喜好来一次DIY。例如，我们可以用漂亮的耳环分别缝在两边当作纽扣，轻轻地在中间一挂，非常简单，但是很有自己的特色。这种不按常理'出牌'，'混搭'加'个性'更加彰显自己独特魅力。所以，这款针织衫正因为款式比较好，买的人才比较多，但是你如果想与众不同的话，完全可以多花点心思DIY一下。"

针对嫌款式老土的顾客

当顾客提出款式太老土时，店员应真诚地询问顾客产生这种感觉的原因，然后倾听顾客的想法，并耐心解答顾客提出的疑问，从而增强顾客对自己商品的信任和好感。

店员："小姐，您觉得这款老土，是觉得颜色不对，或是款式像过时的老款？"

顾客："颜色太暗淡了。"

店员："小姐，很多顾客第一眼看到这款手机时，也跟您有同样的感受。但是仔细看一会，他们就会觉得它非常有特色。这款手机3个月前面市时，很多顾客买了之后都觉得好，还介绍了很多他们的朋友再次光顾我们的店。光我说好没有用，您还是试一试吧，多感受一下！"

针对嫌款式太旧的顾客

当顾客看到新款与旧款差不多时，心里肯定会产生不快。当顾客提出这个款型太旧时，店员千万不能直接反驳顾客，否则容易陷入与顾客的争辩中。

店员可以通过赞美顾客的眼光，及时消除顾客的对抗心理，然后解释今年的这款具体做了哪些改良。

顾客："这个款式太旧了。"

店员："哇，您真是行家，对凉鞋的流行趋势很熟悉啊！这个款型确实是从去年的旧款改良过来的，主要是鞋跟和前边的花纹这两个位置。现在这个新款更时尚、更有个性。您去年买过这个款型吗？"

顾客："没买过，看别人穿过。"

店员："那就一定要看看这个新款了，我们不但在款式设计上做了改良，颜色上的选择也更加丰富。我觉得淡蓝色穿起来会让您的脚更加白皙，要不多试几双？"

如果顾客回答"买过了"，可以根据顾客的意愿继续推荐其他的款式。

当顾客愿意与我们沟通的时候，那说明问题其实已经解决了至少一半，所以作为店员要和顾客多说话。可以首先询问顾客的内心感受，让他们说出来，然后针对其说法再进行解释，效果会好得多。

顾客说，我觉得大小好像不合适，你要这样说

顾客买东西的时候，对于那些不能当场就试的商品，比如给外甥买的童鞋、给男朋友买的皮手套等等，他们往往对商品的大小很在意，怕买不合适。即使是当场能试的，比如自己试衣服的时候，他也可能说："我觉得大小好像不合适。"这个时候，究竟该怎么办？

错误应对

店员："不会啊，挺合适的！"

店员："我觉得很合适啊！"

店员："您可能是第一次用（穿），所以不是很习惯！"

"不会啊，挺合适的！"属于自以为是、答非所问的表达方式，即使这款产品卖得好也不一定就适合每位顾客。

"我觉得很合适啊！"这是店员自说自话，处理顾客异议不能一味用自己的想法来空洞地表达，这样缺乏说服力，并且这种说法将自己的观点赤裸裸地施加给顾客，并没有充分了解顾客的想法，然后有针对性地解除顾客疑虑，所以没有说服力。

第四篇 王牌店铺王牌店员——导购就该这样做

"您可能是第一次用（穿），所以不是很习惯！"这样的说法是把责任推到顾客身上。好像顾客觉得不合适是顾客本身有问题。

正确应对

如果顾客试用（穿）的时候，说大小好像不合适。首先要弄清楚是真的大小不合适，还是顾客对商品的其他方面不满意。如果是真的不合适的话，一定要及时和顾客沟通，换合适的商品，不可以睁着眼睛说瞎话，明明不合适，自顾自地说合适。如果大小其实很合适，但是顾客就说不合适。店员可以通过耐心的询问来找出顾客认为不合适的理由。尽量通过友好的沟通和专业的知识来说服顾客。

找出顾客有异议的理由

顾客："我怎么觉得有点紧啊？"

店员："您平时是不是喜欢穿比较宽松的运动鞋？"

顾客："对呀。"

店员："这就难怪了，其实这鞋穿在您脚上很合适，简直就是为您定做的。只是您自己不是很习惯，所以会觉得好像紧了点。这种比较职业化的鞋子基本都是这样，你穿时间长了就习惯了。"

给顾客提供几个选择的理由

店员："先生，请问您是觉得衣服的尺寸整体有点小，还是具体哪个部位有点紧，如领围、胸围、肩宽和袖长？"

顾客："领口有点紧。"

店员："先生这款衣服，其实领口的第一颗扣子需要解开的，不必过于死板地把每个扣子都扣到位。"

顾客："哦，这样好多了。"

店员："如果平时穿惯了宽松的衣服，一下子换成这种风格的衣服，肯定会有些不习惯。其实这款衣服很合身，只是您从原来的宽松变为现在的合身觉得有些不习惯，所以才认为衣服大小不合适。其实，以我的专业眼光来看，这款衣服不仅合身，而且您穿起来非常帅气。"

通过提问让顾客说出心中的想法，可以让店员以不变应万变，既了解了真实情况便于更好地说服顾客，又让顾客感受到了尊重。

顾客说，感觉用（穿）着怪怪的，你要这样说

有些顾客在试用（穿）某商品的时候，会自顾自地说："怎么感觉怪怪的。"你问她哪里怪，她一时又说不出来，这个时候怎么办？

错误应对

店员："不怪啊，我觉得挺好的。"
店员："您不知道呀，现在就流行这样的！"
店员："您不喜欢可以换一种。"

"不怪啊，我觉得挺好的。"这种说法很不可取，首先是简单否定顾客的话，然后是非常自我主观地说出了"我觉得挺好的"，没有说服力。

"您不知道呀，现在就流行这样的！"这样的说法暗示顾客观念落后，很容易引起顾客的反感，另外也给人故弄玄虚之感。

"您不喜欢可以换一种。"这是消极应对的方式，顾客并没有说不喜欢，只是说有些怪，你应该消除她心中的这个"怪"，而不是马上转移顾客视线。

正确应对

顾客对于自己不熟悉的商品，可能会因为不习惯而产生抗拒的心理。当顾客试用（穿）后提出"怎么感觉怪怪的"时，店员可以通过提问来了解顾客的具体要求，如询问顾客以往喜欢的风格，询问顾客经常出席的场合等，并借此建议顾客尝试新的体验。

对试用化妆品的顾客

顾客："擦上之后，我怎么感觉怪怪的。"
店员："是吗？小姐，你能告诉我你以前都是用什么品牌的化妆品吗？"

第四篇 王牌店铺王牌店员——导购就该这样做

顾客:"我是用×牌子的。"

店员:"那难怪了,×牌子的化妆品,是水溶性化妆品,而我们这个牌子的,是油溶性化妆品。你以前用的牌子可能偏向保湿,我们这个牌子更偏向营养,同时可以锁住皮肤的水分,并帮助皮肤吸收化妆品的营养。"

对试穿衣服的顾客

顾客:"怎么穿上感觉这么怪啊?"

店员:"小姐,我能问一下,您感觉怪,是因为对款式、颜色还是搭配不满意呢?"

顾客:"款式有点太随意了。"

店员:"您准备买来什么场合穿?"

顾客:"参加一些晚宴。"

店员:"参加晚宴的话,这款真丝吊带长裙最合适了,穿起来简洁大方、高贵典雅,淡紫色也很衬您的皮肤。如果您觉得这样露得多的话,可以配上这件小披肩,这样就更显得风姿绰约、婀娜多姿了!"

顾客说,这种质量有没有其他款,你要这样说

我们在销售的过程中,会遇到各种各样的顾客,也会遇见各种各样的问题,就如同前面所说的,有的顾客对颜色不满意,有的顾客对大小不确定,有的顾客对款式很挑剔,也有的顾客很满意某商品的质量,但是不喜欢款式,询问这种质量的商品还有没有其他款,而恰好这种质量的就这一款。这个时候,该怎么回应呢?

错误应对

店员:"现在没有,过一阵子吧。"

店员:"没有了,只有这一款。"

店员："这种款式还有其他质量的。"

"现在没有，过一阵子吧。"和"没有了，只有这一款。"这两种说法其实都在拒绝顾客，只是拒绝的程度不一样。如果你不假思索地说出这样的话，会让顾客有挫败感，属于非常消极的应对方式。

"这种款式还有其他质量的。"这是答非所问，属于错误的回答，顾客听了会觉得你太不专业，认为你的思维逻辑有问题。

正确应对

如果顾客认为商品的质量还不错，但不喜欢这件商品的款式。如果店里有同质量的不同款式的商品，那就及时地拿来让顾客挑选。如果确实没有的话，店员作为顾客的形象顾问，店员可以真诚地推荐说该款式非常适合顾客，并且鼓动顾客积极尝试，或者真诚引导顾客看其他质量的其他款式。

真诚推荐该款式

顾客："质量还不错，但是我不喜欢这种款式，还有没有其他款式的？"

店员："不好意思，这种面料只有这一款，你可能刚开始看不习惯，其实你仔细看一下，虽然这款看起来似乎有些普通，但是整体给人的感觉简洁大方。你可以戴上看看效果，这边有镜子，这边请……"

真诚引导顾客看其他的

顾客："质量还不错，但是我不喜欢这种款式，还有没有其他款式的？"

店员："不好意思，这种质量只有这一款，你可以尝试着接受这一款，其实简洁大方，卖得非常好。"

顾客："我不喜欢。"

店员："这样的话，你看看其他的好吗？请问您一般喜欢什么颜色呢？"（可以引导到颜色上，也可以引导到款式上，还可以引导到其他质量的商品上，看情况而定。）

第四篇 王牌店铺王牌店员——导购就该这样做

有顾客喜欢的颜色，直接可以转到其他的产品介绍上。没有顾客喜欢的颜色的话，可以这样进行。

店员："哎呀，不好意思，没有这个颜色。不过我个人觉得以您的肤色可以试试浅蓝色，我觉得这个颜色比较适合您，我拿来你试试？"

如果顾客同意，则可进入此商品的隆重介绍。如果顾客说不用，再进行其他的尝试。

总之，店员要有积极引导顾客并且为顾客出谋划策的意识与能力，顾客对那些有思想、懂专业并且有能力引导顾客的店员会高看许多。

顾客说，卖的肯定都说自己的好，你要这样说

顾客在用（试）产品的时候，左看看，右看看，这个时候，我们总是会不失时机地说上几句好话。然而有的顾客针对我们的赞美，会给出这样的话："你们卖的肯定说自己的好啦。"这个时候，我们该怎样回应，是否还能把交易进行下去？

错误应对

店员："本来就是事实嘛。"
店员："您要这样说我也没办法！"
店员："……"（沉默不说话）

"本来就是事实嘛。"很显然你是在辩解，不管是不是事实，这会让顾客感觉到很不舒服。

"您要这样说我也没办法！"这种语言表面看起来好像很无奈，其实却很强势，会让顾客感觉自己很无趣也很没面子，潜含的意思是你这个人真不讲道理，我对你都没话可说了，简直不想理你。

你沉默不言，继续做自己的事情，则传递给顾客这样的信息：店员自己觉得理亏，所以默认了他的说法。

正确应对

有些店员在销售时并不是真心为顾客着想，只是一味地想着把商品卖出去，明知道不适合也要想尽办法把商品推销给顾客。有过这样遭遇的顾客，就会对店员推荐的产品产生怀疑。就算店员把商品说得天花乱坠，顾客也不会买账，认为店员是为了把商品推销出去才说自己的商品好。遇到这样的情况怎么办？

认同顾客的说法，表明店铺及自己的立场

顾客："你们卖东西的谁不说自己的东西好？"

店员："您说得没错，谁卖东西都会说自己的东西好。但光说是没有用的，我们店在这里开了5年多，连锁店也开了好几家，如果我们的东西不好，顾客就不会买账，我们的店也不可能越开越多，对不对？当然，我说自己的东西好是没用的，您的试用（穿）的效果才是最有说服力的，你说是不是？"

对同行不负责任的行为进行谴责，以真诚的语言去说服顾客

顾客："你们卖东西的谁不说自己的东西好？"

店员："先生，我明白您的心情，事实上有些店铺的店员为了把商品推销给顾客，不惜把自己的东西吹得天花乱坠。对于这种不负责任的行为，我们也十分痛恨。不过请您放心，我们在这个地方经营了好几年了，连锁店也开了好几家，拥有很好的口碑，而且我们一直坚持诚信待客，绝对不会砸自己的招牌。所以，你试用（穿）时什么效果我就会说什么效果，绝对不会夸大。"

总之，当顾客在试用（穿）某商品的时候，一旦说出"你们卖的肯定说自己的好啦"这样的话，店员应认同顾客的感受，对同行不负责任的行为进行谴责，并表明店铺及自己的立场，以真诚的语言、客观的事实去说服顾客，从而恢复顾客的信任，让交易顺利完成。

第四篇 王牌店铺王牌店员——导购就该这样做

当顾客什么也不说就想离开时,你要这样说

在销售的过程中,我们有时还会遇到这样的情况,顾客很爽快地试用(穿),但是试用(穿)完了,东西一搁就准备离开。这个时候销售人员该怎么办?

错误应对

店员:"难道就没有一个你喜欢的吗?"
店员:"您刚刚试用(穿)的这件不错呀。"
店员:"您到底想找什么样的?"(生气地)

"难道就没有一个你喜欢的吗?"属于非常无趣的语言,容易得到对方的消极回答。

"您刚刚试用(穿)的这件不错呀。"则属于很自以为是的语言,很难使顾客停下匆匆离开的脚步。

"您到底想找什么样的?"语气太生硬,让顾客有店员不耐烦的感觉。店员应该认真反思自己是否有做得不够好的地方并加以改进,而不能总是说顾客的不是来原谅自己。

正确应对

多数顾客购物的随意性很强,尤其是女性顾客,她们经常是走到哪里看到哪里,看到哪里试到哪里,多数是冲动性购买。而且顾客买东西时又喜欢货比三家,要知道顾客一旦离开再回来购买的可能性很小。

因此,在顾客离开之前,店员要抓住最后的机会,争取让对方说出犹豫或不满的原因,请顾客多提宝贵意见,以便在今后的工作中不断改进,或者创造一些能主动联系顾客的机会,如在谈话过程中没有回答好的问题等。当顾客离店时,店员要做好欢送工作,欢迎顾客再次光临。

让顾客说出抗拒购买的真正原因

店员:"这位小姐,在您离开之前,可以帮我一个忙吗?"

顾客："你说。"

店员："您能够告诉我对刚才试穿的这件衣服的主要顾虑在哪里吗？"

顾客："颜色绚丽……"

对产品进一步加以说明

店员："这位女士，请您先别急着走，好吗？请问是不是这几款您都不喜欢呀，还是我的服务没有做到位，您都可以告诉我，我会立即改进的。真的，我是诚心想为您服好务，您能告诉我您真正想找的是什么样的款式吗？"

顾客："我觉得设计不是很好。"

店员："噢，对不起，这都是我没解释清楚。其实它的设计是根据……"

索要主动联系顾客的机会

店员："先生，在您离开之前，我能再问您最后一个问题吗？"

顾客："你说吧！"

店员："我陪您选购大概也有半个小时了，您对我的介绍满意吗？"

顾客："还不错。"

店员："谢谢！关于您刚才问那几个品牌什么时候会到货，我现在无法答复你的，但是什么时候有货，我会通知你的。请您留下电话号码，我到时候给您打电话，好吗？"

顾客："好的，我的手机号是……"

店员一定要坦诚地与顾客沟通，请求顾客告诉自己不喜欢的原因及其真正需求。有的时候甚至可以躬下身子虚心请教，这种出其不意的行为往往可以收到奇效！

金玉良言：通过提问了解顾客需求后，再向顾客自信地推荐适合他的货品，并引导其参与体验。店员一定要自信，并且要有手势等肢体动作的配合。

第四篇 王牌店铺王牌店员——导购就该这样做

第20章 成交才是根本
——三言两语即搞定

所有的销售都是被设计出来的,是从顾客一进门就开始的,所以要尊重每一位顾客。问好的问题,讲对方能接收的话,投其所好,攻心为上。销售的根本目的是成交,在实际推销工作中,顾客出于所处地位的特殊心态,为了保证自己所提出的交易条件,往往不愿意提出成交。但是,顾客的购买意向总会有意或无意地通过各种方式表现出来,因此,推销人员必须善于观察顾客的言行,善于捕捉稍纵即逝的成交信号,抓住时机,及时地促成交易。

顾客再回店中,抓住交易时机

有的顾客买东西总是很仔细,即使在店里看上了某商品,也不会急着买,总是货比三家再决定。当顾客再回到店里的时候,虽然言语上免不了会再与别的店里的比较一番,但是只要方法得当,离成功交易就不远了,但是究竟要怎样说怎样做呢?

错误应对

店员:"我就知道,你肯定会回来的!"

店员："转了一圈，还是觉得我们的好吧？"

店员："多浪费时间啊，比来比去的。"

"我就知道，你肯定会回来的！"店员的话过于自负，想证明自己的判断，但是会伤害顾客的自尊心。

"转了一圈，还是觉得我们的好吧？"这种调侃的语气会让顾客反感，从而影响交易的进行。

"多浪费时间啊，比来比去的。"很显然是埋怨顾客过于小气，这样的说法很可能会激怒顾客。

正确应对

顾客到别的店对比后又回来，说明顾客对原来看中的商品还是比较感兴趣的，而且对其优势也比较认可，只要店员应对得当，成交的机会将非常大。

顾客再次进店，店员的整个服务要与往常一样，给顾客留面子，尽量不要提及顾客上次看了不买，而应热情周到地接待顾客，耐心地协助顾客试穿或观看，同时进行更详细的介绍，抓住产品的优点，适当赞美顾客，积极促成交易的成功。

抓住重要的优点

顾客："我还想看看那条裤子。"

店员："先生，这条裤子确实很特别，款式和做工都是一流的，而且这样的条纹特别显得腿长而且直，价格也便宜。您对比过应该知道，我们品牌的衣服性价比是最高的，您想再试穿一次还是现在就帮您包起来？"

顾客："我想再试一次。"

店员："好的，没有问题，这边请！"

适当赞美顾客

顾客："我想再试试那条裤子。"

店员："好的，我看这条裤子就是为您量身定做的，我每天看那么多顾客试穿这款裤子,但就是没有穿出这样的效果,你看不但合体,还充分展现了您高贵优雅的气质,怪不得您对它念念不忘,其实很多顾客都像您一样,对比一圈后还是会选择我们的。这件衣服我帮您包起来吧?"

顾客犹豫不决,给顾客出个好建议

站在柜台前,每天面对不同性格的顾客,其中就有那些性格过于优柔寡断的人。他们总是不能确定自己该选红色的还是该选黄色的,是该选方形的还是圆形的。这类顾客,没有能力自己决定是否购买,因为他不知道选什么,才不至于将来后悔。对这样的顾客怎样有效地推动交易的完成?

错误应对

顾客:"都有什么款式啊?"
店员:"你自己看吧。"
顾客:"这么多,我都不知道选哪个好。"
店员:"那我可给你做不了主。"

顾客本来就比较犹豫,你的服务再不够热情,会让他更加地不知道该怎么做。虽然店员不一定帮顾客做主,但是却可以为顾客提出几个选项,缩小顾客的选择范围。

正确应对

对于性格本身犹豫的人来说,什么对他来说都无法做出一个明确的答案。这个时候及时地向顾客提供几种选择很有必要。

只要观察出顾客是属于那种犹豫不决的人,就可以对症下药,一般能收到立竿见影的效果。与这类顾客进行交易,你只需要为他们提供选项,让他们自己选择就行。

店员:"这种商品,我们有三种样式,不知道你喜欢哪种?"

店员："这种样式的有五种颜色，你看你更喜欢哪一种颜色？"

店员："这种样式这种颜色的三种型号，不知道你是要大号、小号还是中号的呢？"

一步一步地提问，让顾客进行选择，每选择一次，范围就缩小了一些。最后必然锁定到他想要的商品上。

一般情况下，面对你提供的选项，顾客会稍微思索一下就会回答。

如果顾客是个极其犹豫的人，即使你提供了三个选项，他都犹豫不决，不知道该选择哪个，这个时候你可以继续适当地引导他。

店员："这种样式很不错啊，简单大方。"

店员："我觉得红色比较亮丽一些，也很适合你的气质。"

店员："中号应该就很适合你了吧，太大太小的话都不太好。"

极其没有主见的人会很容易选择店员推荐的商品，如果他有些许的犹豫，店员当然也可以说另外的颜色款式对他来说也是非常适合的，只要把话说圆了即可。只要店员给出的选择恰到好处，他选择哪个有什么关系呢，反正生意成交绝对没有问题。

循序渐进追问，促成成功交易

销售中，经常会遇见这样的顾客，在购买商品之时，左思右想，举棋不定，无法决定自己到底买还是不买，对待这一类顾客，用循序渐进追问的方式很容易成功，如果什么努力不做自然不能完成交易。

错误应对

顾客："还是再考虑一下吧。"

店员："还考虑什么，多好的商品啊。"

第四篇 王牌店铺王牌店员——导购就该这样做

"考虑"就意味着他不想买了,这句话不过是一种托辞。如果这个时候你接过话来说:"还考虑什么,多好的商品啊。"顾客往往会很反感地反驳你:"如果不好好考虑考虑怎么买啊?"这样的话,双方会很僵,交谈很难进行下去。

正确应对

循序渐进追问法,首先要求对顾客要有耐心,充满热情,专心听顾客有意无意嘟囔出来的话,但是不要妄加评论他们的话。其实他们看东西的时候嘟囔出来的话,没有什么实在意义。重要的是掌握他们的态度,想办法怎样把他们这种模棱两可的态度变成肯定的态度。这就需要使用循序渐进的追问法了。

顾客:"还是再考虑一下吧。"

店员:"先生,你是对这件商品的样式觉得不满意吗?如果不喜欢这个样式,我可以给你再拿一种。"

顾客:"不,不,这个款式还不错。"

店员:"那是不是你觉得这个颜色不够纯正,还有一些其他的颜色,你看看吗?"

顾客:"不是,不是,颜色也可以。"

店员:"那么,是由于这个商品的质量你觉得不够好吗?我们这是正规厂家正规产品,在保质期内,可以免费保修。"

顾客:"也不是,看得出来质量还不错。"

顾客:"是不是您觉得价格有些偏高?"

顾客:"是的,我觉得还是价格太贵。"

只要他说出原因,那么下面的事情就是讨价还价了。

不断的追问,一直到他说出真正的原因。在这个追问的过程中,千万不要打断他的话,而且追问要讲究一些技巧,态度要真诚热情。

施加心理压力,让顾客顺利买单

店员与顾客之间不仅仅是一场嘴上功夫的较量,也是一场心理战术的较量。一个优秀的店员很善于用得当的语言给顾客的心理施加一定的压力，促进交易的进程，最后使交易圆满完成。如果不懂得给顾客点压力的话，可能会让顾客走掉。

错误应对

店员："你随便看看吧。"
店员："我们的都是大众货，价钱很便宜。"
店员："看看有喜欢的吗？"

上面的说法一点也不会给顾客压力，说得非常自在随意，但是，正因为如此，顾客可能看一圈就走出了店门。

正确应对

其实在销售的过程中，适当地给顾客施加点压力，反倒更能推进交易的进行。对顾客施加压力可不是强迫顾客来买你的东西，而是用一种心理战术，使顾客无形中感到一种力量，这种压力是他们自己产生的，他们感觉不出来这种压力是销售人员制造的。

当然，一个优秀的店员，要具有很好的说服力，要使所说的话深得人心，能引起的顾客的共鸣。

给顾客施加压力，事前必须小心行事，做好充足的准备，在交谈的过程中，恰到好处的改变当时的气氛，如果这个过程中有一步走错，可能是满盘皆输，买卖自然做不成了。

顾客："我看看这件衣服。"
店员："小姐，您真有眼光，这件衣服，做工比较细致，面料也好，所以比较贵，而且是明码实价，我先提醒一下，希望不要介意，那边的稍微便宜一些。"
顾客："是吗？那我也看看。"
店员："我没别的意思，我就是觉得像你这么年轻，可能上班没几年，经济支付能力不太够，所以……"
顾客："你说吧，多少钱我要了。"

虽然顾客最后可能有点赌气,但是你说的话注意遣词炼句的话,她也不好找茬发作,总之,这笔生意是成了。

用冷淡的方式,对付自大的顾客

有这样一类顾客,恃才而傲,自以为无所不知,无所不晓,无所不能。店员说什么他都会接着你的话说下去,你说出上句,他就能接上下句。在他们眼里根本就是鄙视店员等人的,自己完全可以买到自己认为比较满意的商品,店家喋喋不休地推销根本就是多余的。遇到这样的顾客怎么办?

错误应对

店员:"我们这产品的功能是……"(介绍一大堆)
顾客:"这些我都知道,说明书背熟了吧。"

即使店员的说辞没有任何问题,但是,面对的顾客如果是一个自大的人的话,你的热情可能成为他鄙视的借口。这个时候还是冷淡一些好。

正确应对

一些经验老到的店员都明白冷淡成交的妙处。其实,冷淡的方式要是能很好地操练、掌握的,其发挥的作用是非常明显的。这是买卖成交方法中一个非常实用的方法,若是销售人员能够加以很好的发挥,效果就会很明显。即使是面对极其自大的消费者,也往往会出现令人想不到的顺利。

对于一些认为自己什么都精通的顾客,最好的方式就是用冷淡的方式回应他,压住他们的气势,你越不搭理他,他越会感兴趣。当然也不能一句话不说显示你的冷淡。当和他们交谈的时候,一定要态度客气而礼貌,但要在这种客气中对成交是否能够成功显出漠不关心的神情,就好像你根本不在意这些事情一样。

顾客:"呦,东西还挺全,不帮介绍介绍啊?"
店员:"先生你好!您大概不知道吧,我们的商品不是随随便便就给人推销的,那样的话就显得我们的商品很没有品位。"

顾客："还有这样的道理？"

店员："是的，我们店只对贵宾顾客会进行必要的介绍，我相信经常来我们店的人都会知道这个情况。"

顾客："我不是贵宾啊？"

店员："在选择贵宾顾客上，首先要求顾客符合一定的条件。事实上，符合这样条件的顾客并不是很多。当然也有例外的情况，像您这样的人一定能理解我话中的含义是吧。"

顾客："有点意思。"

店员："如果你想了解如何成为本店的贵宾顾客，我可以提供一些资料给您，这样对于我们双方都是有利的，既可以节省您宝贵的时间，又可以方便您了解我们。"

对顾客施以冷淡，在顾客看来，觉得你并不是很急着和他们谈生意，因而他们觉得很自在也觉得很有意思，好奇心也被勾引起来。

一般的情况下，这些在心里本就有些"自大"的顾客，自然想让自己与众不同，当听店员说成为本店贵宾顾客也不是一件很容易的事，他们就会挑战一下。他会觉得能成为贵宾顾客是一种身份的提升，确定了自己"尊贵"的身份之后，自然会淘走不少商品出门。

用声东击西法，从顾客的同伴下手

如果顾客与关系亲密的同伴一起来选购衣服，如夫妻、情侣、父女、姐妹等，店员要注意细心观察，从他们的言谈举止中看出谁是真正的购物者，谁是真正的付款人。如果你能处理好与陪同来的购买者的关系的话，交易将异常的顺利，如果处理不好的话，可能就会起到相反的作用。

错误应对

对顾客说："关键是要看自己喜不喜欢！"

第四篇　王牌店铺王牌店员——导购就该这样做

顾客的朋友说："先生，你是不是也觉得很适合你朋友？"

对顾客说："您的朋友都觉得好看，买了吧！"

"关键是要看自己喜不喜欢！"如果陪同来购买的顾客说了句反对意见，你紧接着说这么一句话，这很容易得罪顾客的同伴。

"先生，你是不是也觉得很适合你朋友？"你想没想过，如果对方做出否定回答，接下来该怎么继续？

"您的朋友都觉得好看，买了吧！"要知道，陪同来购买的人虽然重要，但是只有表决权，却没有最后的购买权。

正确应对

如果顾客在店里看中了某商品，但是还是在犹豫，这个时候，如果顾客有陪同的人一起来购物的话，应主动征求其同伴的意见，尤其是有决定权的同伴的意见，尽量借助顾客同伴的力量，促使顾客下决心购买。

可以采用声东击西成交法，即先赞美购物的顾客，说明商品很适合对方，然后引导顾客的同伴做出积极的评价，并通过赞美巧妙地刺激付款顾客的自尊心，不厌其烦地提出成交，促使真正付款的顾客主动埋单。

店员："小姐，您真的非常有眼光，这件淡蓝色的羊毛衫非常适合您，显得特别有气质，而且有青春朝气，简直就是为您量身定做的。"

顾客："可是我怎么觉得有点紧啊。"

店员："一点都不紧，可能是新衣服的缘故。像您身材这么好的女孩子，就应该穿得紧身一点，这样才能让傲人的资本更加的有光彩，不信您可以问问您的朋友。先生，您觉得您女朋友穿这件羊毛衫是不是更加迷人了？"

顾客的男朋友："嗯，挺好的。"

顾客："可是我觉得颜色有点艳了吧？我平时穿灰色的比较多。"

店员："那是你穿惯灰色的缘故，淡蓝色是今年最流行的颜色，而且最适合您这个年龄的女孩子穿，显得朝气蓬勃，先生，您说对不对？"

顾客的男朋友："是的。"

顾客："但是我觉得价钱有点贵，能不能再给我便宜一点啊？"

店员："小姐，这价钱可一点都不贵啊。像您这么漂亮的女孩子，就应该穿这样有品位有档次的好衣服，你男朋友看你穿着好看肯定特别高兴，他不会在乎这几个钱的？"

顾客的男朋友："是啊，只要她喜欢，我就掏钱买！"

进行暗示意引，朝着有利的方向引领

如果顾客有心要买，只是觉得商品的价格超出了自己的预算的话，店员可以进行"暗示意引"促成交易。如果没有进行这方面的努力，很难成功交易。那么，究竟怎样朝着有利于成交的方向引导呢？

错误应对

店员："东西就是这样的东西，你自己看好。"

店员："怎么使用，说明书上都有。"

店员："你的钱你自己支配。"

上述三句话的共同点就是非常的直白生硬，先不管说话的内容是什么，单是从语气上，就让人很不舒服。这样直来直去的话语会让顾客感觉到非常没面子，继续交易的热情大大降低。

正确应对

其实在现场交易中，适时地向顾客实施"意向引导"，一般能使这桩买卖顺利进行下去。

"意向引导"在买卖交易中的作用很大。他能使顾客转移脑中所考虑的对象，产生一种想象。这样就可以使顾客在买东西的过程中，变得特别的积极，在他们的心中也产生一种希望交易尽早成交的愿望。

"意向引导"所有的行动都应是店员安排的。在顾客看来，一切好像都在朝利于自己的方向发展，一直到交易成功以后，他都以为自己占了便宜。

在商品的销售过程中，店员一开始就要做好心理准备，向顾客做有意识、肯定的暗示，使他们从一开始就走进店员准备好的"圈套"。

顾客进门后

只要当顾客走进门的时候，店员就应该便有这样的意识，给顾客各种各样的"意向"暗示。这样可以使顾客对你所卖的商品有一种积极的态度。

店员："您的卧室如果使用我们的床上用品，一定会感觉到温暖舒心，你看这是我们的样板照片。"

买卖进入实质阶段

店员要善于把握进攻的机会。如果店员有把握，到了探询顾客是否购买的最佳时机，你可以立刻对顾客说出你早已想好的"意向指引"的话。

店员："每个父母都希望自己的孩子健康聪明。'望子成龙，望女成凤'嘛，这是人之常情。不过您一定知道，一个聪明活泼的孩子跟家长从小的培育关系是非常大的，益智玩具是必不可少的。你看我们这款益智玩具是不是很合适？"

当买卖进入到实质性阶段的时候，顾客可能对你的暗示加以考虑，但是可能不会很仔细地考虑，一旦你有把握的时候，可对顾客进行买卖意向试探，顾客会再度考虑你的暗示，这个时候会坚定自己的购买意图。

讨价还价阶段

顾客买东西，绝对不会温文尔雅，即使真的很看好商品，也会进行激烈的讨价还价，尽自己所能与卖主周旋，希望将商品价格压到最低。这个时候店员不必坚决地说少多少钱不卖，可以绕着圈子指引。

店员："现在经济衰退，我们的产品可以说物美又价廉，如果市场竞争不如此激烈的话，我们绝对不会以这么低的价格出售的。当然，您自己的钱自己支配，但是谁不想购买满意的产品呢？我不是强迫你买我的商品，但是从它的性价比来看，真的很实惠。"

在交谈的过程中，店员可以渗透进去自己的"意向引导"，但是这种引导要毫无痕迹，就像一个正常的店员正常说出的话一样，意向引导如果过于明显，会引起顾客的反感，如果意向引导过于平淡，又很难影响顾客的思维。所以，最高明的店员，是把自己的意向引导杂糅到自己的一言一行中，直到交易完成。

抓住顾客的话，步步诱导成交

顾客一进门就可能问东问西，其实在他的言语之中店员可以捕捉很多的信息。当然，店员的引导询问是非常重要的，如果店员如木头一般只是机械地用"是"或"不是"回答顾客的询问，会大大丧失顾客的热情，使交易很难进行下去，即使进行下去速度也会缓慢下来。

错误应对

店员："对，就这款式。"

店员："还有一个颜色吧？"

店员："不知道。"

"对，就这款式。"回答得够干脆，怎么与顾客继续交谈下去，即使就这一种款式，是不是也应该努力尝试推荐其他的款式。

"还有一个颜色吧？"店员自己都不确定还有什么颜色，你让顾客怎么选择，这样的店员很显然很不积极努力，影响顾客的购买热情。

"不知道。"不管顾客问什么，你都不应该说不知道，即使真的不知道，也应该灵活应对，换个话题不好吗？

正确应对

在店铺销售中，店员的诱导很重要，如果一个店员善于抓住顾客所说的话，步步诱导的话，会让交易进行得非常顺利。

提供一个完全符合他的条件的商品

销售中,应该抓住顾客所说的话,给他提供一个完全符合他的条件的商品。这时,他事先说过的话就不好反悔了,否则就会感觉到十分的尴尬。

店员:"小姐,您好,您喜欢哪一件?"
顾客:"把这件拿给我看看。"
店员:"您真有眼光,这件衣服很不错,您穿上肯定更时尚。"
顾客:"这衣服的条纹我不是很喜欢,我喜欢那种暗纹的。"
店员:"有啊,我们这个店的款式真的很多呢,我再给您拿一件,和您手上拿的那件款式差不多,但是是暗纹的,既时尚又含蓄。来,试一试这件吧。"
顾客:"嗯……哦,那好吧,这件多少钱啊?"
店员:"这件一点也不贵,这都是外贸服装,您要是到处转转就知道了,一件外贸小T恤就要花几百块呢,您第一次来,我给您个实惠价,就五百块钱算了。"
顾客:"五百,还便宜啊?"
店员:"小姐,女人花点钱打扮打扮自己千万不要心疼,再便宜的话肯定就不是这件了,那边有比较便宜的,但是我觉得您也不是个只追求便宜不看质量的人。"
顾客:"好吧,那就买这件吧。"

环环相套,让顾客没有借口反悔

顾客说要什么样的款式、颜色、做工的,就给他找他想要的那种,环环相扣,让顾客没有借口为自己说的话反悔。

顾客:"呀,我觉得这顶帽子的款式跟我的打扮不搭配,我喜欢那种休闲一点的。"
店员:"小姐,这边是我们店新进的时尚休闲帽,你看看这顶。"
顾客:"这个款式还可以,我觉得颜色太暗了,我喜欢帽子的颜色亮一些。"
店员:"我再为你推荐一顶红黄相间的怎么样,年轻女孩戴起来特别的青春。"

顾客："呀，标价这么贵，这个价格太贵了，我可买不起。"

店员："呵呵，小姐，你别急啊，价钱我们可以商量，这顶帽子真的很适合你，一般人还真戴不出这个感觉来，价钱上我适当给你些优惠就是了。"

顾客："那好吧，你说个最低价。"

自称手头紧，多是一个借口

看得出顾客非常喜欢所选中的商品，但是始终没有决定最终购买，而是对一起来的同伴说："最近手头比较紧，还是下个月再来买吧。"听到顾客这样说，店员应该怎样回应，才能促成交易的进行？

错误应对

店员："喜欢的话，就别再等了！"

店员："下个月可能没有这一款了啊！"

店员："我可不指望你下个月还会来啊！"

"喜欢的话，就别再等了！"这是店员常说的一句话，这样的话对顾客来说无关痛痒，没有任何说服力。

"下个月可能没有这一款了啊！"虽然告诉了顾客"等待"的不利之处，但没有积极引导顾客进行现场购买。

"我可不指望你下个月还会来啊！"（略带讽刺的口气）这样的店员很率性，但是这样带有攻击性的言辞，让顾客没面子。

正确应对

当顾客说出手头紧的时候，店员首先要分析这是顾客的借口还是事实。如果顾客面对的只是日常生活必需品，一般情况下，顾客提出没钱支付多数是借口，目的是向店员施加压力，希望店员能够提供打折或降价优惠。对于这样的顾客，店员要多角度进行分析，找出相应的对策。店员可以佯装不知，用幽默应付；可强调产品的价值、紧俏性等，促成顾客埋单；可在不损害自己利益的前提下，适当让步，以达成交易。

第四篇　王牌店铺王牌店员——导购就该这样做

如果顾客看中的商品确实价值不菲，判断一下顾客的购买力，如果真的超出了顾客的购买力，可向顾客推荐其他价格相对较低的商品。

佯装不知，用幽默应付

顾客："我手头有点紧，还是下个月再来吧。"

店员："先生，您就别跟我开玩笑了，您做大老板的还手头紧，那我们这些打工的就别活了！我给您包起来吧？"

制造"机不可失"的紧迫感

顾客："我手头有点紧，还是下个月再来吧。"

店员："小姐，这个时尚包真的很适合你，我也知道您很喜欢这个包。而且这个包现在正在搞促销活动，如果您还不下手，别说等到下个月，就是等下个星期，这件本来属于您的包肯定会被别人买走，你不觉得可惜吗？我还是帮您包起来吧？"

适当让步，以达成交易

顾客："我手头有点紧，还是下个月再来吧。"

店员："难得碰上一件自己这么喜欢又合身的衣服，快过年了，一年辛苦到头，奢侈一下，就当给自己的新年礼物，看你这么喜欢，也是真心想买，我做主了，给您一个九五折的贵宾折扣，穿好了您下次再来啊。"

推荐低价位的商品

顾客："我手头有点紧，还是下个月再来吧。"

店员："挣钱就是花的，年轻人难免有手头紧的时候，如果您这次不想浪费太多钱的话，可以挑选这边的鞋帽，款式差不多，价格还不到刚才那边的一半，过来试试吧。"

给足顾客面子，顺利完成交易

如果顾客逛一圈之后，又回到店里，这说明什么，这说明顾客真的对商品比较满意。对于这些重新回到店里的顾客进行分析判断，与这些人交易成功的可能性非常的大。但是又回来的顾客可能这样说："我是诚心想买，都来过几次了，再优惠些就买了。"这个时候，店员应该如何回应？

错误应对

店员："对不起，没法再便宜！"
店员："对不起，我们这里都是统一价！"
店员："如果可以优惠，我早就给您优惠了！"

"对不起，没法再便宜！"这种直接拒绝顾客的说法，会让顾客觉得很尴尬。

"对不起，我们这里都是统一价！"语气太生硬，也太直白地表示一视同仁，不给顾客面子。

"如果可以优惠，我早就给您优惠了！"这是店员对折回来的顾客，最常说的一句话，有埋怨顾客的意思。

正确应对

对于转了一圈又回到店里的顾客，要认真对待，虽然回头的顾客购买的欲望很强烈，但是也不可冷淡顾客。店员在接待这类顾客时，一般情况下，可以强化顾客利益而不让步，最重要的是给顾客足够的面子。对于强烈要求优惠的顾客，可以在自己的权限内适当让步，灵活处理。

给足顾客面子，不轻易让步

顾客："你看我都来两次了，诚心买你也不便宜一点？"
店员："非常感谢您对本店的支持，对我服务的肯定，我也知道您是很有诚意的，很抱歉让您走了两回！其实我也很想做成您这笔交易，只是我给您的已经是最低价了,这一点请您理解!其实买东西最重要的就是自己喜欢,对于这样一件适合您的商品来说,其实这个价格已经很实惠了,你诚心要我就给你打包了?"

给足顾客面子,施加压力

顾客:"你看我都来两次了,诚心买你也不便宜一点?"

店员:"我也看出来了,你真是非常喜欢这款手机,也很有诚意要买。只是您也看到了,您每次来,这款手机都会卖出去几个,您刚才进来的时候你看上的这款还剩五个,而现在只剩三个了。如果您再犹豫的话,很可能连最后一个都将错过,这多可惜啊!怎么样,就买了算了。"

给足顾客面子,给予补偿

顾客:"你看我都来两次了,诚心买你也不便宜一点?"

店员:"真不好意思让您跑了两次,我也知道您很喜欢这款披肩,并且这款披肩也非常适合您,只是在价格方面我确实没有办法再低了,这一点还请您多多包涵!其实我也很想做您这笔交易,我们送你一个小胸针饰品这怎么样?非常的精致可爱。"

给足顾客面子,适当优惠

顾客:"你看我都来两次了,诚心买你也不便宜一点?"

店员:"非常抱歉让您跑了两次,我知道你是真的喜欢这款服装,其实我也很想把这款衣服卖给您,但是您也知道这款衣服的销售情况非常好,我们都是统一价格销售的,不过看你诚心想要,我也确实想交您这个朋友,要不这样,我给你个特殊优惠,九八折给你吧,你出门可别说这个价格买的啊。"

有耐心有策略，抱定不放完成交易

作为顾客，都希望占便宜越多越好，在这种心理的促使下，即使在成交阶段，有些顾客虽然已经做出了购买决定，但在付款之前还是会习惯性地要求优惠，为自己争取最后的利益。这个时候店员该怎样应对？

错误应对

店员："对不起，少一分钱也不行啊！"
店员："怎么还要求优惠啊？"
店员："我也想给您优惠，但店有店规啊！"

"对不起，少一分钱也不行啊！"这样直接拒绝顾客的说法，会让顾客有挫败感，虽然喜欢商品，但是听你这样说，没准转身赌气就走了。

"怎么还要求优惠啊？"这明显的是责怪顾客对价格纠缠不休，顾客听了心里会很不舒服。

"我也想给您优惠，但店有店规啊！"把责任推卸给公司，很不负责任的表现。

正确应对

根据判断，如果觉得交易成功的把握非常大的话，这个时候。店员一定要有耐心、有策略，不要因为想把商品卖出去就对顾客过于迁就，适当的时候要对商品价格保持"抱定不放"的态度，这样做不仅不会吓跑顾客，而且可以让对方知道自己的商品不仅适合他，而且是有价值的。

当然在实施的时候，可以通过请示上级领导等方式，为顾客提供一些成本不高的赠品，以表示对顾客的重视与尊重，也作为鼓励顾客立即成交的心理补偿。

强化顾客利益而不让步

顾客："你是不是看我真心想买就不给我优惠啊？"

第四篇　王牌店铺王牌店员——导购就该这样做

店员："不是这样的，我理解您的想法，谁都希望买到自己喜欢，同时价格还优惠的商品。但是您想一下，如果今天我答应您便宜30元，明天答应另一位顾客便宜40，我想下次您是不会再买我们的东西了，因为您会觉得受到欺骗啊！所以，我们统一价格也是为了保障顾客的利益，让每位顾客在任何时候都能放心选购我们的产品，您能理解我们的做法吧？"

强调店铺的一贯做法

顾客："你是不是看我真心想买就不给我优惠啊？"

店员："先生，您想多了，价格方面我真的帮不了您，因为我们品牌除了年末清仓和店庆之外从不降价，这也是我们对自己品牌质量的信心和保证，同时也是出于公平对待每位顾客的考虑，我们相信买到称心如意的商品并享受到位的服务比节省几十元更重要，您说呢？"

摆出事实，让顾客体谅

顾客："你是不是看我真心想买就不给我优惠啊？"

店员："小姐，你这样说我真觉得不好意思了，其实我也很想帮您，但是我们的收银系统都是统一的，如果在公司规定的折扣内发现有私自打折现象，这笔交易的差额就必须由店员来填补，另外还要进行罚款，我想几十块还不够您平时吃一顿饭，您不会忍心让我辛苦一天还要受罚吧！"

送赠品进行补偿

顾客："你是不是看我真心想买就不给我优惠啊？"

店员："怎么能这样说呢？其实我很想给你优惠，但是价格方面真的没有办法，因为我们专卖店的价格是全国统一的，少一分钱都要自己补上！不过我确实很想好好为您服务，做成您这笔生意。要不这样，我破例为您申请一个硬币包包作为赠品送给您，这样您该满意了吧？"

鼓励顾客做主，促成现场交易

看得出顾客非常地喜欢商品了，但是还是没有做出最后购买的决定，他可能会对你说："要不我回去把我爱人找来看看再买？"要知道，走掉的顾客，真正回来再买的少之又少，他们走出店门之后，那种购买热情可能就已经降低了很多。所以面对这样的顾客，要正确应对。

错误应对

店员："这么喜欢，就买下来吧！"
店员："看不出来，你还怕老婆啊！"
店员："好啊，欢迎您下次一起过来！"

"这么喜欢，就买下来吧！"这样的劝说没有说服力，顾客不会听了你这样一句劝，就决定最终购买的。

"看不出来，你还怕老婆啊！"不管你说这句话的时候是开玩笑的语气，还是带有讽刺的语气，都是不可取的，脾气不好的顾客会认为你是恶意攻击，容易引起争吵。

"好啊，欢迎您下次一起过来！"这是非常消极的应对方式，容易让顾客流失。

正确应对

顾客说回头带家人或朋友来看看再来买，一般是害怕自己做出错误的决定，需要结合他人的意见后再决定是否购买。店员在处理这个问题时，首先要理解顾客的做法，然后找到顾客提出异议的真实原因。如果顾客的异议是真实的，那么可以用各种合适的理由，鼓励顾客自己做主，促成现场交易。

赞美顾客，鼓励顾客果断做出购买决定。

顾客："我看还是等下次把我太太叫来看看再说吧。"
店员："先生，像您这样的成功人士，我相信您的夫人一定既漂亮又贤惠，您买这么好的首饰送给她，她高兴还来不及呢。我一看您就是有眼光、做事果断的人，买这么漂亮的首饰给太太，她肯定会很满意、很喜欢的，不要犹豫了，我帮您包起来吧？"

对于大男子主义的顾客的鼓励

顾客："我看还是等下次把我太太叫来看看再说吧。"
店员："先生，您说笑了吧，买首饰又不是买车买房，几千块钱的事情自然是一家之主的您说了算啦！况且送给太太的礼物一定要有神秘感，您事先不告诉她，她才会更惊喜啊？"
顾客："这也对！"
店员："先生，您太太肯定很听您的话吧？您这样能够独立做主的男人真是不多见了，我帮您开单吧？"

建议顾客先交订金

顾客："我看还是等下次把我太太叫来看看再说吧。"
店员："您确实对这件商品很满意吗？"
顾客："真的很满意，只是想让太太再看看。"
店员："您真是一个好丈夫，您有这种想法我很理解！不过这款衣服确实很畅销，很难保证这几天不会被别人买走，要不您先预交100元的订金。然后一个星期之内带太太过来试穿，如果她喜欢的话就交齐余款，你看这样行吗？"
顾客："这样啊，（犹豫片刻）那我还是现在买了吧，省得麻烦。"
店员："这样最好不过了，您要相信自己的眼光，太太一定会喜欢的，我这就给包起来吧。"